한국의 탐구

퇴계의 삶과 철학

금장태

서울대학교출판문화원

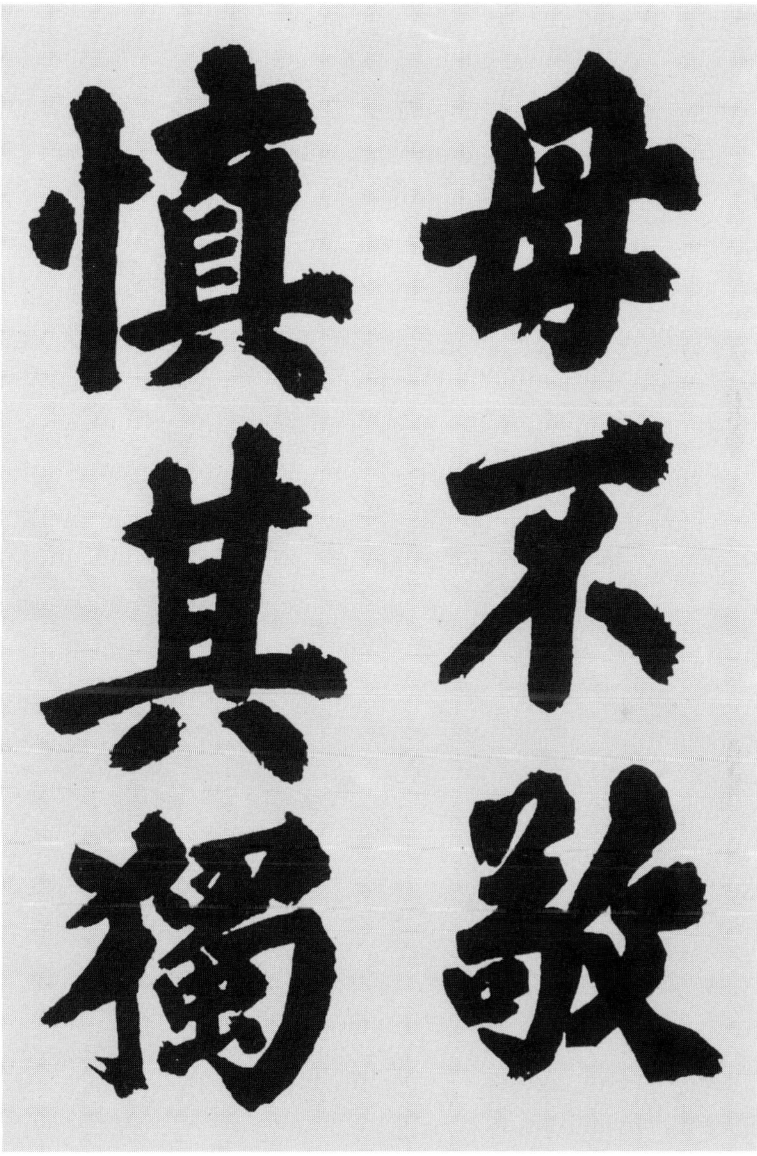

퇴계 선생의 친필

陶山書院과 주위의 山水를 그린 것으로 추정되는 謙齋 鄭敾의 그림

洌巖 朴鍾鴻 先生이 소묘한 安東 陶山書院(節友社에서 바라본 巖栖軒)

머리말

한국유교를 공부하는 사람들은 대체로 충만감과 안타까움이 복합되는 갈등을 느끼게 된다. 큰 봉우리를 이룬 많은 先賢들의 업적을 고스란히 遺産으로 받았으니 어찌 충만하지 않겠는가. 그러나 한편으로 한국유교의 그 무진장한 유산은 우리 시대에 쓸모 있게 재생산되지도 못하고 알아듣게 전달도 잘 안 되니 어찌 안타깝지 않겠는가. 이제 그 안타까움을 극복하여 충만함을 살려 내는 데 儒學徒의 역할과 책임이 있을 것이다.

한국유교에서 退溪의 위지는 금강산 일만이천봉 가운데 비로봉에 견줄 수 있겠다. 그 인격의 고매함은 따뜻한 빛으로 우리 삶을 비춰 주고, 그 학문의 심원함은 맑은 샘으로 우리 정신을 해갈시켜 주기에 넉넉한 哲人이다. 그래서 이 책은 제 1 부에서 퇴계의 삶이 지닌 품격을 좀더 친근하게 만나 보고자 노력하였고, 제 2 부에서 퇴계의 철학이 지닌 다양한 세계를 가능한 쉽게 펼쳐 보이려고 시도해 보았다. 그러나 쉽게 서술한다는 것은 깊은 이해에서만 가능한 것이기에 필자 자신이 돌아보아도 불만스럽기 짝이 없다. 다만 퇴계에 접근할 수 있는 한 가닥 작은 오솔길의 구실이라도 할 수 있기를 바랄 뿐이다.

제1-5장에서는 퇴계의 삶을 그의 발자취와 詩나 육성을 통해 엿보고자 하였다. 권오봉 교수의 『退溪家年表』에 힘입은 바 크다. 제6-8장에서는 학문방법론과 인간이해, 및 異學비판의 태도를 통해 퇴계철학의 전반적 성격을 해명하였으며, 제9-13장에서는 天觀 · 性理說 · 物我觀 · 修養論 · 家庭觀에 걸친 퇴계철학의 구체적 문제들을 탐색하였다. 여기에서 퇴계의 철학이 성리설을 넘어서 수양론에 무게중심을 두고 있는 인격실현의 철학이며, 하늘과 정감적으로 만나는 깊은 종교성을 지닌 철학임을 밝혀 보고자 하였다. 부록의 퇴계철학 연구동향은 1980년대까지의 자료에 의거한 낡은 研究史的 검토이지만 퇴계철학 연구가 흘러가는 방향을 엿볼 수 있는 데 참고가 될까하여 붙여 두었다.

돌이켜보니 필자는 25년 전에 처음으로 퇴계의 사상을 소개하는 짧은 글을 쓴 이후, 틈틈이 퇴계학의 주위를 맴돌며 주로 3방향에서 접근해 왔다. 하나는 퇴계의 대표작인 『聖學十圖』를 통해 퇴계철학을 조명하는 것이요, 둘은 退溪學派를 통해 퇴계철학이 계승되고 재해석되는 과정을 확인하는 것이요, 셋은 퇴계 자신의 인간과 철학의 세계를 해명하는 것으로서, 이 책은 세 번째 과제의 정리라 할 수 있다.

퇴계철학은 白頭山에서 뻗어나와 한반도의 척추를 이루는 백두대간으로 달려나가듯 한국사상사를 관통하여 큰 줄기를 이루었다. 21세기를 내다보는 우리 시대에 우리 精神史의 중추를 이루는 퇴계철학이 발언할 수 있는 마당을 닦고 넓혀서 모두가 나와 놀 수 있도록 퇴계철학을 그려 보려고 애를 써 보았지만, 공부가 거칠어서 소루하기 짝이 없음에 부끄러움을 금할 수 없다. 다만 앞으로 다듬어 가는 디딤돌로 삼고자 하니, 아낌없는 질책을 바랄 뿐이다.

이 책을 '한국의 탐구' 총서의 하나로 출판을 허락해 주신 金容德 서울대 출판부장께 감사드린다. 특히 원고를 처음부터 끝까지 읽고 정밀하게 지적해 준 서울대 강사 丁垣在 선생의 조언에 깊이 감사하며, 교정의 번거러운 수고를 아끼지 않은 서울대 대학원 종교학과의 林富淵 군에게도 감사를 표한다.

1998년 2월 11일 대보름날

潛硯齋에서

琴 章 泰 적음

차 례

제 1 부 퇴계의 삶과 품격

제 2 부 퇴계철학의 세계

제 1 부
퇴계의 삶과 품격

제 1 장 퇴계의 생애와 사상적 특성
제 2 장 고요하고 한가로운 거처
제 3 장 인간적 품격과 유치
제 4 장 벼슬로 나가는 길과 물러나는 길
제 5 장 배우는 기쁨 가르치는 즐거움

제1장 퇴계의 생애와 사상적 특성

1. 생 애

李滉(1501-70)은 조선왕조 중엽 16세기 후반에서 활동하였던 인물이다. 그는 조선시대의 사회이념이었던 도학사상을 이론적으로 확고하게 정립함으로써, 도학의 철학적 수준에 새로운 지평을 열어 주었으며 한국유학의 특성과 방향을 정립하는 데 결정적 역할을 하였다. 그는 한국철학사에서 조선시대의 성리학을 대표하는 碩學이요, 동시에 유교전통에서 보면 그는 도학정신을 생활속에 실천하여 인격으로 구현한 正人君子로서, 조선시대 도학적 인격체의 典型인 선비像의 모범으로 존경을 받아 왔다.

退溪의 생애는 대체로 3시기로 나누어 볼 수 있다. ① 출생에서 33세 때까지의 初年期는 유교경전을 연구하는 데 열중하였던 修學期이다. ② 34세에 과거에 급제하여 벼슬길에 나가면서부터 49세 때 풍기군수를 사직하고 귀향할 때까지의 中年期는 대체로 벼슬살이를 하였던 仕宦期이다. ③ 50세 때부터 70세까지의 晩年期는 비록 관직은 더욱 높아졌지만 끊임없이 사퇴하면서 고향 예안에 돌아와 연구 · 강의 · 저술에 전념하였던 講學期이다.

① 먼저 퇴계의 初年期를 보면, 경상도 禮安縣 溫溪(현 安東市 陶山面 온혜리)에서 진사 李埴(이식)의 6男 1女 가운데 막내로 후취부인 박씨에게서 태어

나 7개월 만에 부친을 잃었다. 그는 당시 명망 있는 학자였던 숙부 松齋 李堣(이우)의 가르침을 받으며 修學期의 소년시절을 지냈다. 그 후 淸凉山을 비롯한 고요한 山寺를 찾아 독서에 열중하여, 20세 때는 『주역』을 연구하는 데 먹고 자는 것도 잊고 몰두하여 건강을 해쳐, 평생 동안 몸이 마르고 쇠약해지는 병에 시달렸다.

그는 소년시절부터 朱子의 『四書集註』를 읽으면서 朱子學의 기초를 연마하였다. 그가 19세 되는 때에는 己卯士禍가 일어나 趙光祖를 비롯한 많은 新進士流들이 희생되어 선비들의 학풍이 심한 좌절을 겪었지만, 그는 이 때 『性理大全』의 첫 권 「太極圖說」과 마지막 권 「詩·贊·箴·銘·賦」의 두 권을 구해 읽고 나서는, "모르는 사이에 기쁨이 솟아나고 눈이 열렸는데, 오래 두고 익숙하게 읽으니 점차 의미를 알게 되어 마치 들어가는 길을 얻은 것 같았다. 이 때부터 비로소 性理學의 체제를 친숙하게 알게 되었다."[1]고 하였으니, 19세에 벌써 性理學에 入門하기 시작하였던 것이다. 그 후 23세 때 잠시 成均館(太學)에 유학하였었는데, 眞德秀의 『心經』 곧 篁墩 程敏政이 附註를 붙인 『心經附註』本을 읽으면서 道學的 修養論의 기틀을 마련하였다.

33세 때 그가 다시 수 개월간 성균관에 유학하는 동안 9년 年下의 河西 金麟厚와 交遊하였으며, 돌아오는 길에 驪州로 慕齋 金安國을 예방하고, 다시 善山의 金鰲山으로 冶隱 吉再의 祠堂을 참배하였던 것은 조선시대 士林派의 淵源을 찾아가는 길이었다.

② 다음으로 퇴계는 30대 중반에서 40대에 결친 中年期에 주로 벼슬길에 나가 있었지만, 끊임없이 학문연마에 정진하였다. 그는 道學을 처음 배우는 사람의 입문을 위해서는 『小學』이 體와 用이 구비되어 있으므로 반드시 읽어야 할 것이라고 지적하였다. 또한 『近思錄』이 의리의 精微한 곳에 자세한 점을 인정

1) 『退溪先生言行通錄』, 권 2, 2, '學問', "先生自言十九歲時, 初得性理大全首尾二卷, 試讀之, 不覺心悅而眼開, 玩熟蓋久, 漸見意味, 似得其門路, 自此始知性理之學, 體段自別也."

하면서도, 감동을 받아 분발하는 데는 『心經』보다 더 절실한 것이 없다고 강조하였다. 그는 『心經』을 心性에 관한 학문의 연원을 인식하고 敬의 修養방법을 체득하는 길잡이로 매우 중시하였다. 그러나 그 자신은 朱子의 편지(朱子書)로부터 가장 깊은 영향을 받았음을 밝히고 있다.[2)]

그는 43세 때 왕명으로 『朱子大全』을 교정하면서 처음 구해 읽고 朱子學의 이해를 본격적으로 심화시켰다. 이 때 그는 한여름의 무더위 속에서도 문을 닫아 걸고 『주자대전』 독서에 열중하였다 한다. 당시 주위 사람들이 그가 건강을 상할까 염려하자, "이 책(『주자대전』)을 읽노라면 문득 가슴 속에서 시원한 기운이 일어나서 더운 줄을 모르게 된다."[3)]고 대답했다 하니, 그것은 그가 朱子를 통하여 道를 깨달아 가는 기쁨을 밝힌 것으로 道學의 깊은 수준에 도달하고 있음을 보여 주는 것이다.

그는 『주자대전』 가운데서도 특히 朱子의 편지를 통해 도학의 학문방법을 깨닫고, 성리학의 이론을 인식할 뿐만 아니라 일상적 삶의 모범을 확인하였으니, 400년의 시간적 간격을 넘어서 주자의 학문과 인격을 만나 그 진수를 체득하고 일치를 추구하였던 것이다. 그는 학문방법에서 편지의 중요성을 강조하여, "편지는 사람의 자질이 높고 낮음과 학문의 깊고 옅음에 따라 병에 맞추어 약을 주고 물건에 상응하여 저울추를 올려놓는 방법을 쓴다. 혹은 누르고 혹은 부추기며 혹은 인도하고 혹은 구조하며, 혹은 격려하여 나아가게 하고 혹은 물리쳐 경고해 주기도 한다."[4)]고 하였다. 이를 통해서 우리는 그의 학문과 교육의 방법이 추상적인 관념의 지식을 추구하는 것이 아니라, 구체적인 인격의 만

---

2) 같은 책, 권 2, 7-8, '學問', "先生曰, 小學體用具備, 固不可不讀, 近思錄, 則義理之精微雖詳, 而學者警發之處顧似欠焉, 初學下手用功之地, 莫切於心經一部, 因又曰, 人之見效有異, 固不可一槪論, 然以余觀之, 無踰於朱子書…."

3) 같은 책, 권 2, 7, '學問', "先生嘗得朱子全書于都下, 自是閉戶靜觀, 歷夏不輟, 或以暑熱致傷爲戒, 先生曰, 講此書, 便覺胸膈生凉, 自不知其暑, 何病之有."

4) 『退溪集』, 권 42, 3, '朱子書節要序', "至於書札, 則各隨其人材稟之高下, 學問之淺深, 審證而用藥石, 應物而施爐錘, 或抑或揚, 或導或救, 或激而進之, 或斥而警之."

남 속에서 개개인의 절실한 상황에 따라 감동과 분발을 시킴으로써 학문을 심화시키고 진리로 나아가게 하는 진리의 인격적 실현임을 확인할 수 있다.

退溪의 관료생활은 외척의 권력투쟁이 격심하였던 혼란한 시대분위기 속에서 성실히 직무를 수행하는 것일 뿐이었지만, 그는 학자로서 대궐 안에서 經籍을 관장하고 글을 짓거나 임금의 질문에 대답하는 역할을 맡은 弘文館의 관직에 가장 오랫 동안 재직하였다. 그가 45세 때 지은 '倭의 使臣을 끊지 말 것을 청하는 상소'(請勿絶倭使疏)는 노략질하는 倭들이지만 화친을 간청할 때 용납할 것을 주장하면서 외교와 국방의 大義와 實利를 치밀하게 분석한 것으로서 그의 명확한 현실인식을 보여 주는 것이다. 그 해 乙巳士禍가 일어나 많은 선비들이 희생당하고, 그 자신도 한때 파직당하였으나 복직되었다. 이 때부터 그는 朝廷에 머무를 뜻을 잃고 이듬해 휴가로 고향에 돌아가자 養眞庵을 짓고 號를 '退溪'라 하며, 물러날 뜻을 굳혔던 것으로 보이며, 外職을 구하여 丹陽군수와 豊基로 나갔다가 끝내 벼슬을 버리고 귀향하였다. 그가 물러나기를 결심한 것은 당시 外戚들이 권력을 독점하여 어지러운 정치적 상황에서, 벼슬에 나가 한 시대를 바로 잡는 일보다 학문 연구와 교육을 통해 인간의 올바른 삶의 도리를 밝혀 후세를 위해 참다운 표준을 제시하는 데 그 자신의 역할이 있음을 자각하였기 때문이라 할 수 있다.

③ 그는 50세 이후 晩年期에 고향의 한적한 시냇가에 寒棲庵과 溪上書堂 및 陶山書堂을 세우고, 그의 學德을 사모하여 모여드는 門人들을 가르치며 성리학의 연구와 저술에 몰두하였다. 그가 물러난 이후에도 조정에서는 成均館 大司成, 弘文館·藝文館 大提學, 工曹判書, 禮曹判書, 議政府 右贊成, 判中樞府事 등 계속하여 높은 관직을 제수하였으나, 거듭 사직상소를 올린 뒤에 잠시 나갔다가도 곧 귀향하기를 반복하였다.

晩年에 그가 이룬 가장 큰 업적은 後學을 가르치고 士風을 일으키는 일이었다. 그는 앞서 풍기군수로 있을 때 周世鵬이 세웠던 白雲洞書院을 조정에 요청하여 '紹修書院'으로 최초의 賜額을 받게 하였으며, 그의 만년을 통해 書院건립운동을 벌여 선비들의 학풍을 일으키고 書院을 통해 인재를 양성하는 기반을 마련하였다. 또한 그가 成均館 大司成으로서 四部學堂의 학풍을 쇄신하도록 훈계하였고, 만년에 陶山書堂에서 세상을 떠날 때까지 제자들을 가르치기를 쉬지 않았던 사실은 교육을 통해 道學이념을 정립하고 심화시키는 데 스스로 진력하였던 위대한 교육자의 모습을 보여 준다. 실제로 그의 제자들이 정리한 『退溪先生言行錄』에는 그의 가르침이 학문과 생활의 전반에 걸쳐 모범이자 표준으로서 제자들에게 얼마나 절실하게 받아들여졌던가를 엿볼 수 있게 한다. 이처럼 그가 晩年에 물러나 학문을 연마하여 이룬 업적은 한 시대에서 道學이념을 사회적으로 실현하는 功에 그치는 것이 아니라, 道學이념을 철학적으로 심화시키고 道學의 학풍을 일으킴으로써 그 이후 조선시대 사회이념의 도학적 기반을 확립시키는 원대한 업적을 이루었던 것이다.

退溪의 저술은 주로 만년기에 이루어졌다. 여기서 그의 저술 가운데 韓國儒教思想史에서 중요한 비중을 차지하는 저술 몇 편을 열거해 보면 다음과 같다. ①「天命圖說」·「天命圖說後敍」(1553)는 본래 鄭之雲의 저술인 「天命圖」와 「天命圖說」을 정지운과 토론하면서 상당히 수정한 것이다. 이 圖와 圖說에 따라 高峯 奇大升과 8년간에 걸친 왕복편지를 통해 韓國哲學史에서 기장 중요한 철학적 토론인 四端七情論辨(1559-1566)을 전개하게 되었다. ②『朱子書節要』(1556)는 『朱子大全』에서 41권에 달하는 편지 가운데 학문과 생활에 절실한 내용을 선발하여 14권 7책으로 편찬한 것으로, 그는 이 朱子의 편지에서 인격적 만남을 통해 道學의 학문세계와 학문방법을 드러내고 있다. ③『自省錄』(1558)은 退溪 자신이 제자와 후학들에게 보낸 편지 가운데 22편을 골라서 수록한 것으로 항상 곁에 두고 사색과 성찰의 자료로 삼았던 것이다. 그가 주자의 편지를 중요시하였던 것처럼, 그 자신도 편지를 통하여 진리탐구와 인격수양의 진실한 방법을 찾아갔던 것이다. ④「傳習錄論辯」(1566)은 王陽明의 『傳習錄』에 대해 親民說·心卽理說·知行合一說 등 기본문제를 분석하여 비판한 것으로, 道學의 정통입장을 논리적으로 확인시키고 있다. ⑤「戊辰六條疏」

(1568)는 임금 선조에게 올린 상소로서 道學의 統治원리와 방법을 현실문제에서 제시한 것이다. ⑥『聖學十圖』(1568)는 退溪가 68세의 만년에 宣祖임금에게 바쳤던 것으로서, 그의 원숙한 철학정신이 응집하여 결정을 이루고 있는 그의 대표작이다. 이 저술의 첫머리에서 그는 "도를 깨달아 성인이 되는 요령과 근본을 바로잡아 나라를 경륜하는 근원이 모두 여기에 갖추어져 있습니다."라고 밝혔으니, 10개의 圖와 圖說로 이루어진 이 저술 속에 자신의 학문적 역량을 기울여 도학의 철학적 근거와 수양방법론을 체계적으로 집약한 것임을 알 수 있다. 퇴계는『성학십도』의 10圖를 통해 유교적 학문과 수양의 실현방법을 두 가지 구조로 제시한다. 그 하나는『小學』과『大學』을 중심축으로 삼고 '天道를 체득하는 극치'와 '善을 밝히고 몸을 참되게 하는 노력'을 앞뒤로 두어, 근원과 표준과 실천의 세 가지 과제로 3분하는 것이요, 다른 하나는 '위로 天道에 근본함으로써 아래에서 人倫을 밝히고 안으로 德을 닦는 데 힘쓰는' 일과, '안으로 心性에 바탕을 둠으로써 밖으로 일상생활에 힘쓰며 위로 천명을 敬畏하는' 일로서, 天道와 心性에서 각각 출발하여 서로 다른 방향으로 작용하는 두 가지 방법체계로 나누었다.[5] 곧 서로 다른 방향에서 접근하는 방법이 서로 근거가 되도록 하는 유교적 수양의 독특한 실현방법을 드러내고 있는 것이다.

2. 사상적 특성

退溪의 학문적 기본성격은 주자를 표준으로 하여 道學의 철학적 근거를 밝

---

5) 같은 책, 권 7, 20, '進聖學十圖箚(幷圖)', "蓋上二圖, 是求端擴充, 體天盡道, 極致之處, 爲小學大學之標準本原, 下六圖, 是明善誠身, 崇德廣業, 用力之處, 爲小學大學之田地事功."
같은 책, 권 7, 22 및 35, '進聖學十圖箚(幷圖)', "(1-5圖)以上五圖, 本於天道, 而功在明人倫懋德業. … (6-10圖)以上五圖, 原於心性, 而要在勉日用崇敬畏."

히고 인격적 실현을 추구하는 것이다. 따라서 그의 사상에는 성리설의 개념적 분석체계와 더불어 修養論의 실천방법이 긴밀하게 연결되어 상호 조명하고 있음을 주목해야 한다. 道學의 학문적 기본방법을 居敬(敬의 생활화)과 窮理(진리의 탐구)라는 두 축으로 파악한다면, 이 둘은 하나의 도학을 이루는 양면으로서 서로 '겉과 속'(表裏) 또는 '뿌리와 가지'(本末)의 유기적 일관관계를 지니는 것이다. 退溪의 제자 鄭惟一은 선생의 학문적 특징을 지적하여 "공경과 의리를 함께 지키고(敬義夾持), 지식과 행위를 함께 나아가게 하며(知行竝進), 겉과 속이 한결같고(表裏如一), 뿌리와 가지를 함께 들어올리며(本末竝擧), 큰 근원을 꿰뚫어 보고(洞見大原), 큰 근본을 일으켜 세운다(植立大本)."[6] 라고 언급하였다. 이러한 지적은 퇴계의 학문이 居敬과 窮理라는 道學의 두 축을 상호 연관시켜 포괄하면서 그 근원을 확립하고 있음을 제시한 것이라 할 수 있다.

먼저 窮理의 문제는 곧 心性·理氣의 성리학적 과제로서 추구되었다. 여기서 退溪은 鄭之雲의 「天命圖」를 수정하는 과정에서나 奇大升과 四端七情論辨을 전개하면서 인간의 心·性·情 개념을 理·氣 개념의 존재론적 구조로 정밀하게 분석하면서, 하늘과 인간 또는 理와 氣가 서로 단절될 수 없는 상호 연관성을 통찰하면서도 각각에 근원하는 양상을 분석하여 善·惡의 도덕적 근거를 명석하게 분별하고 있다. 곧 退溪은 四端과 七情이 같은 감정이지만 이 두 가지 감정양상들은 天理와 人欲 또는 理와 氣에 따라 각각 그 주장함(所主)이 서로 다르고 그 원천(所從來)이 서로 다르다는 분별을 엄격하게 규정함으로써, 善·惡의 원천을 차별화하고 혼동을 거부하였던 것이다.

퇴계는 四端을 '理가 발동하고 氣가 따라가는 것'(理發而氣隨之)이라 하고, 七情을 '氣가 발동하고 理가 타는 것'(氣發而理乘之)이라 정의한 이른바 理氣

6) 『退溪先生言行通錄』, 권 1, 16-17, '言行通述'(鄭惟一 撰), "敬義夾持, 知行竝進, 內外一致, 本末兼擧, 久之洞見大原, 心融而神會, 植立大本, 道高而德尊, 而斯道之統, 於是乎在矣."

互發說을 주장하였다. 그것은 분별의 대립적 구조 속에서도 理와 氣를 二元論으로 분리시키는 것이 아니라 단순화된 一元論의 융합 내지 혼동을 극복하고 전체의 근원적 통일 속에 양면적 긴장관계를 제기하는 데에 그의 철학적 특성이 있음을 보여 주는 것이다. 이러한 그의 성리학적 입장은 一元的 二元論이라 지적되고 있는데, 상반된 두 가지 근원의 긴장 속에 통일된 전체를 지향하는 우주론적 구조를 지니는 것이다. 이러한 그의 우주론은 인간의 心性이 지닌 존재론적 구조를 분석하는 틀이 될 뿐만 아니라, 心性의 작용과 그 실현을 위한 당위적 규범을 해명하는 데도 적용되고 있다. 곧 모든 존재를 본체와 작용(體用)의 양면으로 인식함으로써, 인간존재에서 본체로서 心性의 理氣論的 구조를 해명함과 더불어 작용으로서 心性이 善을 실현하는 방향으로 나가야 하는 당위성의 원리를 해명하고 있다. 따라서 心性論에 관심의 초점을 두고 있는 退溪의 철학은 가치의 철학이요, 인격의 성숙과 삶의 향상을 추구하는 修養論의 철학이라 할 수 있다.

退溪에 있어서 修養論의 기본과제는 敬의 실현(持敬 내지 居敬)으로 집약된다. 敬은 마음을 主宰하여 안으로 心性의 도덕적 바탕을 배양하며(存養 내지 涵養), 밖으로 행동 속에서 惡이 발현할 수 있는 가능성을 반성하고 억제하는(省察) 수양론적 원리이다. 敬의 원리에 따라 인간의 心性에 깃들어 있는 天命의 준칙을 지키고 天命을 실현함으로써 자신의 완성을 지향하는 修養공부는 道學의 출발점이요 목적지를 의미하는 것으로 중요시되어 왔다. 따라서 退溪가 心·性·情의 性理學的 분석적 인식과 敬의 修養論的 실천을 추구하는 것은 서로 별개의 문제가 아니라 하나의 道學的 체계가 요구하는 인간의 인식방법이요 실현방법으로 통일되고 있는 것이다. 또한 인식과 실천의 문제도 先知後行說로 階層化시키지도 않았고 知行合一說로 混融시키지도 않았으며, 인식과 실천이 상호 작용하는 知行互進說 속에 인간의 향상과 성숙이 추구되고 있음을 볼 수 있다.

제 2 장 고요하고 한가로운 거처

1. 養眞庵 시절까지

퇴계 선생이 태어나시고 살았던 禮安 溫溪는 지금의 안동군 예안면의 땅으로 낙동강 상류의 풍광이 아름다운 곳이다. 그는 이 고향의 평화로운 생활을 무척이나 사랑했었다. 그가 서울에서 벼슬살이를 하던 36세 때의 어느 날 고향의 봄날을 그리워하며 읊었던 시 한 구절을 들어 보면, 그 고요하고 한가로운 전원생활의 그림 같은 운치를 실감할 수 있다. 그는 자연과 어울린 자신의 생활을 언제나 잔잔하게 시로 읊었고, 또 시의 세계 속에서 살았다. 그러니 그의 생활을 더듬어 가는 길에도 그의 시는 가장 좋은 안내자가 될 수 있을 것이다.

우리 집은 맑은 낙동강 위에 있어	我家淸洛上,
한가한 마을에 태평을 즐기나니	熙熙樂閒村,
이웃들은 봄 농사에 나가고	隣里事東作,
닭과 개는 울타리를 지켜 주네.	鷄犬護籬垣,
책을 쌓아 둔 고요한 책상머리	圖書靜几席,
봄 안개는 강과 들을 감도누나.	烟霞映川原.
	〈感春〉

그의 생활세계는 밖으로 뻗어나가 더 높은 지위, 더 많은 재물을 누리려는 혈기 넘치고 활동적인 세계가 아니다. 자꾸만 안으로 안으로 숨어들어 깊이 침잠하는 내면의 관조적 세계였던 것 같다. 그는 소년시절부터 벌써 자신이 지향하는 세계의 성격을 침잠하는 내면의 세계로 인식하였던 것 같다. 곧 넓은 세계로, 복잡한 세상으로 나아가는 向外的 관심을 가졌던 것이 아니라, 책의 세계 속으로, 사색의 세계 속으로 가라앉는 向內的 관심에 이끌려 가고 있었다.

돌 지고 모래 파면 집은 절로 되고	負石穿沙自有家,
앞으로 뒤로 달리는 발 많기도 하네.	前行卻走足偏多,
평생을 한 움큼 샘물로만 살아가니	生涯一掬山泉裏,
강호의 물이야 얼마이든 알 바 없지.	不問江湖水幾何.
	〈石蟹〉

15세 때 지은 이 시에서는 실개천 작은 웅덩이 속에서 돌아다니고 있는 가재를 바라보며 자신이 지향할 삶의 모습과 즐거움을 그려 보고 있는 듯 하다. 그가 소년시절 가재가 사는 집에서 하나의 충족된 우주를 발견하던 마음은 31세 때 새로 지은 자신의 집이 달팽이집만 한 줄 알면서도 산천과 달을 바라보며 충만하는 행복감에 젖고 있는 마음과 일치하고 있다.

지산 기슭 끊어 내어 새 집 지었더니	卜築芝山斷麓傍,
모양은 달팽이뿔 같아도 몸은 감출 수 있네.	形如蝸角祗身藏,
북쪽 낭떠러지 마음에 안 들지만	北臨墟落心非適,
남쪽은 봄 안개 감돌아 운치 더하네.	南挹烟霞趣自長,
아침 저녁 원근의 산천은 보기 좋고	但得朝昏宜遠近,
뒷산은 그런 대로 추위와 더위를 막아 주네.	那因向背辨炎涼,
달과 산을 보는 꿈 다 이루었으니	已成看月看山計,
이 밖에 또 무엇을 더 구하리오.	此外何須更輕量.
	〈芝山蝸舍〉

당시의 집 芝山蝸舍는 곧 훗날의 暘谷堂으로 그의 생가인 老松亭 남쪽 暘谷의 낭떠러지 위에 있었다 한다. 이 무렵 그는 靈芝山人이라 호를 썼으며, 지산와사의 당호를 善補堂이라 하였다 한다. 그의 생활모습은 산촌의 정갈하고 고적함 속에 자연을 관조하는 한가로움을 보여 준다.

퇴계는 조정에서 벼슬하여 서울에 머물거나 잠깐씩 공적 혹은 사적인 일로 지방을 여행하기도 하였지만, 평생토록 대부분의 세월을 고향에서 머물렀는데, 학문을 연구하고 제자를 가르치며 거처하였던 집은 여러 곳이 있다. ① 20세 때까지 생가인 老松亭에서 살았고, ② 혼인하자 분가하여 25세 때까지 살았던 곳은 분명하지 않다. ③ 30세까지 넷째 형님 瀣의 댁인 三栢堂에서 모친을 모셨으며, ④ 45세까지 15년간은 지산와사에서 살았다. ⑤ 49세까지 養眞庵(溪莊)에 살고, ⑥ 50세 때 寒棲庵(溪庄 · 退溪草屋)을 지어 살았으며, 그 후 학문을 강론하던 곳으로 ⑦ 51세 때 세운 溪上書堂(溪堂)과 ⑧ 60세 때 낙성한 陶山書堂(山堂)이 있다.[1)]

이렇게 집을 새로 지으며 옮겨다니는 이유는 학문연마와 심신의 수양에 적합한 곳을 가려 자연의 아름다운 풍광을 찾았기 때문인 것으로 보인다. 그가 찾아가는 자연의 아름다움이란 기암괴석의 웅장한 경치가 아니라 마음을 고요하고 청명하게 지킬 수 있는 아담하고 조화로운 운치였나 보다. 그는 자신의 학문과 수양을 통한 삶을 자연과 분리시키지 않았던 것 같다. 자연의 신선함으로 마음을 정화시켜 가고, 마음 속 깊은 곳에서 뿜어내는 지혜의 빛으로 자연을 더욱 아름다움으로 빛나게 비추어 주었던 것이었다. 그가 삼백당에 머물던 시절 읊었던 시에서도 주위의 풍광과 집안에 쌓인 서적을 자신의 생활세계로 그리고 있다.

---

1) 權五鳳, 『退溪의 燕居와 사상형성』, 포항공대, 1989, 11-15쪽 참조.
권오봉 교수는 퇴계 선생이 살던 집을 정밀하게 고증하고 그곳에서 생활하던 퇴계의 풍모를 詩와 더불어 자세하게 분석하고 있다.

푸른 산 곁에 큰 집이 쓸쓸하나	高齋蕭灑碧山傍,
집안에는 만 권 도서 가득하네.	祗有圖書萬軸藏,
동쪽 개울은 멀리 돌아 서쪽 개울과 만나고	東澗遶門西澗合,
남산과 북산은 이어져 푸르름이 길게 뻗었네.	南山接翠北山長,
흰구름 밤에 와 자니 처마가 젖고	白雲夜宿留簷濕,
밝은 달이 찾아와 방안 그득히 비추니 서늘하네.	淸月時來滿室凉,
산 속에 사는 사람 할 일 없다 말을 마소.	莫道山居無一事,
내 평생 하고픈 일 헤아리기 어려워라.	平生志願更難量.[2)
	〈芝山蝸舍〉

눈앞에 선선하게 떠오르는 한 폭의 산수화 같은 정결하고 그윽함이 감도는 그의 생활주변 모습이다. 이 시에서 그의 생활은 시냇물, 푸른 산, 흰구름, 밝은 달과 더불어 만 권의 도서가 어울리고 있다. 이러한 자연 속의 삶은 고요하기만 한 것이 아니다. 자연의 고요함 속에서 활기 있게 움직이는 곧 靜中動인 그의 마음을 엿볼 수 있다. 분발하여 침식조차 잊은 채 道를 찾아 전진해 나가고 있는 학자의 마음씀이야 결코 한가로이 게으름을 부리고 있을 수는 없었으리라.

그는 서울 생활을 하면서 자나깨나 고향을 잊지 못하였었나 보다. 그에게는 서울이란 자신의 생활세계로서 적합하지 않는 혼탁하고 번거로운 함정이었는지 모른다. 42세 때 어느 이른 봄날 꿈 속에서 고향에 노닐다가 길도 없는 霞明洞 뒤편에서 경치가 아름다운 山後村이란 마을의 시골집을 발견하고 있다. 장롱에 갇힌 새가 항상 자유로운 숲 속을 꿈꾸는 격이 아닐까. 그는 꿈을 깬 뒤에 '夢中作' 시 한 수를 읊었다.

하명동 뒤에는 애초에 길이 없는데	霞明洞裏初無路,
늦은 봄 이 산중엔 기이한 꽃들 피었네.	春晩山中別有花,
우연히 갔다가 참으로 좋은 선경을 찾았으니	偶去眞成搜異境,

2) 權五鳳, 『退溪家年表』, 퇴계학연구원, 1989, 55-56쪽 참조.

늘그막엔 돌아가 신선 같은 집을 짓고 살리라. 餘齡還欲寄仙家.

〈夢中作〉

이 시를 받아 본 그의 넷째 형은 서울의 벼슬살이를 벗어나 형제가 함께 고향에 돌아가기를 기약하자고 화답하는 시를 지어 보내 왔다. 뒷날 그는 고향에 돌아와 紫霞洞에 집터를 얻었는데, 그곳은 꿈에 본 그 경치와 같았다 한다.

과연 그는 46세 때 휴가를 받아 고향에 돌아온 뒤로 머물었는데, 이에 앞서 온계리 남쪽 芝山 북쪽에 자그마한 집을 지었다. 그러나 이 집은 인가가 조밀하여 아늑하고 고요하지 못하다 하여, 이 해에 搴芝山 기슭 시냇가 동쪽 바위 곁에 養眞庵(溪莊)을 새로 지었다. 서울에서 고향에 내려와서도 더 그윽한 숲 속으로 숨어들며 찾아가는 그의 생활세계는 번화한 세속의 길을 더욱 멀리하고 자신을 다듬어 가는 修道의 길이요, 사색을 심화시켜 가는 진리의 길이라 하겠다. 그는 산과 물로 둘러싸인 이 곳에서 신병을 치료하고 심신을 수양하였으며, 양진암 앞을 지나는 兎溪를 退溪라 이름을 고치고 자신의 雅號로 삼았다. 이 때의 심회를 한 편의 시로 읊었다.

동편 높은 산기슭에 새로 집을 지으니 新卜東偏巨麓頭,
눕고 선 바위들이 모두 그윽하네. 縱橫巖石總成幽,
뾰오얀 안개 어둑한 노을의 산 속에서 늙어 가고 煙雲杳靄山間老,
시냇물 빙 둘러 들판으로 흘러가네. 溪澗彎環野際流,
만 권 책 속에 생애를 기꺼이 의탁하니 萬卷生涯欣有托,
쟁기질하는 이 마음 무엇을 구하리오. 一犁心事歎猶求.

〈東巖言志〉

그는 이미 초야에 묻혀 늙어 가며, 산수의 경치를 즐기고 독서에 평생을 맡기려는 뜻을 밝히고 있다. 제자 黃俊良의 시에 화답하면서, “냇가의 새들은 서로 저리도 즐기나 / 냇물과 구름은 본래 무심하네. / 나도 저들 같이하여 / 한평생 그윽한 마음 간직하리”(… 溪鳥自相樂, 溪雲本無心, 安得如二物, 終年保

幽襟)라 읊고 있는 데서도 고요한 山水간의 자연 속에 내심으로 깊이 침잠하는 삶의 이상을 보여 준다.

2. 寒棲庵 시절 이후

퇴계는 휴가를 받아서 고향에 돌아온 뒤 계속 머물고자 했다가 명종임금의 간곡한 부름에 따라 47세에 다시 조정에 돌아갔지만, 49세 때 12월에 풍기군수의 벼슬을 버리고 고향에 돌아온 뒤로는 한서암을 짓고 산야에 은둔할 차비를 갖추었다. 처음에 霞明洞의 紫霞峯 기슭에 집을 짓다가, 도중에 竹洞으로 옮겼는데, 그곳도 골이 좁고 시냇물이 없다 하여, 세 번째로 이듬해 이른 봄 上溪 서쪽 靑霞洞에 터를 잡아 寒棲庵(溪庄 · 退溪草堂)을 지었다. 이렇게 집을 자주 옮기자 그의 넷째 형은 살림이 궁색하게 될 것이라 염려하는 편지를 보냈지만, 그가 집터의 주위 환경을 얼마나 중시하였는지를 알 수 있다.

한서암의 주위를 둘러보면, 북쪽에는 鏘鳴瀨(장명뢰)의 여울이 흐르고, 여울가 서쪽의 花岩臺는 깨어져 여울물 속에 널려 있으며, 남쪽으로 남산이 우뚝한데 그 아래 蒙泉이 있고, 동쪽에 있는 古藤岩의 위를 臨省臺라 한다. 이곳에서 그가 읊은 시에서는 마음에 드는 집을 얻어 고향에 머무는 안정된 심정을 보여 준다.

물러나 분수대로 편안하나	身退安愚分,
학문이 퇴보하여 늙음이 근심이라.	學退憂暮境,
비로소 시내 위에 살 곳 정하니	溪上始定居,
물가에 와서 날로 반성하네.	臨流日有省.
	〈退溪〉

그는 한서암에서 번거로운 벼슬을 벗어나 초야에서 분수에 만족하고 학문과

수양에 전념할 뜻을 굳히고 있었다. 彈琴石 주위에다 네모진 연못(方塘)을 파고는, '하늘 빛과 구름 그림자가 함께 배회한다'(天光雲影共徘徊)는 朱子의 시에서 취하여 光影塘이라 이름하였다. 堂의 이름은 宋濂의 시에서 취하여 靜習堂이라 하였다. 여기서 그는 질그릇 세수대야를 쓰고, 짚으로 엮은 자리를 깔고, 갈대로 문발을 치고 지냈다 한다. 또한 베옷에 실로 꼰 허리띠를 매었으며, 미투리를 신고 대나무 지팡이를 짚고 다녔으니, 산 속에 숨은 隱者처럼 가장 거칠고 질박한 생활을 하였음을 알 수 있겠다. 그는 이 한서암을 가꾸는 데 정성을 기울였으며, 이 곳의 아담한 환경과 소박한 생활을 무척이나 사랑하였다. 이 무렵 남긴 시에서 "띠풀 얽어 숲 속에 초막집 세우니 / 집 아래 차가운 샘 솟네 / 깃들어 사니 이 마음 즐거워라 / 알아 주는 이 없어도 한스러울 것 없네."(結茅爲林廬, 下有寒泉瀉, 棲遲足可娛, 不恨無知者.〈寒棲〉)라 읊었으니, '무소유'라 해야 할 가벼움과 가슴 속에서 흘러 넘치는 기쁨으로 자족하는 그의 모습이 생생하게 드러나고 있다.

청하동 밖에 땅을 사서	買地青霞外,
맑은 시냇가에 옮겨 사네.	移居碧澗傍,
수석을 깊이 사랑하지만	深耽惟水石,
솔과 대는 더욱 사랑스러워라.	大賞只松篁,
고요한 속에 때로 취흥을 살펴서	靜裏看時興,
한가로이 옛사람의 향기를 더듬네.	閒中閱往芳,
사립문 멀리 터져 있고	柴門宜逈處,
마음은 한결같이 책상을 마주하네.	心事一書牀.
	〈溪居雜興〉

그의 산림 속에 물러난 생활은 냇물소리 · 꽃소식 · 새소리 · 안개 · 비 · 바람 · 구름 · 달 · 숲 · 바위 · 산 등 자연에 어울려 그 맑고 고요하고 청량한 기상을 잔잔히 노래하는 것이다. 이와 더불어 옛 聖賢의 그윽하고 향기로운 정신에 깊이 도취하면서, 그의 심신은 자연과 고전에 어울려 하나로 되는 즐거움을 누

리고 있었던 것이다.

51세 때는 시내 서쪽의 한서암을 철거하고 시내 북쪽 편에 옮겨 지은 溪上書堂(溪堂)에서 문인들과 강학하였다. 이 서당은 몸을 겨우 담고 있는 조각배 만큼이나 무척 작았던 모양이었나 보다. 찾아온 손님도 보고는 주인과 함께 웃을 수밖에 없었을 게다. 그러나 그는 이 집의 뜰에 작은 方塘과 맑은 샘을 파기도 했다. 그가 이 집의 정취를 사랑하고 학문에 큰 뜻을 두고 있었던 것을 그가 읊은 시에서 잘 엿볼 수 있다.

맑은 시내 감돌아서 몇 겹의 안개인가	淸溪環繞幾重煙,
시냇가에 집 얽으니 작은 배와 흡사하네.	結屋溪邊僅若船,
갑자기 정한 규모 손님 맞아 한번 웃으니	造次規模從客笑,
깊숙한 그 형세는 나와 인연 얽혔다네. …	幽偏形勢得吾緣, …
한평생 한스런 일은 높은 학자 못 만나서	恨未一生逢有道,
이 마음에 쌓인 의문 물을 길이 없다네.	此心無路訂千年.
	〈淸明溪上書堂〉

이 작은 집의 주인은 자신의 몸을 그 속에 즐겨 감추었으나, 그의 마음은 천고의 진리를 알고자 산 같이 높고 바다 같이 깊은 의문을 캐어 가고 있다. 몸의 편안을 위해 마음을 번거롭게 부리고 있는 것이 아니라, 마음이 자유롭게 날기 위해 몸을 가장 작은 데 두어 잊어 버리게 하는 것이 아닐까. "병으로 한가한 몸이 되니 / 깊은 숲 속에서 세속 끊었네. / 참으로 즐거운 곳을 알고자 / 경서를 안고서 늙으려네."(因病投閒客, 緣深絶俗居, 欲知眞樂處, 白首抱經書. 〈溪堂偶興〉)라 하여, 그가 버린 것은 세속이요, 받아들인 것은 經書임을 밝히고 있다.

57세 때는 다시 서당을 옮길 자리를 찾아다니기 시작하였다. 계상서당은 너무 허술하고 허약하여 얼마 못 가서 쓰러지게 되었다 한다. 이 곳의 샘과 돌이야 그윽하였지만 모여드는 제자들을 받아들이기에는 너무 협소하였던 것 같다. 이 무렵 琴應壎 등 제자들이 수업을 받기 위해 陶山에 精舍를 세우겠다고 거듭 청하자 허락하였으며, 그 자신도 혼자 몇 차례 도산 남쪽에 나가서 서당 자리를 정하였다. 처음 서당자리를 잡았을 때의 기쁜 심경을 읊은 시가 있다.

비바람 치는 계당 책상조차 못 가릴제	風雨溪堂不庇牀,
좋은 곳에 옮겨 보려 숲 속 두루 찾았네.	卜遷求勝遍林岡,
어찌 알았으랴, 백년토록 학문할 땅이	那知百歲藏修地,
나물 캐고 고기 낚던 그 곁에 있을 줄을.	只在平生採釣傍,
꽃은 나를 맞아 웃으니 정이 깊고	花笑向人情不淺,
벗 찾는 새소리는 그 뜻이 더욱 길도다.	鳥鳴求友意偏長,
뜰을 옮겨 와서 깃들기를 다짐하니	誓移三徑來棲息,
기쁠 때 꽃다움을 뉘와 함께 찾으리오.	樂處何人共襲芳.

〈尋改卜書堂地, 得於陶山之南, 有感而作〉

다음 해부터 陶山精舍의 경영을 도모하여 건축 일은 龍壽寺의 승려 法蓮에 맡기고서, 그는 조정의 부름을 받아 반 년 남짓 서울에 올라가 있는 동안에도 설계도를 그려 보내고 공사를 계속 진행하도록 독려하였다. 그러나 그 다음 해 초에 법련이 죽자 승려 靜一이 공사를 이어서, 60세 되던 동짓달 巖棲軒과 玩樂齋 등 도산서당이 낙성되었다. 이듬해 가을에 터를 잡은 지 5년 만에 비로소 도산서당의 전부가 완성되었다. 그는 도산서당 주위의 건물 하나 하나를 아껴 書堂 · 精舍 · 軒 · 齋 · 寮 · 門 · 연못(塘) · 社 등에 일일이 이름을 붙이고, 주위의 산수를 기뻐하여 巖(石) · 臺 · 潭 · 山(峯) 등에까지 시로 읊은 '陶山雜詠' 44수의 絶句를 남기고 있다. 도산서당이 완성된 직후의 동짓날 그는 「陶山記」를 지어 도산서당의 아름다운 경관과 정연한 건물 배치 등을 정겹고 자세하게 설명하고 있다.[3)]

---

3) 李家源, 『退溪學及其系譜的硏究』, 퇴계학연구원, 1989, 129-134쪽 참조.

"… 산〔陶山〕 남쪽에 땅을 발견하니, 작은 골짜기가 하나 있는데, 앞으로는 강〔洛江〕가를 굽어 그윽하고 고요하며 멀리 터져 있을 뿐더러 바위와 숲은 고요하고 빽빽하며 돌샘이 달고 차가우니, 수양할 곳으로 알맞다." 〈陶山記〉

도산서당의 터는 낙동강의 상류 한 줄기를 내다보며, 골짜기로 그윽하게 감추어 있으면서도 강과 들로 전망이 멀리 터져 있는 곳으로 그가 평생을 찾아다니던 마지막 종착지이다.

"… 堂이 모두 세 간으로 그 중간에 한 간은 玩樂齋라 이름하였으니, 이는 朱 선생의 「名堂實記」 중에 '즐겨 완상하여 족히 나의 일생을 마쳐도 싫어하지 않으련다.' (樂而玩之, 足以終吾身而不厭)라는 말씀을 취한 것이요, 동편 한 간은 巖棲軒이라 이름하였으니, 雲谷(朱子)의 시 속에 '오랫 동안 자신하는 경지에 이르지 못했기에 / 바위에 깃들어서 약간 효과 바라노라.' (自信久未能, 巖棲冀微效)라는 말씀을 취한 것이며, 합하여 陶山書堂이라 하였다. 舍가 모두 여덟 간인데, 齋의 이름을 時習이요, 寮는 止宿이라 하고, 軒은 觀瀾이라 하여 합하여 隴雲精舍(농운정사)라 하였다. 서당의 동편에 조그마한 네모진 못을 파고는 그 가운데에 蓮을 심고 淨友塘이라 이름하며, 또 그 동편은 蒙泉 샘이요, 몽천 위 산기슭을 파내어서 암서헌과 마주 보게 하여 평평하게 壇을 쌓고는 그 위에다 매화 · 대 · 솔 · 국화 등을 심고는 節友社라 이름하고, 서당 앞 드나드는 곳에 싸립문을 달아 幽貞門이라 하고, 문 밖 작은 길이 개울물을 따라 내려가 동구에 이르면 두 멧부리가 서로 마주 대해 있었다."

그는 도산서당의 건물배치를 위하여 오랜 시간 매우 치밀하게 검토한 설계를 구상하였던 것이다. 집이야 3간의 작은 초옥이지만 堂 · 齋 · 軒의 기본구조를 갖추었고, 方塘의 못과 蒙泉의 옹달샘을 배치하여 더욱 그윽하게 마련하였으며, 壇을 모아 절의를 지키고 심신을 수양하는 맑고 곧은 정신을 표출하고 있다.

"그 동쪽 멧부리의 옆구리에 바위를 뜯고 터를 닦으니 작은 정자를 세울 만하나

힘이 미치지 못하여 그 터만을 두었고, 山門처럼 생긴 것은 그 이름이 谷口巖이요, 그 동으로 두어 걸음을 굴러가면 산기슭 험한 절벽은 바로 탁영담 위에 버티어서 커다란 바위가 층층이 깎아 있으니, 여남은 길이 된다. 그 위에 쌓아서 臺를 만들었더니, 소나무 그늘이 해를 가리우고 위는 하늘이고 아래는 물이어서 솔개는 날며 고기는 뛰놀고 좌우 翠屛의 그림자가 푸른 沼 속에 울렁거려, 한 번 눈을 들면 강산의 아름다운 경치를 한 눈에 볼 수 있으니, 天淵臺라 불렀다. 서편 멧부리에 역시 그와 같이 臺를 쌓고는 天光雲影이라 이름하니, 그 아름다운 경치가 천연대에 비하여 손색이 없다. 盤陀石은 탁영담 속에 있는데, 그 꼴이 넓적하여 배를 매어 두고 술잔을 나눌 수 있었다. 매양 장마로 큰물이 부풀면 함께 물 속으로 들어갔다가 물이 줄어 가고 물결이 맑은 뒤에 비로소 드러내곤 하였다."

그는 건물을 주위의 동구 밖 산수와 어울리게 하고 안과 밖이 상응할 수 있게 하여 하나의 작은 우주를 완성하고 있다. 그가 거처하는 생활의 세계는 자연과 인간이 조화를 이루고, 주위의 경관과 그 자신의 정서가 정겹게 어울리는 완결된 우주이며, 여기에 그의 인격과 사상적 산실이 마련되었던 것이다.

제 3 장 인간적 품격과 운치

1. 인품과 덕성

퇴계의 인품은 제자들에게 깊은 인상을 남겼던 것 같다. 그의 제자로 손꼽히는 인물의 한 사람인 鶴峯 金誠一은 오랫 동안 따르면서 느꼈던 스승의 화락하고 덕스러우며 군자다운 풍모를 학문 · 도리 · 덕성 · 문장 · 회포 · 기상 · 진중함 · 깊이 등 여러 측면에서 자상하게 그려 보고 있다.

> "쉽고 명백한 것은 선생의 학문이요, 정대하여 빛나는 것은 선생의 道요, 따스한 봄 바람 같고 상서로운 구름 같은 것은 선생의 德이요, 무명이나 명주처럼 질박하고 콩이나 조처럼 담담한 것은 선생의 글이었다. 가슴 속은 맑게 트이어 가을 달과 얼음을 담은 옥병처럼 밝고 결백하며, 기상은 온화하고 순수해서 순수한 금과 아름다운 옥 같았다. 무겁기는 산악과 같고 깊이는 깊은 샘과 같았으니, 바라보면 덕을 이룬 군자임을 알 수 있었다."[1)]

한 마디로 퇴계의 인품과 기상은 봄 바람처럼 따사롭고 가을 하늘처럼 맑으며, 호수처럼 잔잔하고 옥같이 아름다운 군자이니, 그것은 유교적 인격의 모범

---

1) 『鶴峯集』, 속집 권 5, 18, '退溪先生言行錄'.

이 됨을 의미한다.

그의 인품이 지닌 至高至純함은 때로 세속의 욕심이나 허세의 티끌이 묻을까 조심스러웠나 보다. 일찍이 18세 되던 어느 봄날 그는 들놀이에 나갔다가 맑은 연못을 바라보면서 한 수의 시를 읊어 자신의 마음을 자그마하고 맑은 연못에 비추어 보고 있다.

이슬 젖은 어린 풀새 물가에 둘러 있고	露草夭夭繞水涯,
작은 못 맑디 맑아 모래도 없네.	小塘淸活淨無沙,
나는 구름 지나는 새는 원래 관계 있지만	雲飛鳥過元相管,
다만 저 제비 물결 찰까 두렵네.	只怕時時燕蹴波.
	〈野塘〉

여기서 그는 촉촉히 젖어 상쾌한 봄날 아침의 기운과 더불어 자신의 마음 속에서 고요하여 투명하게 맑은 기상의 극치를 추구하고 있다. 모든 번잡함을 멀리 물리쳐, 마음에 어떠한 어지러운 파문이나 동요가 일어나는 것도 거부하는 순수함을 간직한 것이다. 그 자신 자연 속에 녹아들어 자연과 함께 숨쉬는 삶의 이상을 소년시절부터 마음에 새겨 놓았었나 보다.

퇴계의 일상생활은 몸가짐을 단정하게 하고 말과 행동을 진지하고 신중하게 하여 우아하고 경건한 모습을 잃지 않았다. 어려서부터 날이 새기 전에 일어나서 이부자리를 정돈하고, 세수하고 머리 빗고, 의관을 바로 함으로써, 『소학』에서 배운 대로 실천하였다. 조금 자라서 서당에 나가 글을 배우다가 쉴 때에도 반드시 얼굴빛을 가다듬고 단정히 앉아서, 옷과 띠를 바르게 하였다. 서재에서도 단정히 앉아 어디에 기대는 일이 없었으며, 온종일 책을 읽다가 간혹 고요히 생각에 잠기거나, 시를 읊조릴 뿐이었다. 한평생 그의 모습과 태도는 한결같이 단아하고 차분하여, 수양에 의해 절제된 몸가짐과 마음가짐을 보여주었다. 글씨도 반드시 정자로 쓰며 어지러운 글씨를 싫어하는 단정함을 지켰다. 동료 선비들과 모임에서도 다른 선비들이 흩어져 눕거나 다리를 뻗어 쉬기도 하며 풀어져 있었지만, 그는 단정한 모습과 자세를 흐트리지 않았다. 우아한 선비의 기품이 일찍부터 그의 몸에 배어 있었던 것이다.

독서당에서 사가독서를 할 때에도 다른 선비들이 놀이를 즐기는 동안 그는 언제나 책상머리에 고요히 앉아 독서하였으므로, 다른 선비들이 그에게는 감히 함부로 농담을 건네지 못하였다 한다. 또한 그가 41세 때 외교문서를 처리하고 말을 점검하는 공무로 평양을 지날 때 평안감사 尙震이 이름나고 어여쁜 기생을 천거했지만, 그는 끝내 돌아보지 않았다. 이런 사실에서도 예법에 어긋날 일이라면 결코 행하지 않는 그의 엄격성을 엿볼 수 있다. 이처럼 반듯한 태도와 고상한 품격으로 그는 범하기 어려운 기상을 지녔으며, 언제나 사람들로부터 사랑과 공경을 받았다.

이처럼 고요하고 사려 깊은 행동은 저절로 이루어진 것이 아니라, 자신이 방심한 데 대한 그의 철저한 성찰을 통하여 닦아진 태도이었다. 그는 젊어서 숙부를 따라 사람들과 들로 사냥을 나갔다가 술에 취하여 말에서 떨어졌던 일이 있었다. 술이 깬 뒤에 후회로 마음이 견딜 수 없는 아픔을 느끼고 나서 술을 경계하였던 사실을 말하고 있다. 또한 그가 처음 벼슬에 나아가 서울에 있을 때 사람들에 이끌려 날마다 술 마시고 놀았는데, 그러다가 얼마 후 한가한 날에 문득 심심한 마음이 일어나는 것을 알고서는 이를 두고두고 부끄러워하며 자신을 반성하였다. 그는 일찍이 어느 제자의 집을 갈 때는 산길이 험하여 말고삐를 단단히 쥐고 조심하였는데 돌아올 때는 술이 거나하게 취하여 길이 험한 것을 잊어 버리고 평탄한 큰 길을 가듯 하였던 일을 돌아보면서도, 방탕함과 성실함의 갈림길이란 마음을 붙잡는가 놓아 버리는가에 달려 있는 것을 깨달았다 한다. 이러한 성찰과 수양을 통하여 그는 마음이 동요되지 않는 경지에 이르렀던 것 같다. 젊어서 의정부 舍人 벼슬에 있을 때 노래하는 기생이 눈앞에 가득하였으나 자신의 마음이 전혀 동요하지 않음을 확인하고서 기뻐하였던 일이 있다 한다.

그는 가장 작은 일에서부터 강직하여 자신을 굽히고 거짓과 타협하는 일이 없었다. 19세 때 文科 初試에 참가하기 위하여 길을 떠났을 때 숙박하던 집에서 쉬는데 그 집 어린 종 아이가 남의 집 푸른 콩을 몰래 따다 익혀서 먹기를 권하였지만, 그는 손을 저어 거절하고 먹지 않았다 한다. 작은 일에서 정직하지 못하면 큰 일에 정대할 수가 없음을 알고 정직을 실행한 것이다. 서울 집에 살 때 이웃집 밤나무 가지가 담장을 넘어와 알밤이 마당에 떨어지자 집안 아이들이 남의 것을 먹을까 염려하여 밤을 주워서 담 너머로 던져 보냈던 일은 그의 청렴함을 여실히 보여 준다.

그는 학문을 강론하거나 손님을 접대할 때를 제외하고는 평소에 말수가 적었으며, 혼자 고요히 사색에 침잠하곤 하였다. 언젠가 제자 李德弘에게 이야기하면서, 도산서당의 완락재에서 혼자 잘 때 한밤중에 일어나 창을 열고 앉아 생각에 잠겼다가, 한 가닥 상념이 자신을 파고 들었던 체험을, "달은 밝고 별은 깨끗하며 강산은 텅 비어 응겨 있는 듯 적적한 듯하여, 천지가 열리기 이전 세계의 생각이 일어났다."고 밝혔다. 고요한 사색의 생활 속에서 그는 우주의 시원을 경험하였던 것이다.

그는 사람들과 대화에서도 도리와 예법을 벗어나지 않음으로써 항상 공경하는 자세를 풀어 놓지 않았다. 남들의 말이 도리에 맞으면 기쁘게 따르는 포용력을 지니면서, 동시에 남들의 말이 도리에 맞지 않으면 침묵으로 거부하는 엄격성을 지님으로써, 사람들이 함부로 잡스럽고 속된 말을 하지 못하게 하였다. 또한 마을에서 대중들과 말할 때에는 부드럽고 화평하여 다투는 일이 없었으나, 조정에서 大夫들과 논의할 때에는 반드시 엄숙한 얼굴빛으로 끝까지 따져서 옳고 그름을 가려 공정성을 잃지 않았다. 말하고 침묵하며, 동작하고 그치기를 모두 예의와 절도에 맞게 할 수 있는 것은 그의 넉넉한 덕과 우아한 품격을 드러내고 있는 것이 아닐 수 없다.

선비의 품격은 그 생애를 마치는 죽음의 자리에서 다시 한 번 확인할 수 있다. 퇴계는 70세 되던 12월 8일 세상을 떠나셨다. 이에 앞서 그는 11월 초에 병환으로 강의를 그만두고 제자들을 돌려 보냈는데, 그 소식을 듣고 趙穆 등 몇 사람의 제자들이 찾아와 간병을 하였다. 12월 3일 자제들에게 다른 사람으로부터 빌려 온 서적을 돌려 보내게 하였으며, 12월 4일 형의 아들 寗에게 명하여 遺戒를 쓰게 하였다. 이 유계에서는 ① 조정에서 내려 주는 禮葬을 사양할 것, ② 비석을 세우지 말고 조그마한 돌의 전면에다 '退陶晩隱眞城李公之墓'라고만 새기고, 그 후면에는 간략하게 고향과 조상의 내력, 뜻함과 행적을 쓰도록 당부하였다. 돌의 뒷면에 기록할 銘文도 과장하지 못하게 자신이 미리 지어 둔 것을 사용하도록 요구하였다. 12월 5일 자신의 시신을 殮襲할 壽器를 준비하도록 명하고, 12월 7일 제자 李德弘에게 서적을 맡게 하였으며, 그 이튿날 세상을 떠났다.

죽음을 앞둔 며칠 동안은 그 자신이 죽음을 내다보고 신변을 정리하며 준비하는 과정이었다. 장례를 간소하게 치르고 비석을 간략하게 기록하도록 요구한 것은 허황하게 칭송하는 세속적 풍속을 꺼린 겸허한 자세를 엿볼 수 있게 한다. 마지막까지 단아하고 공경하는 모습을 잃지 않는 것은 바로 그의 평생을 통해 닦아 왔던 인격의 표출이라 할 수 있다.

2. 운치와 풍류

퇴계의 말과 행동은 언제나 고요하면서 단정한 엄격성과 부드러우면서 화평한 포용성을 지녔지만, 동시에 자연의 그윽한 풍경과 철따라 피는 꽃나무에까지 세심하게 관심을 기울여 사랑하는 詩的 세계의 정겨운 운치를 지녔다. 서울에서 벼슬살이를 하면서도 고향의 봄날 그 화려한 꽃동산을 눈앞에 선연하게 그려 보면서 詩情을 노래하고 있다.

그윽한 섬돌엔 여린 풀이 돋아나고	細草生幽砌,
향기로운 동산에는 꽃나무들 흩어 있네.	佳樹散芳園,

비 내리자 살구꽃 드물고 杏花雨前稀,
밤 들자 복사꽃 활짝 피었어라. 桃花夜來繁,
붉은 앵두꽃은 향그러운 눈이 되어 나부끼고 紅櫻香雪飄,
하얀 오얏꽃은 은빛 바다가 들끓는 듯. 縞李銀海飜.
〈感春〉

퇴계는 그가 살던 집 뜰에 솔 · 대 · 매화 · 국화 등 시련 속에서도 고고한 지조를 지킨다 하여 절개를 상징하는 꽃과 나무를 심어 벗삼고 즐거워하는 운치를 보여 주고 있다.[2]

① 50세 때 寒棲庵을 짓고서 뜰에다 솔 · 대 · 매화 · 국화 · 오이〔松 · 竹 · 梅 · 菊 · 瓜〕를 심어 자신이 지키고자 하는 고아한 지조의 표상으로 삼았다.

② 이듬해는 溪上書堂으로 옮겨서도 方塘을 만들어 蓮을 심고, 솔 · 대 · 매화 · 국화 · 연〔松 · 竹 · 梅 · 菊 · 蓮〕을 다섯 벗〔五友〕으로 삼아, 자신을 포함하여 여섯 벗이 한 뜰에 모인 六友園을 이루어 어울리는 흥취를 즐겼다. 이 곳의 여섯 벗을 노래한 시에서는 세상의 영화와 재물을 모두 버리고 초야에 묻혀 여섯 벗과 즐거워하는 흥취가 배어 있다.

꿈 속에 신선처럼 놀다가 已著游仙枕,
주역 읽고자 창을 열어 두노라. 還開讀易窓,
천 섬 많은 녹봉 취하랴 千鍾非手搏,
여섯 벗 예 있으니 마음이 가라앉네. 六友是心降.
〈溪堂偶興〉

③ 61세 때 봄에 도산서당 동쪽에 節友社의 壇을 쌓고, 솔 · 대 · 매화 · 국화를 심었던 것도 이들과 함께 절의를 함께 하는 벗으로서 結社를 이룬 것이라 할 수 있다.

---

2) 권오봉, 『退溪의 燕居와 사상형성』, 앞의 책, 45-49쪽 참조.

솔과 국화는 陶淵明 뜰에서 대와 함께 셋이러니 松菊陶園與竹三,
매화 형은 어이 참가 못했던가 梅兄胡奈不同參,
나는 이제 넷과 함께 풍상계를 맺었으니 我今併作風霜契,
곧은 절개 맑은 향기 가장 잘 알았다오. 苦節淸芬儘飽諳.
〈節友社〉

그는 이 시에서 도산서원 절우사의 절개 곧고 향기로운 네 벗과 그 자신이 어울린 정취를 읊고 있다. 솔 · 국화에다 도연명도 소홀히 하였던 매화까지 함께 어울린 그의 결사는 탈속한 아취와 더불어 절의를 함께 하는 기상을 지니는 것이었다.[3] 그는 특히 매화의 맑고 그윽한 향기에 애착을 느꼈던 것 같다. 68세 때 金惇敍의 시를 차운하여 읊으면서도 솔 · 대 · 매화 · 국화 · 연꽃의 다섯 벗을 노래하고 있다.

내 벗은 다섯이니 솔 · 국화 · 매화 · 대 · 연꽃 我友五節君,
사귀는 정이야 담담하여 싫지 않네. 交情不厭淡,
그 중에 매화가 특히 날 좋아하여 梅君特我好,
절우사에 맞이할 제 가장 먼저 하였네. 邀社不待三,
내 맘에 일어나는 끝없는 매화 생각에 使我思不禁,
새벽이나 저녁에나 몇 번을 찾았던고. 晨夕幾來探.
〈次韻金惇敍梅花〉

뿌우연 새벽 안개 속에서도 노을빛 아래서나 달빛 머금은 어스름한 밤에도 매화 향기를 찾아가는 노년의 석학이 지닌 운치를 엿볼 수 있다.

---

3) 퇴계의 梅花詩는 75題 107首에 달하며 그 중에 62題 91首가 그의 『梅花詩帖』에 수록되어 있다. 그의 梅花詩는 西湖 孤山에 은거하였던 宋代의 隱士 林逋가 보여 주는 매화와 일체화된 삶을 본받고자 하고, 표현에서는 蘇東坡와 朱子의 梅花詩에서 영향을 받으면서도 자신의 독자적 세계를 지닌다고 지적된다. 鄭錫胎, '퇴계의 梅花詩에 대하여', 『퇴계학연구』 5, 단국대 퇴계학연구소, 1991, 65-85쪽 참조.

이 다섯 벗들 가운데서도 매화를 아끼는 퇴계의 마음은 자신의 생애를 통해 이어져 왔다. 40대 초 독서당에서 늦게 핀 매화를 보고는 앞서 30대 초에 남쪽으로 유람할 때 매화촌에서 보았던 매화의 아름다움을 회상하며 시를 읊었다. 또한 훗날 도산서당의 節友壇에 매화가 늦게 피자 19년 전 독서당의 望湖堂에서 매화를 구경하던 일을 추억하면서 감회를 "영남 시골에 봄이 저무는데/ 곳곳마다 오얏꽃 복사꽃이 혼을 빼았네 / 온누리 화안할 제 외로운 나무 서 있어라 / 하아얀 꽃 한 떨기 온갖 꽃들의 어지러움을 씻었네 / …"(青春欲暮嶠南村, 處處桃李迷人魂, 眼明天地立孤樹, 一白可洗群芳昏, …)라고 읊었다. 청년기에서 노년기까지 그의 평생은 매화와 벗하여 사랑하고 매화를 추억하였던 것이다.

매화를 꺾어 책상 위에 꽂아 두고 바라보기도 하며, 뜰의 매화를 바라보며 그는 매화와 서로 묻고 대답하며 화답하는 시를 여러 차례 읊고 있다. 때로 매화 아래서 찾아온 문인과 술잔을 나누기도 하고 매화를 읊은 시를 화답하기도 하며, 달이 밝으면 매화를 바라보며 시를 짓기도 하였다. 매화가 겨울 추위에 손상되었음을 개탄하는 시를 읊어 제자들에게 보내기도 하였다. 도산서당에서 달밤에 매화를 읊은 시의 한 절을 보면, 그가 매화에 담고 있는 깊은 정감을 느낄 수 있다.

뜨락을 거닐자니 달이 사람 따라오네	步屧中庭月趁人,
매화꽃 언저리를 몇 차례나 돌았던고.	梅邊行遶幾回巡,
밤 깊도록 오래 앉아 일어나기를 잊었더니	夜深坐久渾忘起,
옷깃에 향내 머물고 그림자는 몸에 가득해라.	香滿衣巾影滿身.
	〈陶山月夜詠梅〉

서울 집에서는 분매화(盆梅)와 시를 주고 받으며 정이 들었고 奇大升과도 분매시를 읊은 시에 화답하였는데, 고향으로 돌아갈 때 이 매화분을 가져가지 못하여 그리워하다가, 제자 金惇敍가 매화분을 보내 주자 그 회상을 시로 읊었

으며, 제자 金就礪가 서울에 두고 온 매화분을 손자 安道편에 부쳐 배에 싣고 왔을 때 이를 기뻐하여 시를 읊기도 하였다. 제자들이 보낸 매화시를 논평해 주기도 하고, 또 제자들의 시에 次韻하여 매화시를 화답하기도 하였으며, 매화분의 재배법을 묻기도 하는 등, 매화는 그의 서정과 운치 속에 가장 깊이 파고 들어 있는 벗으로 손색이 없었다.

그는 또한 대숲에 부는 맑은 바람을 사랑하여 "차가운 가지 여윈 잎이 푸른 안개 속에 흔들리네"(寒枝瘦葉搖蒼煙)라고 노래하기도 하였다. 혹은 李子發의 부탁을 받아 申潛의 대 그림 10폭에 畵題로 눈과 달 속의 대〔雪月竹〕, 바람에 흔들리는 대〔風竹〕, 이슬에 젖은 대〔露竹〕, 우중에 우는 대〔雨竹〕 등 10절을 읊기도 하였다. 곧은 절개와 풍류스러움과 쓸쓸함 등 대의 모든 모습을 노래하고 있는 것이다.

또한 가을 서리 속의 국화를 꽃 중의 隱士로서 뜻을 부치기도 하고, 제자 禹性傳이 국화와 서로 주고받아 문답한 시를 차운하여 읊기도 하였다. 눈 내린 밤에 솔바람 소리를 홀로 누워서 듣고, 빗 속에 연꽃을 구경하기도 하였으며, 달밤에 잠을 못 이루는 정감을 지녔다. 술을 마시고 돌아오는 길에 냇물에 비친 달을 보며 여울 소리에서 음률을 듣는 풍류를 읊었다.

달을 밟고 돌아올 때 서릿발 하늘에 가득하고	踏月歸時霜滿天,
국화 핀 그 사리 옷깃에 향기 남았네.	衣巾餘馥菊花筵,
그 중에 달리 마음 깨워 주는 곳이란	箇中別有醒心處,
여울 소리 맑게 울려 거문고를 뜯는 듯.	水樂鏘鏘太古絃.
	〈憑家飮歸詠溪月〉

퇴계의 정감어린 풍류는 꽃과 나무를 벗하고 달과 바람과 눈 내린 밤에 술까지 어울린 그림같이 아름답고 정겨운 광경을 보여 준다. 갓 핀 매화꽃의 향그러운 모습을 평생 동안 그리워하고 찾아다니며, 매화분 하나를 마주하고 주고받으며 화답하여 읊조리는 모습에서 매화와 퇴계가 일체가 되어 가는 것을 발

견하게 된다. 꽃의 향기가 그의 인격적 향기로움이 되고, 꽃과 나무의 지조가 그 자신의 지조가 되고 있다. 꽃 · 나무와 자연 속에서 그의 잔잔한 기쁨은 진리의 깨달음에서 오는 법열로 통하는 것이 아닐까.

퇴계는 산림에 묻혀 사는 선비로서 山寺를 찾아 독서를 하거나, 산을 찾아 노닐기를 즐겨 했다. 그는 독서하는 것과 산에서 노니는 것이 서로 같은 점을 들어 독서와 산놀이〔遊山〕를 일치시키기도 하였다. 곧 아래에서 단계를 밟아 올라와야 하며, 자신이 직접 체득해야 하고, 고요히 사색하며 실천으로 깨달아 가는 일에서 산놀이와 독서는 서로 같은 방법을 쓰고 있다는 것이다.

독서가 산놀이와 비슷하다 하지마는	讀書人說遊山似,
이제 보니 산놀이가 독서와 꼭 같아라.	今見遊山似讀書,
공력을 다할 때엔 아래로부터이고	工力盡時元自下,
얕고 깊음 아는 것도 모두 자기에게 달린 게지.	淺深得處摠由渠,
일어나는 구름 바라보며 오묘한 이치를 알아채고	坐看雲起因知妙,
물줄기의 근원에 이르러 시초를 깨닫는다네.	行到源頭始覺初.
	〈讀書如遊山〉

그가 가장 즐겨 찾아 노닐었던 산은 淸凉山으로 도산에서 멀지 않은, 산수가 아름다운 곳이다. 13세 때부터 청년기에는 청량산에 들어가 독서하였고, 64세의 노년에 이르기까지 자제나 제자들을 데리고 무시로 勝景을 찾아 소요하며 시를 읊기도 하였다. 53세 때는 '天命圖說後敍'를 짓고 끝에다 '淸凉山人'이라는 號를 쓰기도 하였다. 그는 청량산을 '우리 집 산'〔吾家山〕이라 일컬을 만큼 가장 친숙하게 여겼다.[4] 55세 때 겨울 손자 安道를 데리고 청량산에 들어가

4) 퇴계가 '周景遊淸凉山錄跋'에서 '吾家山'이라 언급한 의미는 佛家의 山寺가 중심이 된 山이 아니라, 儒家의 山이란 의미로 해석되기도 한다. 徐守鏞, '청량산을 배경으로 이루어진 문화의 두 국면—퇴계의 독서와 신재의 풍류를 중심으로', 『韓國漢文學과 儒教文化』, 아세아문화사, 1991, 740쪽 참조.

한 달을 머물면서, 40년 전 그가 15세 때(1515) 여러 형제와 함께 숙부 松齋 선생을 모시고 이 곳에서 노닐던 때를 회상하여 눈물을 흘리면서 시를 읊기도 하였다.[5)]

청량사에서 모시고 놀던 옛일을 회상하니	淸凉寺裏憶陪遊,
그 날의 총각 이젠 흰눈이 머리에 가득하네.	丱角如今雪滿頭,
鶴 등에서 굽어보니 산천 몇 번 변했던고	鶴背幾看陵谷變,
끼친 시를 거듭 외며 눈물 흘리네.	遺詩三復涕橫流.

그는 산수의 승경을 만나면 그 이름이 경관과 어울리지 않으면 이름을 새로 짓기도 하고, 그 자신 소백산을 두로 돌아보고 遊山錄을 지었지만 다른 사람의 유산록에도 깊은 관심을 지녀 서문이나 발문을 지어 주면서, 산수의 유람이 갖는 의미를 도학적 학문세계의 빛으로 깊이 있게 음미하고 있다.[6)]

산과 물이 그가 즐겨 하던 자연이었던 만큼 산놀이〔遊山〕와 뱃놀이〔船遊〕도 그의 운취 있는 생활의 중요한 부분이다. 고향의 선배인 聾巖 李賢輔를 모시고 汾川에 가서 뱃놀이를 하였고, 단양군수로 있던 제자 黃俊良과 함께 龜潭에서 뱃놀이하였다. 퇴계가 가장 즐겨 뱃놀이하던 곳은 濯纓潭으로, 61세 때 제자 李德弘 등과 탁영담에서 달빛 아래 뱃놀이하면서 소동파의 적벽부(前 · 後 赤壁賦)를 읊조렸다. 이 때 그가 지은 시에도, "물과 달이 창창할 제 밤 기운이 맑았어라 / 조각배 바람 불어 밝은 곳을 따르누나 / 박 항아리 흰 술은 은잔에 나부끼고 / 계수 노에 흐르는 빛 북두칠성을 따는 듯이. …"(水月蒼蒼夜氣淸, 風吹一葉溯空明, 匏尊白酒飜銀酌, 桂棹流光掣玉橫. …)라 하여, 달빛어린 강에서 뱃놀이하는 광경을 그림같이 묘사하고 있다. 62세 때(1562) 7월16일 壬戌

5) 權五鳳, 『退溪家年表』, 퇴계학연구원, 1989, 331-332쪽에서 引用.

6) 퇴계는 풍기군수로 부임한 이듬해 49세 때 경내의 小白山을 유람하고서 봉우리와 臺의 이름을 고쳐 지었으며, 돌아와 『小白山遊山錄』을 지었으며, 洪應吉의 『金剛山遊山錄』에 서문을 지었고, 南冥 曺植의 『遊頭流山錄』에 後識를 지었다.

年으로 소동파가 赤壁에서 뱃놀이를 한 해로부터 8갑주(480년) 되는 날이기에 퇴계도 여러 제자들과 풍월담에서 뱃놀이를 하려고 준비하였으나 전날 큰 비가 내려 그 풍류스러움을 이루지 못하고 말아서 못내 아쉬워했다.

제4장 벼슬로 나가는 길과 물러나는 길

1. 벼슬길에서 남긴 자취

퇴계는 청년시절 과거시험에 연달아 낙방하여도 태연할 만큼 그의 학문에 대한 입지가 굳어 벼슬에 대한 관심을 넘어서 있었다. 그러나, "내가 24세 때 세 번의 과거시험에도 뜻을 펴지 못했으나 실의하지 않았는데, 하루는 누가 찾아와서 '이서방' 하고 불렀다. 나를 부르는 것 같아 조용히 살펴보았더니 찾아온 사람은 늙은 하인이었다. 곧 나는 '이름을 얻지 못하였기 때문에 이러한 욕을 당하는구나' 하고 탄식하였다."라는 그의 말 속에서, 주위환경이 과거시험에 급제하지 않을 수 없는 여건이었던 것 같다. 경상도 鄕試를 거쳐, 28세 봄 상경하여 殿試에 나가 2등으로 합격하였으나, 합격榜目을 보지도 않고 그냥 돌아갔다 한다. 한강에 도착하기 전에 합격소식을 듣고도 그대로 내려가 얼굴에 기쁜 빛을 보이지 않았다 하니, 그는 여전히 과거에 초연한 자세를 보여 준다. 32세 때 文科의 초시에 2등으로 합격하고, 34세 봄에 문과급제로 출신하여 벼슬길에 나가게 되었다.

이 때 고향 선배인 聾巖 李賢輔는 그의 급제소식을 듣고, "지금 인망 있는 사람으로 이 사람을 뛰어넘을 사람이 없으니, 나라의 복이고 우리 고을의 경사이다."라 하여, 그에게 큰 기대를 걸었다. 당시 퇴계의 어머니는 그에게 훈계하기를, "너의 뜻이 매우 고결하여 세상과 맞지 않으므로 고을 수령 한 자리만 지내고 높은 벼슬은 하지 않는 게 좋을 것이다. 세상 사람들이 겁내어 너를 수용하지 못할 것이다."고 하여, 그의 고결한 기품이 탐욕스러운 세속적 추세와 어긋나 처음부터 높은 벼슬자리에 뜻을 두지 말도록 멀리까지 내다보고 충고해 주었다. 그는 예문관 檢閱과 춘추관 記事官에 올랐는데, 당시에 권력을 잡은 金安老가 그를 만나고자 하였으나 선비로서의 지조를 지켜 권력자를 찾아가 만나지 않았다. 김안로는 이에 앙심을 품고 그의 승진을 막아, 첫 출발에서 시련을 맞아야 했다. 그러나 그는 이듬해 호송관으로 倭人을 東萊까지 보내 주었으며, 36세 때 성균관 典籍을 거쳐 호조 佐郎에 오르는 동안 그는 자신의 직책을 정성껏 봉행하여 세력가도 그의 지위를 위협하지 못하였다.

37세 때 모친상을 당하였고, 그 후 39세부터 44세까지 순탄하게 승진하였다. 홍문관 修撰 등을 거쳐 홍문관 校理로 승진하였다. 이 무렵 그는 經筵에 나가 가뭄이 심할 때는 임금에게 식사 때 반찬가지수를 줄일 것과 죄인을 恩赦하는 일을 삼가할 것을 요청하였으며, 또한 牛疫이 심할 때는 임금의 수양과 반성을 요청하였다. 특히 그는 하늘과 사람이 서로 감응함을 강조하여, 천재지변을 막기 위해 誠意를 다하고 인심을 화합하게 할 것을 아뢰었다. 그는 왕도정치를 실현하기 위해 임금의 덕을 닦도록 정성껏 諫言하였다. 東湖 독서당에서 賜暇讀書를 하고 나서, 홍문관의 동료들과 「一綱九目疏」를 올렸는데, '중화를 이룰 것'〔致中和〕을 강령으로 삼고, '기강을 바로 잡을 것', '인재를 분별할 것', '백성의 고통을 구휼할 것', '형벌과 옥사를 신중히 할 것', '사치를 금할 것' 등 9조목을 제시하여, 임금의 인격배양을 기초로 국가와 백성을 위한 경세론의 구체적 정책을 제시한 것이다. 이처럼 그는 임금에게 도리로 인도하는 諫言을 하면서도 예법을 잃지 않아 깊이 신뢰를 받았다.

이 무렵 그는 외교문서와 말〔馬〕을 점검하는 직책으로 義州를 다녀왔으며, 42세 때 3월 홍문관 교리로서 경연에서 "한 시대의 흥함은 그 시대의 규모에 있으며, 외척으로 인하여 나라가 망한 사례가 많다."고 아뢰어, 역사를 귀감으로 삼아 국가의 흥망을 논하였다. 또한 왕명을 받아 御使로 나가 충청도 지역 각 군 · 읍을 검찰하여 흉년으로 인한 백성의 기근을 구제하고 탐관오리를 적발하는 임무를 수행하였다. 이 때 그는 全義縣 남쪽 산골짜기에서 백성들의 처참한 굶주림을 직시하고, 수령들의 무관심을 신랄하게 비판하는 시(飢民詩)를 읊고 있다.

부서진 집 때묻은 옷에 얼굴은 배꽃같이 창백한데	屋穿衣垢面深梨,
가는 곳마다 官倉은 비었고 들에는 채소까지 드물구나.	官粟隨空野菜稀,
온 산에 꽃이 홀로 비단같이 피었다고	獨有四山花似錦,
원님은 주린 백성을 알려고도 않았네.	東君那得識人飢.

〈全義縣南行山谷人居遇飢民〉

평소에 그 자신 꽃을 사랑하였지만, 그는 결코 백성의 고통을 망각한 유희를 즐기는 것은 아니었다. 그는 굶주림에 허덕이는 백성을 보면서 수령이 꽃타령만 하는 것을 신랄하게 비판하면서 백성에 대해 한없는 연민의 정을 보여 주고 있다. 다시 어사로 강원도 지역의 災害를 시찰하였다.

44세 때는 사헌부 掌令, 홍문관 應敎 등을 지냈으나, 이 시기에 병으로 벼슬에 못 나가는 일이 잦았다. 중종이 승하하자 중국에 訃告를 전하고 시호를 청하였는데 두 표문을 지어, 중국 예부관원이 표문의 문장과 필법을 칭찬하였다 하니, 그가 국내의 정치문제와 중국과의 외교에 적극적 활동을 전개하였음을 알 수 있다.

을사사화(1545)로 조정에서나 초야에서 모두가 흉흉하던 45세 때 이후 47세 때까지, 그는 이미 조정을 떠날 결심을 하고 있었다. 45세 때 종 3 품직인 홍문관 典翰에 올랐으며, 仁宗이 승하하고 명종이 즉위하였다. 바로 전 해에 왜구의 사량진 침입 이후 정부는 대마도와 교류를 단절하였는데, 왜인이 다시 사신을 보내와 通交를 요청하자, 그는 왜인의 사신을 물리치지 말고 일본과 강화를 허가하도록 청하는 상소를 올렸다. 여기서 그는 일본을 오랑캐로 규정하면서,

오랑캐를 다루는 중국의 역사적 경험과 지혜를 예로 들고 오랑캐에 대한 和親정책이 王道정치의 포용적 원리임을 제시하였다. 이 때 그는 '대마도주 宗盛長에게 보내는 답서'와 '일본국 左武衛 장군 源義淸에게 보내는 답서' 등을 지었으며, 외교문제를 원칙과 현실의 조화로 추구하는 탁월한 외교적 역량을 발휘하였다. 이 무렵 을사사화가 일어나 권력을 잡았던 姦臣 李芑의 상소로 한 때 관직이 삭탈되는 두 번째 시련을 당했지만, 죄 없는 사람을 벌 줄 수 없다는 여론이 일어나 곧 관직이 회복되고 정 3 품당상관인 司僕寺 正에 올랐다. 46세 동안은 벼슬에 나오지 않았으며, 47세 때 8월 홍문관 應敎로 조정에 돌아왔을 때, 良才驛 壁書 사건이 일어난 사실을 알고 물러나고자 하였으나 허락받지 못했다. 이 때 국론이 전년에 무고를 입고 유배갔던 鳳城君을 치죄하는 쪽으로 기울자, 그는 혼자서 도저히 말릴 수 없음을 알고 병환을 이유로 사직하였다.

48, 49세 사이의 2년 동안은 단양군수와 풍기군수로 외직에 나가 있었다. 처음에는 외직을 희망하여 청송군수직을 청하였으나 단양군수에 임명되었다. 아직 단양에 부임하지 않고 서울에 남아 있었을 때, 당시 정권을 잡고 휘두르는 陳復昌이 퇴계를 흠모하였지만, 퇴계가 자기를 찾아오지 않는다고 원망을 품고 해칠 생각을 하고 있었으나, 진복창이 몰락하였기 때문에 무사하였다. 세 번째의 시련을 넘긴 것이다.

단양군수에 부임하자, 그는 지역을 다스리는 데 정성스럽고 믿음 있으며 백성을 사랑하였다. 또한 다스리는 일이 맑고 간결하였으며, 아전이나 백성들을 모두 편안하게 해 주었다. 買浦倉의 곡식을 풀어 굶주린 백성에게 나누어 주었으며, 곡식을 나누어 주고 저물어 돌아오면서 읊은 시에서, "… 궁한 백성 봄이 오니 나의 걱정 부풀도다. / … 열 집의 작은 고을에 흉년마저 들었으니 / 거문고와 노래인들 그 풍속이 변할 건가."(〈買浦倉賑給暮歸馬上〉)라 하여, 백성에 대한 그의 걱정이 간절하고, 예법으로 敎化하기에 앞서서 식량을 넉넉히 해 주어야 한다는 현실적 행정의 원칙을 보여 주고 있다. 넷째 형이 충청감사로 부임하자 그는 풍기군수로 전임되었다. 周世鵬이 세운 白雲洞서원을 자주 돌아보고, 감사(沈通源)에게 글을 올려 백운동서원의 편액과 서적을 청하여, 서원의 이름을 '紹修서원'으로 정하였는데, 이를 계기로 서원이 융성하게 되었다. 그는 감사에게 세 번 사표를 내었으나 회답이 없자 해임되기를 기다리지 않고 고향으로 돌아갔다. 이에 따라 함부로 직장을 버리고 갔다하여 파직되고 告身 2등을 삭탈당하였다.

그는 벼슬에 나아갈 때 아무 욕심 없이 임했던 것처럼, 벼슬을 떠날 때에도 아무런 사심의 흔적을 남기지 않았다. 일찍이 단양군수직을 이임할 때 다만 괴이하게 생긴 돌 2개를 가지고 나섰다 한다. 그가 죽령에 도착했을 때 단양의 관졸들이 관청 밭에서 수확한 인삼을 지고 와서, 전례에 따라 사또가 떠날 때 드리는 것이라며 받기를 청했다. 이 때 그는 "도로 가져다 두었다가 후일 고을을 위하여 쓰도록 하라." 하고 단호하게 물리쳤다. 또한 그가 떠난 후에 아전들이 새 사또를 맞기 위해 官舍를 수리하려고 들어가 보니 창과 벽의 도배지가 얼룩이나 흠집 하나 없이 새 방처럼 깨끗하였다 한다. 수리할 필요가 없으니 아전들이 기뻐하였던 것은 말할 것도 없다. 후에 그가 풍기군수를 이임할 때도 마찬가지였다. 책을 담은 궤짝만 가지고 풍기 임지를 떠났으며, 그 궤짝은 풍기군으로 도로 돌려 보냈다 한다. 이러한 모습은 청렴한 선비가 벼슬자리에서 떠날 때의 한 모범으로서 그 떠난 자리에 가을 바람처럼 맑은 기상과 향기가 서리는 것을 볼 수 있다.

2년 남짓 벼슬을 떠났다가 52세 때 다시 조정에 나와 홍문관 교리로 경연 侍讀官을 겸하여 경연에서 임금님을 모시고 강의를 하였으며, 성균관 대사성에 임명되었다. 이듬해 대사성으로 四學의 선생과 학생들에게 통문(「諭四學師生文」)을 돌려, "학교가 풍속을 교화하는 근원이며 首善의 자리요, 선비는 예법과 의리의 근본이며 元氣가 깃든 곳이다."고 밝히고, 학풍이 퇴락함을 지적하여 예의를 바로잡도록 타일렀다. 이 통문은 그의 교육관을 가장 잘 드러내고 있는 것으로, 무너진 학풍을 회복하는 데 큰 영향을 미쳤다. 당시 명종임금이 21세가 되자 수렴청정하고 있는 대왕대비에게 임금이 親政하도록 정권을 돌려 줄 것을 요구하는 還政教書를 지어 올렸다. 또한 종묘에서 지내는 기우제문을 비롯하여 경복궁에 화재가 나자 종묘를 위안하는 제문을 지어 올렸다. 東宮과 思政殿의 상량문을 지었으며, 새로 중수한 경복궁의 여러 전각에 편액을 쓰고, 「大寶箴」을 썼으며, 경복궁 重新記를 지었다. 또 경복궁의 문소전 重新祭 告由文을 지었고, 康寧殿에 농사의 부지런하고 수고로움을 노래한 '7월' 편(『詩經』, 「豳風」)을 써 올렸다. 이러한 사실은 당시 국가의 중요문서와 궁중의 기록이나 글씨가 모두 그의 손에서 이루어지고 있음을 보여 준다.

55세 때 병으로 거듭 사퇴를 청하여 허락을 받고 고향으로 돌아가는데, 조정에서는 그에게 음식을 하사하고 서울에 와서 의원을 보이게 하였다. 58세 때 임금의 간곡한 부름을 받고 조정에 돌아와 대사성에 나가자, 임금은 퇴계에게 학교를 다시 진흥시키고 선비의 기풍을 바로잡도록 하라고 당부하며 담비가죽〔貂皮〕 귀마개를 하사하고, 또 御賜酒를 내려 주었다. 그만큼 임금의 신뢰가 두텁고 선생을 대우함이 정중하였음을 알 수 있다.

59세 때 휴가를 받아 귀향한 뒤로 벼슬에 나가지 않다가, 임금의 재촉으로 67세 때 서울에 다시 올라왔는데, 며칠 뒤 명종이 승하하여 명종의 행장을 지었다. 예조판서에 임명되자 거듭 사표를 올려, 두 달 만에 다시 병으로 사임하고 고향으로 돌아가서 명종의 挽詩를 지어 올렸다. 知中樞府事, 의정부 右贊成의 벼슬에 이어 從 1 品의 判中樞府事로 부르자, 68세 여름 또다시 서울에 올라왔다.

이 때 임금은 퇴계를 깊이 신뢰하여 그에게 홍문관 대제학, 예문관 대제학, 지경연 · 춘추관 · 성균관사의 중책을 겸임시켰지만, 그는 병으로 거듭 사퇴를 청하였으며, 임금은 휴가를 내리고 內醫員을 보내어 문병하며 음식물을 하사함으로써 병약한 老석학을 세심하게 공경하였다. 그는 새로 등극한 17세의 소년인 선조임금을 위하여 「戊辰六條疏」를 올렸다. 곧 '왕실의 계통을 중히 하고 仁孝를 온전히 할 것', '참소와 이간을 막아서 임금의 生家와 養家 양쪽을 모두 편안히 할 것', '聖學을 독실히 하여 정치의 근본을 세울 것', '도덕과 학술을 밝혀 인심을 바르게 할 것', '심복을 믿어서 耳目을 튼튼히 할 것', '성심으로 몸을 닦고 살펴서 하늘의 사랑을 받게 할 것' 등의 6조목을 건의함으로써, 정치의 기본원리와 당면과제를 제시한 것이다. 경연에서는 중종임금의 國葬과 중국사신을 접대하느라 백성이 지쳐 있음을 지적하여 軍籍 정리를 뒤로 미루도록 요청함으로써, 빈곤한 백성을 보호하는 일을 정치의 가장 급선무로 강조하였다. 또한 경연에서 정자의 「四箴」과 『논어집주』 및 『주역』을 비롯하여 『시경』·『중용』·「西銘」·『소학』 등을 강의하면서, 군왕의 덕을 닦는 방법을 친절히 조언하였다. 이 때 그는 하늘을 섬기는 도리가 '마음을 간직하고 성품을 배양함' (存心養性)에 있음을 밝혀 임금의 덕이 수양을 하는 데 있음을 강조하고 있다. 혹은 임금이 慕義殿(明宗의 魂殿)에 제사지낼 때 배석하였고, 혹은 홍문관에 들어가 「西銘」을 교정하면서 매우 분망하였다. 이처럼 노년의 병든 몸으로도 퇴계는 일단 조정에 나서면 임금을 인도하고 정치를 바르게 하는 데 정성을 다하고 있음을 본다.

퇴계는 선조임금을 위해서 자신의 평생 학문을 응축하여, 聖人이 되기 위한 수양의 원리와 방법을 집약한 『聖學十圖』와 箚子를 올렸다. 그는 이 작은 책자를 올리면서, "나의 나라에 보답함이 여기에 그칠 뿐이다."고 하였으니, 그가 『성학십도』의 저술에 얼마나 심혈을 기울였는지를 알 수 있다. 그는 임금에게 이 책자를 10폭의 병풍에 써서 둘러 놓고 수첩에 적어 책상 위에 올려놓고서 나날이 수양해 가는 안내서로 삼기를 요청했으며, 실제로 선조임금은 병풍을 만들게 하여 항상 신변에서 음미할 수 있게 하였다 한다. 69세 때 판중추부사로서 文昭殿(太祖의 妃 神懿 왕후의 사당)의 제도에 관한 논의에 참여하여, 재상들과 세종실록에서 문소전의례와 법도를 고증하고 廟圖를 올렸다. 국가의례의 제도를 정비하는 과제의 하나인 이 일이 그가 조정에서 활동한 마지막 사업이었다. 그가 고향으로 돌아가기 전에 임금은 남길 말을 하도록 요구하였고, 이에 그는 "태평한 세상을 걱정하고 밝은 임금을 위태로이 여긴다."는 옛 말을 인용하여, 나라는 항상 위난에 방비함이 있어야 하고, 임금은 겸허하여야 할 것을 역설하였다. 이 자리에서 그는 『성학십도』에 관한 임금의 질문에 대답하고, 임금의 요청에 따라 조정의 신하 가운데 李浚慶과 奇大升을 천거하고 돌아갔다. 임금은 그에게 표범가죽으로 만든 요 한 벌과 후추 두 말을 하사하시며, 경상도에 명하여 쌀과 콩을 보내게 하고, 귀로에 말과 뱃사공을 제공하게 하여, 은퇴하고 돌아가는 老臣을 따뜻하게 전송하였다.

69세 때 이조판서, 의정부 右贊成에 제수되었으나 끝내 사퇴하고, 판중추부사로 옮겼다. 그는 귀향한 이후로도 모든 벼슬을 벗고 은퇴하기(致仕)를 거듭 상소하였지만, 끝내 허락을 얻지 못하였으니, 퇴계의 강직함이 실지로 나가지 않은 벼슬을 사양하는 것이요, 퇴계를 아끼고 공경하는 임금은 그의 벼슬을 거둘 수가 없었다. 이것도 그의 맑은 出處의 의리를 보여 주는 것이다. 이 때 도중에서 벼슬을 사퇴하다가 안동의 鳳停寺로 돌아오는 길에는 관폐를 끼치지 않으려고 안동부사 · 풍산현감 등의 출영을 사전에 금했으나 마중 나오려 한다는 소문을 듣고는, 풍산에 유하려던 여정을 바꾸고 예천 누님 댁에서 잔 후, 안동부로 들어가지 않고 봉정사로 가서 병조리를 하였다. 이 때 安奇道(현재 안동시 안기동) 찰방으로 있던 아들 준이 절에 와서 간병하고자 했으나 공무에 지장을 준다고 금하고, 계집종을 절에 보내어 약을 달여 올리려 해도 公人을 부릴 수 없다고 못 오게 말렸다 한다. 이처럼 그는 한 치의 사사로운 인정도 의리에 맞지 않으면 거부할 만큼 강직함을 보여 주었다.

70세 때 겨울 그의 병이 위중하자 임금은 內醫를 보내 약을 가지고 가게 하였지만 도착하기 전에 그는 세상을 떠났다. 부고가 조정에 올라가자, 임금은 애통해 하며 영의정으로 贈職을 명하였고, 承旨를 보내 弔問하고 제사를 드리게 하는 특별한 배려를 아끼지 않았다.

2. 굳이 물러나려는 까닭

퇴계의 벼슬생활은 나아가기를 어려워하고 물러나기를 쉽게 여겼던 은둔적 모습을 보여 준다. 그의 제자 정유일이, "선생은 본래 벼슬할 마음이 적었고, 또 그 때의 시국이 크게 어려운 사정이 있음을 보고, 계묘년(1543)으로부터 물러가 쉴 뜻을 결정하고, 그 뒤에는 여러 번 불려서 돌아와도 항상 조정에 오래 있지 아니하였다."(「言行錄」)라 언급한 데서도 그가 물러나기에 힘썼음을 알 수 있다. 여기서 그가 물러나려는 까닭이 ① 활동적이기보다 고요한 것을 좋아하는 기질적 성격에 있는지, ② 병약한 신체적 조건에 따른 것인지, ③ 벼슬을 버리고 학문에 전념하고자 하는 자신의 입지에 있는지, ④ 자신이 높은 벼슬을 감당할 식견과 역량이 부족하다고 믿었기 때문인지, ⑤ 혹은 그 시대의 사회상황 속에서 出處의 의리에 따른 판단인지 등을 분석해 볼 필요가 있다. 여기서 경우에 따라 어느 쪽에 더 강한 원인을 두고 있겠지만, 전반적으로 보면 이런 여러 이유들이 복합적으로 작용하고 있는 것이 사실이다.

첫째, 그가 관직생활의 번거로움을 좋아하지 않았던 성격을 엿볼 수 있다. 그는 벼슬길에 나서서 불과 2년이 지난 뒤인 36세 때부터 벌써 벼슬에 뜻을 잃고 있었다. 당시 성균관 典籍이었던 그는 승문원 교리이던 넷째 형과 함께 휴가를 얻어 귀가할 때 형제가 함께 자면서 벼슬을 버리고 돌아가 산 속에서 살자고 약속했었다. 그 해 연말 고향편지를 받아보고서도 시골에 돌아가 모친 봉양할 마음을 다짐하여, 자신의 감회를 한 수의 시로 읊었다.

서쪽으로 올라온 뒤 무엇을 하였던고	西來何所爲,
아무 말도 없이 벼슬에 얽매었네.	閟默縶袍笏,
다만 공무 좇을 줄만 알지	但知趁公務,
병든 이 몸 근심할 겨를도 없어 …	不暇憂病骨, …
어리석은 이 마음을 일찌감치 버리고서	胡不早收愚,

시골 집에 돌아가 잠자코 있으리라. 歸安在蓬蓽,
힘들여 밭 갈아 세금 바치고 力耕給公上,
맛난 음식 받들어 어머님 기쁘게 하면 甘旨奉怡悅,
그 정성 분수에 맞으련만 玆誠分所宜,
오래도록 결단 못 짓고 久矣不自決,
명성 이익의 숲 속에 얼굴 내밀었나 … 强顔名利藪, …
벼슬생각 쉬 싫증 나고 宦情易成猒,
시골생각 끝이 없어라. 鄕心不可遏.

〈歲季得鄕書書懷〉

그의 건강은 분망한 공무에 시달려 피로하고, 학문에 두었던 뜻은 수고로운 벼슬살이와 어긋났으니 벼슬길은 처음부터 어울리지 않았던 것 같다. 더구나 그의 맑고 고결한 성품은 권세를 따르는 명성이나 이익과 양립하기 어려웠던 것이다. 또한 그는 태학시절의 벗으로 修撰에 있던 河西 金麟厚의 귀향길을 전송하며 읊은 시(〈送金厚之修撰乞暇歸覲…〉)에서도, "그대는 세상살이가 빈배와 같음을 알았는데 / 나는 가죽나무처럼 쓸모없다 믿노라. / 부귀영화가 나에게는 뜬구름과 같은 것 / 우연히 얻었을 뿐 구한 바 아니었네. …"라 하여, 벼슬길이 자신의 삶에 무익함을 확인하고 있다.

훗날 벼슬에서 물러나 있으면서 그 자신 세속의 벼슬길을 벗어나 산수간에 풀려난 자유로움을 못내 즐거워하였다. 도산 가까운 강가, 풍광이 아름다운 滄浪臺에서 읊은 시에,

풍진에 휩쓸리어 몇 차례나 주저턴고 風埃顚倒幾逡巡,
오히려 기쁜 것은 산림의 몸 되었도다 … 尙喜林泉見在身, …
屛山에 홀로 앉아 흩날리는 빗줄기를 바라보고 屛山宴坐看飛雨,
洛水에 한가로이 서서 뛰어오르는 고기 구경하도다. 洛水閒臨玩躍鱗,
산수를 즐겨 하는 그 오묘한 정취를 어이 알랴. 二樂安能知妙趣,
눈앞의 그 광경이 이제서야 새롭도다. 眼前光景只今新.

〈滄浪詠懷〉

둘째, 그는 건강이 나빠 늘상 多病하였던 것이 사실이다. 그는 20세 때 『주역』 공부에 골몰하다가 그 때부터 건강을 상하여, 항상 파리하고 피로한 병으로 평생을 고생했던 병약한 몸이었으니, 조정의 분망한 공무로 힘겨울 때가 많았던 것 같다. 그래서 그는 벼슬을 사직하였던 대부분의 이유로 '병'이 있음을 들고 있다. 40대 초반에 벼슬이 내릴 때마다 자주 병으로 취임하지 못하거나 사직하기 시작하여, 46세 때는 연초에 휴가로 고향에 돌아간 이후 병으로 나오지 못하였으며, 결국 48세에 단양군수로 외직에 나갔다.

단양군수를 거쳐 풍기군수를 사직하기 위해 감사에게 올린 글에서는, 자신의 병증을 장황하리만치 자세하게 소개하고 있다.

> "저는 몸이 허약하고 파리한데다 心氣의 병까지 겹쳐, … 기침이 몹시 나고 가래가 끓으며, 허리와 갈비뼈가 당기고 아픈가 하면, 트림이 나고 신물이 오르며, 등에는 한기가, 가슴에는 열기가 번갈아 발작하여, 때로는 눈이 아찔아찔하고 머리가 어지러워 넘어질 것만 같았으며, 숱한 일을 그르치고 또 어제 일을 오늘 잊고 아침의 일을 저녁에 잊으며, 밤으로 걸핏하면 악몽에 시달리며, 기혈이 마르고 정신이 흐리며, 헛땀이 줄줄 흐르고 눕기를 좋아하며 곯아 떨어지곤 했습니다."
>
> 〈辭豊基郡守上監司狀, 一〉

병증세는 약간씩의 차이가 있지만 대부분 사직 상소에서도 다양한 병세를 호소하고 있다. 그의 건강이 좋지 않았던 것은 사실이지만, 고향에 머물 때는 이렇게 심한 병증을 호소하지 않는데 비하여, 벼슬에 나오면 이렇게 여러 가지 병증을 호소하게 되는 것은 분명 병 이외의 요인도 있을 것이며, 이른바 '稱病' 하는 측면도 있을 것이다.

그는 51세 때 다시 조정에 돌아왔으나 더욱 자주 병으로 사직하여, 조정에 있을 때는 드물고 고향에 내려가 있는 기간은 길었다. 55세 때 봄에 그는 병으로 세 번 장계를 올려 겨우 해직되었는데, 머뭇거리고 있다가는 또 관직을 받게 되므로, 그 날로 성문을 나와서 배를 세 내어 강을 건너 동쪽 교외에서 쉬었다. 그만큼 병의 치료를 위한 요구와 더불어 벼슬에서 벗어나야겠다는 그의 의지도 강하였던 것으로 보인다. 이 무렵부터 조정의 신하들은 임금에게 퇴계의 학문과 인품을 존중하여 불러들이기를 거듭 청하고 임금도 간절하게 벼슬에 나오도록 불렀으나, 퇴계는 물러나기를 고수하여 좀처럼 올라오지를 않았다.

58세 때 그는 상소하여 벼슬을 마치기를 빌면서, 자신이 벼슬에 나올 수 없는 의리를 어리석음, 병, 헛된 이름, 직무를 수행하지 못함 등 다섯 가지 조목으로 제시하였다. 여기서 가장 중요한 부분은 직무를 수행할 역량이 없다는 점과 병으로 활동할 수 없는 상태라는 점이다.

> "어리석은 것을 숨기면서 벼슬의 지위를 도둑질하는 것이 마땅한 것이겠습니까. 병으로 폐인이 된 자가 마땅한 것이겠습니까. 헛된 이름으로 세상을 속이는 것이 마땅한 것이겠습니까. 직무를 수행하지 못하면서 물러나지 아니하는 것이 마땅한 것이겠습니까. 이 다섯 가지 마땅하지 못함을 가진 채 조정에 선다면 그 신하된 자로서 '의'가 아님을 어떻게 하겠습니까. 엎드려 원하옵건대, 臣의 사정에 어둡고 어리석은 것을 살피시옵고, 신의 잔약하고 수척한 것을 불쌍히 여기시어, 앞서 허락하신 대로 길이 시골에 물러나와, 허물을 고치고 병을 조리하게 하여 여생을 마치게 하여 주시옵소서."
>
> 〈『年譜』, 권 1, 15〉

이 상소를 받아본 임금은 친히 편지를 써서 이르기를, "다섯 가지 마땅하지 못한 점을 들어 오지 못하겠다고 굳게 고집하니, … 내가 실로 덕이 없고 사리에 어두우며, 족히 하잘 것 없기 때문에 그대는 '도'를 지키고 '의'를 지키면서 도와 줄 뜻이 없으니, 내가 매우 부끄럽노라. 마땅히 내 뜻을 알라."고 하여, 심한 자책의 비감한 대답을 하였다. 이에 퇴계는 부득이 조정에 올라갔으나, 이듬해 봄 다시 고향에 돌아왔다.

셋째, 그의 평생 사업은 학문에 있었으니, 관직생활의 번거로운 사무와 병행하기 어려웠을 것이다. 그는 53세 때 南冥 曺植에게 보낸 편지에서 자신의 살아온 길을 돌아보면서 벼슬길에 들어선 것을 후회하고 학문에 매진하고자 하는 소원을 절실하게 밝히고 있다.

> "(나는) 집이 가난하고 모친이 늙으셔서 억지로 과거를 보아 祿俸을 받게 되었습니다. … 그 뒤 병은 더욱 깊어 가고, 또 세상에 나가 일할 만한 능력이 없음을 스스로 안 뒤에야, 비로소 뉘우치고 물러나 옛 성현의 글을 더욱 힘써 읽어 보니, 이전의 모든 나의 학문 방향과 처신 행사가 모두 옛날 사람에 비해 크게 어긋났습니다. 이에 두려운 마음으로 지난날의 잘못을 깨닫고 그들을 따르고자 길을 바꾸어 노년기의 삶을 수습하고자 하였습니다. … 벼슬을 그만두고 서적을 싸 짊어지고 고향으로 돌아가서 장차 이르지 못한 경지를 더욱 열심히 구하려 하였습니다. 그리하여 신령스런 하늘의 덕택으로 조금씩 공부가 쌓인 뒤에, 만에 하나라도 터득하는 것이 있어 일생을 헛되이 보내지 않게 되기를 바라는 것이 나의 10년 이래의 소원이었습니다."
>
> 〈與曺楗仲植〉

이처럼 그는 일찍부터 벼슬의 길이 아니라 학문의 길이 자신의 평생과업임을 명확히 인식하고 있으니, 그가 벼슬에 사퇴한 가장 큰 원인이 학문을 하기 위한 것임을 알 수 있다.

그는 46세 때 휴가를 마치고 서울로 올라가는 도중 병환으로 해직되자 돌아오는 길에 읊은 시에서, "너위에 먼 길 늘 제 병나서 멈추고서 / 溪莊으로 고삐 돌려 닭울음 대어 가리. / 구름 산은 흡사 공신과 맹세하듯 / 내 신세 한가하여 싸움 끝닌 북이로다. / 골문 안에 비 개이니 숲 기운이 싸늘하고 / 바윗 틈에 바람 나니 시내 소리 맑디 맑다. / 山翁이 웃으면서 나디리 묻기에 / 밭갈이노 중요하나 나는 혀로 대신 갈겠소(舌耕: 글을 가르치는 일)."(〈新城途中〉)이라 하여, 해직되자 한가로운 산수간의 즐거움과 학문을 닦고 후생을 가르치겠다는 자신의 본업을 찾은 기쁨을 노래하고 있다.

넷째, 그가 관직생활을 하던 중종-명종의 시대는 기묘사화 이후 權臣들이 득세하고 士林이 위축되었으며, 을사사화의 여파로 정치는 어지럽고 벼슬길이 위태로운 상황으로서, 出處의 의리에 나아가기 어려움이 있었던 시기이다. 45

세 때 을사사화를 겪었고, 47세 때 홍문관 應教로 조정에 돌아오자 良才驛 壁書 사건이 일어난 뒤에 鳳城君이 賜死되었으니, 이러한 誣告의 정쟁 속에 남아 있고 싶지 않았던 것은 당연하다. 그 자신 34세 때 벼슬에 나가자 金安老의 방해를 받고, 을사사화 직후 李芑(이기)의 배척으로 관직이 삭탈되었으며, 48세 때는 陳復昌의 해침을 당할 뻔 하는 등 당시 권력을 잡았던 간교한 인물들의 위협을 거듭 받아 더욱 벼슬자리에 뜻이 멀어졌다. 또한 그가 50세 때 가장 가까웠던 넷째 형이 李洪男 · 李芑 등의 보복으로 화를 입어 유배 도중에 장독으로 죽었던 사실은, 그가 벼슬을 버리려는 결심을 더욱 굳게 하였다.

이처럼 여러 요인들이 복합적으로 작용하여 그가 벼슬길을 벗어나고자 하였지만, 그 중에 중심적인 이유는 학문에 뜻을 두었기 때문이며, 동시에 세상이 어지러워 나아가야 할 출처의 의리가 분명하지 않았기 때문이며, 오히려 그가 병이 많다거나 기질이 고요한 것을 좋아한다는 이유는 부차적인 것이라 볼 수 있다.

그가 벼슬을 사직할 때에도 이에 따른 명분과 의리가 언제나 고려되어야만 했다. 그는 휴가를 받아 귀향한 뒤로, 병으로 환조하지 않고 서장을 올려 본직을 사임하고자 하였으나 허락되지 않았다.

59세 때 그가 焚黃(사후에 벼슬을 받으면 官誥의 부본인 누른 종이를 무덤 앞에서 태우는 제사)하기 위해 휴가로 고향에 왔다가 조정에 돌아가지 않은 것을 의아하게 여겨서 묻는 이가 있었다. 이에 그는 편지로 대답하여, "옛 사람도 매우 부득이한 곳에 이르게 되면 또한 다른 일을 칭탁하고 거취를 정하였는데, 어찌 임금님을 섬기는 정성이 없어서 그러하겠습니까. 싫어하는 바가 칭탁하는 것보다 심하기 때문입니다."고 하여, 형식상으로는 휴가를 받았고 병으로 나가지 못하지만, 내용에서는 다른 명목을 칭탁하여 나아가고 물러날 수 있음을 강조하고 있다. 따라서 벼슬에 물러나야 할 의리가 있다면 '분황'을 칭탁하거나 '질병'을 칭탁할 수 있음을 인정하는 것이고, 그 자신 병으로 사퇴한 많은 경우에서 '칭병'일 수 있는 가능성이 높은 것으로 보인다.

67세 때 명종이 승하하고 因山하는 것을 보기 전에 고향에 내려가서 여론이 분분하자, 奇大升은 퇴계가 벼슬에 나오기를 간곡히 청하였다. 이에 퇴계는 답장에서 자신이 벼슬자리를 차지하기에 맞지 않은 점으로, '크게 어리석음'〔大愚〕, '심한 병'〔極病〕, '헛된 명성'〔虛名〕, '잘못 입은 은명'〔誤恩〕의 네 가지를 열거하고, 옛 군자의 '조금이라도 官의 직무를 지키지 못하면 반드시 몸을 빼어 급히 물러가는' 進退의 의리에 따라 물러나는 것이 인정에 끌리는 것보다 중대함을 강조하였다.

> "나의 몸가짐이 또한 어렵게 된 까닭은, 크게 어리석기 때문이요, 심한 병 때문이며, 헛된 명성 때문이요, 잘못 입은 恩命 때문입니다. 매우 어리석으면서 헛된 명성을 그대로 받아들인다면 이것은 망녕된 짓이요, 심한 병으로 잘못된 은명을 받아들인다면 부끄러움을 모르는 것이 됩니다. 대개 부끄러움을 무릅쓰고 망령된 짓을 한다는 것은 의리와 덕에 있어서 상서롭지 못하고, 사람에 있어서 길하지 못하며, 나라에 있어서 해가 되기 때문입니다. 벼슬하기를 즐겨 하지 아니하고 항상 몸을 빼려고 하는 것은 다른 까닭이 있어서가 아닙니다. 옛날의 군자로서 나아가고 물러가는 의리에 밝은 자는 한 가지 일도 허술하게 지나 버리지 아니하였고, 조금이라도 官의 직무를 지키지 못하면 반드시 몸을 빼어 급히 물러갔으며, 역시 그 임금을 사랑하는 정으로는 차마 하지 못할 것이 있었겠으나, 그것 때문에 그 물러가는 일을 버리지는 아니하였으니, 어찌 몸을 바치는 마당에서 의리가 행하여지지 아니하는 바가 있으면 반드시 물러난 연후라야 그 의리를 좇을 수 있기 때문에 그러했음이 아니겠습니까. 이 때를 당하여 비록 아주 참지 못할 정이 있더라도 부득이 의리에 굽혀야 할 것입니다."
>
> 〈答奇明彦, 丁卯 9月 21日〉

68세 때 그는 벼슬을 마치기(致仕)를 비는 상소를 올려서, 군왕이 현인을 존경하고 선비를 임용하는 일이 급하지만, 사람을 알아보지 못하고 재주와 덕이 없는 자를 잘못 불러서 헛된 명성으로 세상을 속이는 선비를 어진 이로 존중하면, 나라의 정치가 어지러워질 것임을 지적하고, 나아가 그 자신이 능력 이상의 벼슬을 받게 되어 사퇴할 수밖에 없는 사실을 강조함으로써, 그가 자신의 분수에 넘는 관직을 사퇴하여야 할 의리를 밝히고 있다. 동시에 그는 명종의 因山을 못 보고 내려간 사실에 대해, 병으로 직무를 볼 수 없으면서 남아 있는 것이 의리에 마땅하지 않으므로 물러난 것으로서, '이치가 극에 달하면 의리가 변한다'는 논리에 따라, 인산에 남아 있어야 할 의리를 인정하면서도 남아 있어서는 안 될 이치에 따라 급히 물러나야 할 의리로 변한 것임을 해명하였다.

> "신이 선왕의 조정에 여러 번 부르심을 받았사온데, 앞의 세 번 부르심에는 다 벼슬이 그 품계보다 낮았으므로 별달리 혐의될 것이 없어, 명령을 받으면 즉시 출발하여 일찍이 꾸물거리거나 의심하여 올라가지 않은 일이 없었사오나, 오직 뒤의 두 번 부르심에는 한 번은 품계를 높여 중책을 맡기려 하셨고, 또 한 번은 이미 품계를 높여서 중직에 임명하셨으므로, 신의 좁은 생각으로는 마치 모기가 산을 짊어진 것과 같아 결코 감당할 수 없다는 것을 알았습니다. … 신이 위태롭고 난처하여 극력 사면하지 않을 수 없었던 것이옵니다. … 하물며 지난해에 서울로 올라가서 망극한 변(명종의 승하)을 당하고 저의 질병이 급히 더쳐서 … 몸을 돌보지 않아야 할 처지에 있었으나, 이미 도리를 다할 수 없을 바에는 오직 물러나는 것만이 의리에 마땅하고 분명한지라, 그래서 山陵이 바로 있었으나 머물러 기다리지 못하고 경솔하게 바로 돌아왔사옵니다."
>
> 〈戊辰辭職疏 1〉

그러나 당시의 관료들 사이에 그의 처신을 괴이하게 여겨서, 혹은 '이름을 내기 좋아해서 그런다.' 하고, 혹은 '거짓 병이다.' 하고, 혹은 '산새'에 비유하고, 혹은 이단이라고 배척하여 물의가 일어났던 것이 사실이다. 그럼에도 불구하고 그는 우직하리만치 강직하게 '의리가 명백하지 않으면 먼저 물러나야 한다.'는 出處 의리의 원칙을 고수하여, 관직에 대한 강한 책임의식과 처신의 정당성에 대한 요구를 철저히 추구하고 있다.

그의 물러나려는 의지가 확고한 만큼이나 임금이 그를 부르는 정성도 지극하고 간절하였다. 그의 벼슬을 내리는 敎旨나 상소에 대한 대답을 임금이 친필로 써서 보내기도 하였고, 만년에는 그의 사직 상소가 거듭되었으나 임금은 번번히 허락을 하지 않고 끝내 붙잡아 두려고 하였다. 65세 때 그가 동지중추부사의 직명을 풀어 달라고 장계를 올려 윤허를 받았지만, 이 때 임금은 "내가 다년간 자리를 비워 놓고 경을 기다렸으나 기어이 퇴직하려 하니 현인을 대우하는 나의 정성이 모자람 때문이었다. 경의 뜻이 이미 깊고도 간절하므로 경의 소청을 따르겠다." 하고 마침내 허락하면서 아쉬움을 밝혔다. 그가 66세 때 명종임금은 그를 기대하는 뜻이 간절하여 독서당의 선비들에게 '招賢不至歎' (현인을 불러도 오지 않아 탄식한다)을 詩題로 近體詩 한 수씩을 짓게 하였고, 礪城君 宋寅을 시켜서 도산을 그리게 하고 그림 위에 陶山記와 陶山雜詠을 각각 써서 병풍을 만들게 하여, 항상 그리워하는 간절한 뜻을 보였다.

68세 때 선조 임금은 5개월 동안 일곱 번이나 벼슬을 내려 퇴계를 불렀는데, 그가 사직상소를 올리자 다시 의정부 우찬성에 임명하면서 어필로 간곡하게 올라오기를 재촉하였다.

> "옛날의 임금은 비록 明哲하고 성스러워도 반드시 어진 이를 구하여 스승으로 삼았는데, 하물며 나는 어려서부터 엄한 스승의 가르침을 받지도 못하였고, 갑자기 어려운 대업을 이었으니, 大妃께서도 역시 이르시기를 '내가 아는 것이 없고 게다가 고독하고 병 중에 있으면서 어찌 가르치고 지도하겠느냐. 마땅히 이황과 같은 이가 있으면 좋겠다.' 하시고, 항상 경이 올라오기를 바라시니, 대비의 의사도 이같이 간절하신데도, 경이 오기를 즐기지 아니한다면, 경이 생각을 좀 덜한 것이 아니겠는가. 지금 조정에는 나이가 많고 덕이 있는 사람이 비록 많지만, 내가 경을 우러러 봄은 마치 北斗星과 같이 하니, 경은 모름지기 나아가고 물러서는 데 혐의스럽게 생각치 말고, 올라와서 병을 다스리고 조정에 머물러서 나의 어리석고 못난 자질을 돕도록 하라."
>
> 〈『年譜』, 권 2, 7〉

그래도 퇴계는 올라오지 않고 사직 상소만 올라오니, 임금은 다시 판중추부사의 교지를 내려 더욱 간곡하게 불렀다.

"나는 조그마한 몸뚱이로 민간에서 생장하다 들어와 대통을 이었기 때문에, 즉위한 이래로 어찌할 바를 알지 못하여, 어진 덕이 있는 선비를 모아서 나의 미치지 못한 것을 보충할까 생각하였노라. … 卿을 경연에 두고 그 행동을 보면서 논하는 것을 들으면, 족히 나의 어둡고 어리석은 것을 버릴 수 있고, 나의 마음과 지혜를 키울 수 있을 것이라 하여 수차 부른 것이며 지극한 정성에서 나온 것이어늘, 그래도 끝내 나올 뜻이 없으니, 내가 매우 섭섭하노라. 저번날 경에게 우찬성의 관직을 제수한 것은 내가 경을 사모함이 깊은 때문이요, 경에게 바라는 연고가 중하여서 실로 모두가 말하는 공정함을 따른 것인데, 경은 이것을 도리어 혐의쩍게 여기어 물러나 사면하기를 더욱 힘쓰니, 내가 경을 표창하려는 것이 마침내 경을 막는 것이 되었을 뿐이었노라. 이미 명하여 갈아 고치라 하였으니, 경이 무엇을 다시 혐의쩍게 여길 것이 있는가. 예전에 선왕께서는 경을 총애하여 남달리 우대한 것이 가히 지극하다 하여, 諸葛武侯가 말하기를, '先帝의 특별한 대우를 추념하여 폐하에게 갚고자 한다' 하였으니, 경도 진실로 차마 선왕을 잊어버리고 나를 버리지 못할 것이다. 경은 이런 것을 생각하여 편안하게 있으면서 더디고 더디게 오지는 않을 것이다."

〈『年譜』, 권 2, 8〉

임금의 이런 말씀을 듣고 더 머물 수가 없어서 그는 결국 서울로 올라와, 詣闕하고 상경이 늦었음을 待罪하였을 때, 임금은 "대죄치 마오. 내가 경을 얻었음은 실로 나라에 복이 있음이요."라 하며 반갑게 맞았다 하니, 임금의 공경과 기대가 얼마나 컸던지 짐작할 수 있다. 그러나 그는 이번에도 내리는 모든 벼슬을 거듭 사양하여, 한편으로 경연에서 강의하면서도 조정에 있던 마지막까지 벼슬을 사양하였다.

69세 때 물러갈 것을 무수히 빌어, 마침내 그 해 3월 벼슬을 마친다는 허락을 받지는 못하였지만 고향으로 물러갈 수 있는 허락을 받아, 조정을 마지막으로 하직할 때, 성에서 나와 東湖 夢賚亭에서 자고, 다음날 배를 타고 봉은사에서 잤다. 이 때 장안의 명사들이 온 조정을 비우다시피하고 나와서 전송하며, 각기 시를 지어 이별의 뜻을 표하였고, 퇴계도 화답하는 시를 지었다.

큰 배에 벌여 앉은 분 모두 명망 높은 선비일세.	列坐方舟盡勝流,
돌아가는 이 마음 종일토록 이끌렸네.	歸心終日爲牽留,
원컨대 한강물을 벼루에 부어서	願將漢水添行硯,
작별의 무한한 시름 그려내 주오.	寫出臨分無限愁.
	〈東湖舟上 …〉

제 5 장 배우는 기쁨 가르치는 즐거움

1. 배우는 기쁨

공자는 겸양의 덕을 강조하였지만 '배우기를 좋아한다'(好學)는 점을 자부하였는데, 퇴계의 평생은 배우는 데 부지런하고 후배에게도 묻기를 좋아하여 좋은 의견을 들으면 자신의 견해를 고치는 데 주저하지 않았으니, 진실로 '배우기를 좋아한' 군자의 표상이 되고 있다. 그 가장 잘 드러난 사례로서, 퇴계가 기대승과 四端七情에 관한 성리설의 논쟁을 전개하면서 자신의 견해를 두 차례나 수정한 사실을 들 수 있다.

그의 배우기를 좋아하는 태도는 천성이라 할 수 있으니, 어려서부터 그 면모를 보여 준다. 6세의 어린 나이로 이웃 노인에게 처음 글을 배우기 시작하였을 때의 일이다. 아침이면 반드시 세수하고 머리를 단정하게 빗고 나가 스승 댁의 울타리 밖에서 가만히 전날 배운 것을 두어 번 외어 본 후에 들어갔으며, 마치 엄격한 스승 앞에서 배우는 자세를 지켰다 한다. 12세 때 숙부의 엄격한 지도 아래서 『논어』를 배웠는데, 글의 뜻을 깨우쳐서 숙부의 인정을 받았으며, 숙부의 지도로 사촌형제들과 청량산 등 山寺에서 독서하여 학문의 기틀을 닦았다. 그는 천성으로 독서를 좋아하여 사람들이 많이 모여 이야기하는 방에서도 혼자 벽을 향하여 조용히 책을 읽고 있었다 한다. 그는 17세 때 학문하기로 뜻을 세우고, 이 무렵 공부에 열중하여 밤중에도 너무 무리하여 병이 나기도 하였다. 그 해에 넷째 형(瀣)과 함께 숙부한테 가서 경상감사 金安國의 강학에 참석하였으며, 여기서 김안국은 퇴계 형제를 크게 칭찬하였다.

그가 본격적으로 성리학 공부에 입문한 것은 19세 때이며, 숙부댁에서 『성리대전』 중에서 첫 권과 마지막 권의 2권을 빌려다 읽고서는, 마음이 기쁘고 눈이 열리는 듯하여 점점 그 의미를 알게 되면서 학문에 들어가는 길을 얻게 되었다 한다. 그는 20세 때 『주역』을 연구하는 데 몰두하여, 밤낮으로 침식을 잊고 독서한 결과로 건강을 해쳐서 회복하기 어려운 상태에까지 이르렀다.

그는 자신의 청년기를 회고하면서 학문에 뜻을 두었으나 깨우쳐 줄 스승과 벗이 없어 오래도록 방황하였음을 고백하고 있다. 그러나 이 방황이 그의 학문세계를 심화시켜 대성할 수 있는 밑거름이 되었던 것이 사실이다. 청년시절 만났던 師友로서는 33세 때 태학(성균관)에 유학하면서 9세 연하의 동료 河西 金麟厚와 사귀었고, 태학을 그만두고 돌아오던 길에 여주에서 그곳에 은거하고 있던 慕齋 金安國을 만나 그의 '正人君子論'을 들었으며, 문과 급제 후 35세 때 倭奴를 동래로 호송하는 책임을 맡아 내려가는 도중에 20여 년 간 『황극내편』(洪範皇極內篇)을 공부해 왔던 여주목사 李純을 만나 『참동계』의 수련법에 관한 강론을 들었던 것이 거의 전부이다.

그는 38세 때 모친상에 거상하면서도 독서를 쉬지 않고 매일 日課를 쓰며 독서해 갔다. 41세 때 讀書堂에서 사가독서하면서도, 단아한 자세로 微動도 하지 않고 공부에만 전념하여 동료들이 "담장 한 구석에 있는 두 가지 배나무꽃" 이라 놀리기까지 하였다 한다. 그는 서울에서 『朱子全書』(朱子大全)를 구하여 문을 닫고 들어 앉아서 한여름내 읽었다. 사람들이 더위로 몸을 상할까 걱정하자, 그는 "이 글을 읽으면 가슴 속에서 문득 시원한 기운이 생기는 것을 깨닫게 되어 저절로 더위를 모르게 되는데, 무슨 병이 생기겠는가."라 대답하였다 하니, 주자의 학문세계에 얼마나 심취하여 읽고 있었는지를 짐작할 수 있다. 뒷날 그의 집에 『주자전서』 한 질이 있었는데, 글자의 획이 거의 희미하여졌다는 것도 그가 평생 이 책을 얼마나 정성들여 반복해 읽었는지를 말해 준다.

그는 『주자전서』를 계기로 주자의 학문에 심취하여 본받는 자세를 보여 준다. 47세 때 月瀾庵에 거처하면서 주자가 廬山 西林寺에서 읊은 시를 차운하여 읊으면서, 도를 배우고 주자를 스승으로 삼기 위하여 禪寺에 깃들었음을 밝히고 있다.

주자를 스승삼아 道 배우러 암자에 들렸더니	從師學道寓禪林,
서림사 벽에 붙였던 그 詩에 감개 깊어라.	壁上題詩感慨深,
천 년 뒤 우리 나라 도가 없어 적막하니	寂寞海東千載後,
廬山 비추던 그 달빛 나의 침실 비춰 다오.	自憐山月映孤衾.
	〈和西林院詩韻〉

그는 이곳 월난암에서 『심경』을 읽었는데, "『심경』을 얻은 뒤로, 비로소 心學의 근원과 心法의 정밀하고 미묘함을 알았다. 그러므로 나는 평생에 이 책을 神明과 같이 믿었고, 이 책을 엄한 아버지같이 공경하였다."고 하였으니, 그가 얼마나 『심경』을 중시하고 정성을 들여 공부하였는지를 알 수 있다. 그는 노년에도 새벽에 닭이 울면 일어나서 반드시 엄숙하게 『心經附註』를 한 번씩 읽었다 한다.

퇴계가 주자의 「武夷九曲棹歌」를 차운하여 읊은 것은 주자가 생활하는 환경에 참여하기 위한 것이라 할 수 있다.[1] 그는 주자의 모든 것을 자신이 체현하고자 했던 것이다. 그가 주자의 저술 속에서 특히 편지를 중시하여, 그 자신이 절실한 편지들을 간추려 『朱子書節要』를 편찬하였다. 그 서문에서 그는 주자의 全書가 대지나 바다와 같아서 모든 것을 포용하나 요령을 얻기가 어려운데 비하여 주자의 편지들은 "각각 그 사람의 재주의 높고 낮음과 학문의 깊고 열

1) 퇴계는 66세 때 제자들이 주자의 「무이구곡」에 비겨서 그의 도덕을 찬양한 시를 모아 「陶山九曲」을 편찬하자, 이 시집의 전파를 막으려고 李逢春이 보관하고 있던 초고를 가져오라고 편지를 보냈던 일이 있다.

음에 따라 병을 살펴서 약을 쓰는 것 같아서, 혹은 누르고 혹은 들추며, 혹은 인도하고 혹은 구원하며, 혹은 격동하여 올리고 혹은 물리쳐 깨닫게 한다." 하여, 이 편지를 읽다가 감동하여 떨치고 일어남이 그 날의 제자들과 함께 체험할 수 있음을 밝히고 있다. 그는 이미 주자의 편지를 펼쳐 놓고 주자와 직접 마주 대하여 묻고 대답하는 체험을 하였을 것이다.

그의 「陶山十二曲」 가운데 한 수는 그가 공자 · 주자 등 선현을 따라 학문의 세계에서 같은 발자국을 포개어 걸어가던(녀던) 마음을 읽을 수 있다.

古人도 날 못 보고, 나도 고인 못 뵈
고인을 못 봐도 녀던 길 앞에 있네
녀던 길 앞에 있거든 아니 녀고 어쩔고.

그는 59세 때 湯임금 이후 26인이 지은 「箴銘」 등 81편을 베껴서 『古鏡重磨方』을 편찬하여, 수양법에 긴요한 자료로 삼고 있다. 65세 때 그의 서재인 玩樂齋의 벽에 「敬齋箴圖」 · 「白鹿洞規圖」 · 「明堂室語」 등 箴規를 써 붙이고, 수양에 전념하였던 일이나, 『성학십도』를 편찬하여 임금에게 수양의 자료로 삼도록 하였던 일들이 이처럼 그가 수양의 격언인 箴 · 銘 · 規들을 완상하며 침잠하여 수양에 힘썼던 사실을 보여 준다.

그는 노년에 들어서도 좀벌레가 책을 파먹듯 쉼없이 독서에 침잠하였다. 이때의 독서생활을 읊은 시에서는 그가 독서하며 얻는 한없는 기쁨과 수양하는 고요한 모습의 거룩함을 엿볼 수 있다. 그는 이 시절 고전의 진수를 자신의 마음 속에 체득하여 깨닫는 기쁨, 곧 『논어』 첫머리에서 "배우며 때로 익히면 또한 기쁘지 아니한가" 라는 공자의 말씀을 가장 맛있게 실현하고 있는 것이라 짐작된다.

병 깊고 하염없는 백발된 이 늙은이	多病無能白髮翁,
이 몸이 길이길이 좀벌레와 벗하여라.	一身長伴蠹書蟲,

좀이 글자 먹는단들 그 맛이야 어이 알리 蠹魚食字那知味,
하늘이 글을 내시니 그 중에 기쁨 있어라. 天賦群書樂在中.

도서는 벽에 가득 한 조각 향불 태우니 滿壁圖書一炷香,
새벽 창 눈보라 등불 빛을 가리누나. 曉窓風雪隔燈光,
가는 글자 어둔 눈에 방해로움 알았으니 極知細字妨昏眼,
어리석게 앉은 채로 『맹자』 夜氣章에 마음 두리. 癡坐心存夜氣章.
〈東齋感事〉

61세 때 도산정사에서 읊은 시에서도 밤에 일어나 글을 읽는 경건한 모습과 학문하는 즐거움을 그림을 보듯 생생하게 묘사해 주고 있다.

산은 텅비고 온 집이 고요하고 山空一室靜,
밤이 차갑더니 서리 기운 높으니라. 夜寒霜氣高,
외로운 베개 위에 잠 못 이루니 孤枕不能寐,
일어나 정좌하고 옷깃을 바루노라. 起坐整襟袍,
늙은 눈 부벼 뜨고 가는 글자 보려 하니 老眼看細字,
짧은 등경 촛불 켜고 여러 차례 돋우네. 短檠煩屢挑,
글이라 그 가운데에 참된 맛 심어 있어 書中有眞味,
살찌고 배부름이 고기보다 낫더구나. 飫沃勝珍庖.
〈山堂夜起〉

2. 가르치는 즐거움

그는 독서를 통해 학문하는 기쁨만큼이나 천하의 英材들을 제자로 가르치는 즐거움도 누렸다. 그는 제자들에게 학문의 길을 열어 주면서 그 방법을 환하고 자세하게 일깨워 주기에 힘썼다.

학문하는 방법을 물었을 때 "다만 부지런하고 수고스럽게 하며 독실하게 하는 데 있으니, 이렇게 하여 중단됨이 없으면 입지가 날로 강해지고 학업이 날로 넓어질 것이다."라고 타일러 노력의 중요성을 강조하였으며, 독서하는 방법을 물었을 때, "그저 익숙하도록 읽는 것뿐이다. 글을 읽는 사람이, 비록 글의 뜻은 알았으나, 만약 익숙하지 못하면 읽자마자 곧 잊어버리게 되어, 마음에 간직할 수 없을 것은 틀림없다. 이미 읽고 난 뒤에, 또 거기에 자세하고 익숙해질 공부를 더한 뒤라야, 비로소 마음에 간직할 수 있으며, 또 흐뭇한 맛도 있을 것이다."라 하여, 겉만 핥고 지나치는 것을 경계하며, 익숙하게 하여 깊이 체득하는 공부를 강조했다. 그것은 지식을 자랑하여 남에게 보이기 위한 공부(爲人之學)가 아니라, 자신의 인격에 체득되고 성숙되는 공부(爲己之學)를 절실하게 설명한 것이라 하겠다.

그는 제자들에게 『주자전서』를 통해 학문하는 방법을 제시하고 학문이 심화되면 경험할 수 있는 기쁨을 소개하면서, "『주자전서』를 읽을 수 있으면 학문하는 방법을 알 수 있을 것이요, 이미 그 방법을 알게 되면 반드시 느끼게 되어 떨치고 일어날 것이다. 여기서 공부를 시작하여 오랫 동안 익숙한 뒤에 四書를 다시 보면, 성현의 말씀이 마디마디 맛이 있어서 비로소 자기에게 쓰이는 바가 있게 될 것이다."라 하여, 감동하여 떨치고 일어나는 계기를 강조하고, 나아가 옛 성현의 고전 모든 구절마다 지닌 깊은 맛과 자신의 인격 속에 일체가 되어 응용 실천되는 힘을 제시해 주었다.

또한 처음 배움에 나아가는 제자가 읽어야 할 고전으로서 특히 『심경』의 중요성을 강조하면서, "『소학』은 體와 用을 함께 갖추었고, 『근사록』은 의리의 정밀한 것은 비록 상세하나 학자들을 깨우치고 감동시켜 분발하게 하는 것이 부족한 듯하다. 초학자가 처음 시작하는 데는 『심경』보다 절실한 것이 없다."고 하여, 『소학』을 넘어서 처음 읽어야 할 책으로 『심경』을 제시하고 『근사록』을 더 높은 단계의 연구서로 제시하면서 학문에 나아가는 순서를 단계에 따라 이끌어 주었다. 특히 그는 경연에서 임금에게 강의하면서도, 『소학』을 『대학』의 근본이라 확인하고, 『소학』이 터를 닦고 재목을 준비하는 것이라면 『대학』

은 큰 집 천만 간을 그 터에 얽어 짓는 것으로 비유하며, 두 책을 통합하는 공부는 '敬'을 근본으로 삼는 것이라 강조하여, 『소학』에서 시작하고 『대학』으로 끝맺는 공부의 과정을 친절하게 설명하고 있다.

그는 제자를 진심으로 사랑하였고 학문으로 이끌어 주어 감복하지 않는 제자가 없었다. 제자 月川 趙穆은 극심한 빈곤에 허덕였는데, 퇴계는 때로 곡식과 건어물을 보내 주기도 하고 종이나 관가에 바칠 꿀을 보내 주기도 하며 자상하게 염려해 주었다. 어느 때 퇴계는 그에게 쌀 2말과 콩 2말을 보내면서 배고파 우는 아이의 울음이나 한 번 달래도록 당부하기도 하였다. 또 어느 겨울에는 "서재가 춥고 벼루 물은 얼겠구나. 숯 한 섬을 보내니 질화로의 훈기를 마련하고, 백지 한 속을 보내니 혹 책을 베끼는 데 조금이나 도움이 될지. 붓이 얼어 서둘러 쓰네."라 하였으니, 자신의 방에서도 붓이 얼어 가지만 제자의 추운 서재를 덥힐 숯과 글씨 쓸 종이를 보내 주는 극진한 사랑을 보였다.

제자 黃俊良이 퇴계초옥을 찾아오니, 그는 학문을 토론하며 그 기쁨을 시로 읊었다. "溪上에서 그대 만나 의심 턴 일 물어볼 제 / 다만 막걸리 걸러 그대에게 권하노라 / 매화가 늦게 필까봐 하늘도 안타까이 여겨 / 짐짓 잠깐 사이에 가지에 눈이 가득했네."(〈退溪草屋喜黃錦溪來訪〉) 스승과 멀리서 찾아온 제자가 마주한 자리의 학문과 정겨움을 매화향기 속에서 노래한 것이다. 그는 제자 李咸亨이 부부간의 불화로 고민하는 것을 보고 편지를 써서 가는 길가에 읽어 보도록 하였는데, 자신의 쓰라린 경험을 들려 주며 절실하게 타일러 감복시켰을 뿐만 아니라 그 제자의 부인까지 감동하여 뒷날 남편의 스승을 위해 心喪 3년의 服을 입었다 한다.

그는 자신의 제자가 아닌 사람도 깊이 감복시켜 자신의 제자로 삼았던 일이 많았다. 花潭 徐敬德의 문인 東岡 南彦經은 퇴계를 무척 따라 여러 차례 서신 왕복과 직접 만나 토론하였으며, 남언경이 心氣의 병을 호소하자 그는 너무 수고롭게 책을 보는 것을 경계하며, "일상생활의 평이하고 명백한 곳에 나아가 간파하여 익숙하게 하고, 자기가 아는 것에 푹 젖어야 한다."는 궁리공부의 학문방법을 제시하여 마음의 병을 치료하도록 친절히 이끌어 주고 있으며, 또 그를 위하여 「靜齋記」를 지어 주기도 하였다.

또한 퇴계가 58세 때 23세의 청년 栗谷 李珥는 星州 처가에서 江陵 외가로 가는 길에 도산에 들려 퇴계를 배알하고, 봄비 속에 3일간 머물며 학문을 토론하였다. 이 때 이이는 퇴계에게 올린 시에서 퇴계의 학문에 존경심과 소박한 생활을 찬탄하며, 진리를 배우고자 하는 뜻을 밝혔다.

시냇물은 洙泗(공자)에서 나뉜 가닥이고	溪分洙泗派,
봉우리는 武夷山(주자)처럼 빼어났네.	峯秀武夷山,
살림이란 경전 천 권이요	活計經千卷,
거처하는 방편은 두어 칸 집뿐이로다.	行藏屋數間,
가슴 속은 환히 개인 달 같고	襟懷開霽月,
담소는 미친 물결을 그치게 하네.	談笑止狂瀾,
小子는 道를 듣기 원하오니	小子求聞道,
반나절 한가로움 허비한다 마소서.	非偸半日閒.

〈『栗谷集』, 권 14, '瑣言'〉

퇴계는 이 촉망되는 젊은이를 만나 기쁘게 화답하여, 그의 재주를 더욱 갈고 닦아 학문에 힘쓰기를 권했다.

병든 나는 문 닫고 누워 봄이 온 줄 몰랐는데	病我牢關不見春,
그대 와서 이야기하자 마음 상쾌하구나.	公來披豁醒心神,
이름난 선비 헛소문 없음을 비로소 알았건만	已知名下無虛士,
전부터 나는 몸가짐도 제대로 못한 게 부끄럽네.	堪愧年前闕敬身,
아름다운 곡식에는 강아지풀 용납할 수 없고	嘉穀莫容稊熟美,
갈고 닦은 거울에는 티끌도 침범할 수 없지.	纖塵猶害鏡磨新,
실정에 지나친 말은 다들 깎아 버리고	過情詩語須刪去,
공부하는 데 각자 더욱 힘쓰세.	努力工夫各日親.

〈贈李叔獻〉

이 때 이이가 퇴계의 문인으로 입문했는지 여부에 대해서는 단정하기 어려우나,[2] 퇴계는 이이가 떠난 뒤 강릉으로 거듭 편지를 보내 窮理·居敬의 공부에 힘써 바른 도를 지켜 가도록 격려하였다. 그 뒤로도 主敬 공부와 『대학』의 해석을 토론하였고, 『성학십도』에 대한 이이의 견해를 받아들여 기꺼이 수정하기도 하였다.

高峯 奇大升은 호남 광주 사람인데 퇴계가 「천명도설」 개정에 의문을 제기하자, 전후 8년 동안 왕복 편지로 논쟁을 전개하여 한국성리학의 가장 화려한 꽃을 피웠다. 이 때 퇴계는 기대승의 견해를 받아들여 두 번이나 자신의 견해를 수정하였지만, 기대승은 퇴계의 학문과 인격에 감복하여 스승으로 받들어, 멀리 떨어진 거리와 서로 첨예하게 대립된 학설의 입장에도 불구하고 가장 깊은 사제관계의 정을 나누었던 아름다운 이야기를 남겼다. 퇴계는 기대승의 시에 화답하여,

영호남이 멀리 떨어져 꿈길에서나 찾을 뿐	湖嶺相尋只夢魂,
꿈을 깨고 나니 밝은 달이 山門에 가득해라.	覺來明月滿山門,
원컨대 내 마음이 밝은 달을 따라가	願將心事隨明月,
그대 뜨락에 비쳐도 번거롭진 않으리라.	寫向君庭不作煩.
	〈次奇明彦〉

퇴계는 제자처럼 가까운 후배를 그리워함에도 한없이 애틋한 정을 보여 주고 있다. 그는 평소에 제자들과 만남에도 강학 토론하는 여가에 함께 청량산을 유람하기도 하고, 濯纓潭에서 배를 띄우고 놀기도 하며, 매화꽃 아래에서 술잔을 나누기도 하는 화락한 자리를 만들어 정취를 살리고 인격적 만남을 중시하였다. 그는 한문으로 지은 시가 우리의 음률에 맞지 않음을 지적하고 가사체로

2) 栗谷이 퇴계의 생존시에 그를 스승으로 존중하였던 것은 사실이나, 학설이 달라지면서 거리가 생기고, 두 문하에서 이론이 충돌하면서 더욱 틈이 벌어져 스승과 제자의 관계로 보기는 사실상 어려워졌다.

「도산십이곡」을 지어 아이들에게 노래를 부르게 하고 춤도 추게 하여 감동하고 분발하는 가운데 교육시키려고 배려하기도 한다. 또한 그는 제자들의 학문과 건강을 염려하면서 항상 자신이 실패했던 과거의 경험을 들어 절실하게 타일렀으며, 제자들에게 깨우쳐 주고 훈계한 편지들의 사본을 모아서 묶어 『自省錄』이라 표제를 붙여 책상 위에 올려놓고 항상 자신도 스스로 잊지 않고 성찰하기 위한 자료로 삼았던 점은 그의 성실함을 가장 잘 드러내 주고 있다.

그는 풍기군수시절 주세붕이 세운 백운동서원을 계승하여 소수서원으로 발전시키면서 서원교육에 힘썼다. 이 시절 順興의 대장장이 裵純(일명 裵點)이 평소에 서원에 와서 퇴계로부터 학문과 행실을 배웠는데, 그것은 퇴계가 가르치는 데 신분의 차이를 두지 않는 공자의 '有教無類'를 실천했음을 보여 준다. 그 후 퇴계가 벼슬을 버리고 고향에 돌아간 뒤에도 배순은 스승 퇴계의 鐵像을 주조하여 모시고 조석으로 분향하고 공경하여 사모하며 독서하였으며, 퇴계가 돌아가셨다는 訃音을 듣고 배순은 삼년 상복을 입었다 한다. 스승으로서 퇴계의 덕화가 얼마나 깊이 멀리 그리고 또 아래까지 미쳤는가를 실감할 수 있다.

퇴계는 만년에 도산서당을 세우고 제자들을 가르쳤으며, 70세 12월에 돌아가시기 몇 달 전까지 도산서당과 易東서원에서 제자들과 『심경』과 『역학계몽』을 강론하셨으며, 타계하시기 한 달 전에 병으로 피곤하다 하여 제자들을 돌려보냈다. 그러나 돌아가시기 사흘 전에 다시 제자들을 불러 모았는데, 자제들이 말렸지만, "죽고 사는 이 때에 아니 볼 수 없는 것이다."라 하고, 웃옷을 덮게 하고, 여러 제자들을 불러서 영결하여 말하기를, "평생에 그릇된 식견을 가지고 제군과 더불어 종일토록 강론하였다는 것도 역시 쉽지 않은 일이다."고 하여, 그 평생을 학문하고 가르치신 뿌듯한 보람을 표현하였다.

퇴계가 만년에 독서와 저술을 하며 모여드는 제자들과 강학하던 도산서원의 풍경은 우리 시대의 시인 申石艸가 읊은 시에서도 생생하게 전해지고 있다.

낙동강 상류 물 푸르고 모래 희고

연기나무 어린 別區 속에
꽃처럼 환희 洞府가 열렸나니.
퇴계선생이 이 곳에 조그만 초막집을 지어 놓고
만 권 도서 쌓아 놓고
陶山十二曲을 읊으며
나라에 큰 학문을 열어 놓았나니.
늦은 봄 落花 지는 석양 무렵에
後生이 와서 尙德祠에 절하고
천운대 흰구름 떠가듯이 그냥 총총히 떠나가누나.
古人 가던 길을 지금이라 못 갈소냐.
말씀이 하 심오하고 세월도 하 그리 멀었어라.
書院 앞에 두 그루 매화나무
매화는 벌써 지고 뜻 속의 사람을 보지 못하니
예 듣던 강마을 그림인양 밝구나.

〈陶山〉

제 2 부
퇴계철학의 세계

제6장 퇴계의 학문방법론

퇴계의 학문방법론은 크게 세 가지로 나누어 볼 수 있다. 그 하나는 ① 만물과 인간의 心性을 포함하여 모든 존재를 구성하는 理·氣의 개념과 작용현상을 해명하는 理氣說의 존재론적 방법이요, 다른 하나는 ② 모든 존재에 내재된 대상적 이치를 탐구하는 格物 내지 窮理의 인식론적 방법이요, 또 하나는 ③ 마음을 엄숙하게 간직하고 행동을 반듯하게 단속하는 敬의 실천으로서 인격을 성숙하게 하는 居敬의 수양론적 방법이다. 理氣說의 性理學이 도학의 철학적 기초를 확립하는 것이라면, 道學의 실현을 위한 학문방법은 窮理와 居敬을 두 축으로 삼고 있다.

1. 理·氣의 존재론

퇴계는 理·氣의 개념으로서, '理'는 소리도 냄새도 없는 감각적 경험대상이 아니면서 진실하여 거짓이 없으며(至虛而至實), 형체가 없는 가운데 이치로서 존재하며(至無而至有), 스스로 능히 動·靜하지만 動·靜하는 형상이 없는 존재(動而無動, 靜而無靜)로 제시한다.[1] 또한 그는 四端과 七情을 理·氣

1) 蔡茂松, 『退栗 性理學의 비교연구』, 성균관대 박사학위논문, 1971, 55-58쪽 참조.

로 분석하면서 理와 氣는 서로 기다려 體와 用이 되고 서로 떠나서 있을 수 없음을 전제로 하면서도 가리켜 말하는 바가 理·氣의 어느 쪽인지에 따라 다르게 나타나는 것임을 지적한다. 그것은 구체적 존재에서 理와 氣가 분리되지 않는 것이지만, 존재의 근원에 대한 인식에서 엄격하게 구별되는 것임을 강조하는 것이다. 따라서 그는 理·氣의 관계를 "같은 것 가운데 나아가서 다름이 있음을 알고, 다른 것 가운데 나아가서도 같음이 있음을 앎으로써, 나누어 둘로 만들어도 일찍이 떨어지지 않음을 해치지 않으며, 합하여 하나로 만들어도 실지에 서로 뒤섞이지 않음으로 돌아간다."[2]고 하여, 理와 氣가 서로 떠나서 분리되는 것은 아니지만 서로 뒤섞일 수 없는 것으로 보고, 둘 사이에 분별과 통합의 긴장을 제시하고 있다.

그러나 퇴계는 朱子가 '答劉叔文'(『朱全』, 46)의 편지에서 언급한, "理와 氣는 결단코 두 가지이다."(理與氣, 此決是二物)라는 견해를 받아들여, 理와 氣가 뒤섞일 수 없는 차별성을 강조함으로써, 理와 氣의 분별성을 강조하였다. 이에 따라 그는 羅欽順의 理氣一物說을 비판함으로써 理·氣의 二元的 분별성을 강조하였던 것이다. 또한 그는 "理가 動하여 氣가 生한다."고 한 것은 理가 氣를 낳는다는 뜻이 아니라 理에 따라서 氣가 변화·생성한다는 뜻으로 해석하고 있다.[3] 여기서 理는 능동성이 확인되며, 동시에 氣의 生成에 근거가 되는 理의 근원성을 제시하고 있으며, "理는 氣의 장수가 되고 氣는 理의 졸개가 된다."[4]고 하여 理를 氣에 대한 主宰的 지위로 높임으로써, 사실상 근원적으로 理의 우위성을 인정하고 있다. 퇴계는 이러한 理의 우위성에 근거하여 形氣·氣質에 대한 天理·天命의 초월성을 확립할 수 있었으며, 이에 따라 그의 性理

---

2) 『퇴계집』, 권 16, 21, '答奇明彦(論四端七情第二書) 改本', "就同中而知其有異, 就異中而見其有同, 分而爲二, 而不害其未嘗離, 合而爲一, 而實歸於不相雜."

3) 같은 책, 권 25, 34, '答鄭子中 別紙', "太極動而生陽, 是言理動而氣生也." 劉明鍾, 『퇴계와 율곡의 철학』, 동아대출판부, 1987, 151쪽 참조.

4) 『퇴계집』, 續集 권 8, 13, '天命圖說', "理爲氣之帥, 氣爲理之卒."

學이 主理의 존재론에 머물지 않고 居敬의 修養論으로 나아가는 사실을 확인할 수 있다.

2. 窮理와 格致의 인식론

퇴계는 窮理의 知的 추구와 居敬의 수양론은 서로 머리가 되고 꼬리가 되는 것이라 하여, 유기적 일체의 관계임을 밝히면서도, 두 가지 방법으로 나누어 상호 발전시키도록 할 것을 요구함으로써, 이 둘은 知·行의 관계에 상응하는 것으로 파악하여 認識論과 修養論의 두 學問方法論을 병행시키고 있다.[5]

먼저 窮理의 知的 탐구과정은 모든 사물이나 일에서 '理'를 인식하는 것이다. 인식한다는 것은 그 사물에 내재한 법칙·원리로서 理를 깨닫는 것이요, 그 인식의 근거는 인간 마음(心)이 지니고 있는 지각능력에 있는 것으로 본다. 마음을 '虛靈'과 '知覺'으로 분석할 때, '虛靈'은 마음의 본체로서 비어 있으면서 靈明한 지각능력을 갖추고 있는 것을 말하며, '知覺'은 마음의 작용으로서 지각능력에 근거하여 대상의 理를 깨닫는 지각작용을 말하고 있다. 퇴계는 '虛靈'에서 '虛'는 理요 '靈'은 理·氣의 결합이라 하여, 마음의 虛靈한 본체가 理이므로 사물의 氣質에 깃들어 있는 理를 인식할 수 있는 것으로 본다. 또한 그는 "理와 氣가 합하여 마음이 되어 虛靈함이 헤아릴 수 없기 때문에 사물이 다가오자 곧 知覺할 수 있다."[6]고 하여, 理·氣가 결합한 마음에서 虛靈한 본체가 知覺작용으로 나타나는 것이라고 제시한다. 이 마음의 지각작용이 '能覺'이라면 知覺된 대상의 理가 '所覺'으로 분석되기도 한다.

---

5) 같은 책, 권 14, 18, '答李叔獻', "惟十分勉力於窮理居敬之工. … 二者, 雖相首尾, 而實是兩段工夫, 切勿以分段爲憂, 惟必以互進爲法."

6) 같은 책, 권 25, 25, '答鄭子中 別紙', "滉因謂火得脂膏而有許多光焰, 故能燭破幽暗 … 理氣合而爲心, 有如許虛靈不測, 故事物纔來, 便能知覺."

사물의 理를 지각하여 탐구하는 窮理의 구체적 방법이 『대학』에서 제시된 格物-致知와 物格-知至의 개념을 포함한 格物의 문제이다. 퇴계는 格物을 해석하면서 '格'은 '끝까지 캐내어 이르다'(窮而至)는 뜻이요, '格物'은 '窮'(끝까지 캐내다)字에 비중이 있어서 마음이 사물의 理를 깊이 연구하여 앎을 이루어 가는(致知) 工夫로 보았으며, '物格'은 '至'(이르다) 字에 비중이 있어서 物理의 지극한 곳에 도달하여 앎이 이르게 되는(知至) 功效로 보았다.[7] 여기서 그는 대상의 사물에 理가 있음을 인정하면서 사물의 理와 마음의 理가 하나임을 전제로 하고 있다.

따라서 그는 초기에 마음의 知覺활동이 사물의 理를 窮究하는 것으로 파악하여 대상의 理가 수동적으로 마음의 지각을 기다리는 인식론적 입장을 고수하였다. 그러나 그는 奇大升이 理에 體·用이 있고 用의 능동성이 있음을 강조하여 理到說을 제시하자, 이를 받아들이고 자신의 입장을 수정하여, "'格物'을 말할 때는 진실로 내가 窮究하여 物理의 極處에 이르는 것을 말한 것이지만, '物格'을 말하는데 미치면 어찌 物理의 極處가 나의 窮究하는 바를 따라 이르지 않음이 없다고 못하겠는가."[8]라고 하여, 인식을 심화시켜 가는 과정에서 마

---

7) 같은 책, 권 26, 34-39, '格物物格俗說辯疑答鄭子中' 및 『四書釋義』, '大學釋義' 참조. 여기서 퇴계는 '物格'의 朱子註에, "物理之極處〔厓是: 에·이〕無不到也"라 토를 달았는데, 그 자신은 '厓是' 곧 '에' 내지 '이'라 토를 달았으므로, 申光漢이 "物理의 極處〔是: 이〕이르지 아니한 데 없다."라고 한 해석을 긍정적으로 소개하면서, "物理之極處〔厓: 에〕無不到也"라 토를 달아도 무방하다고 덧붙이고 있다. 따라서 그는 '物理之極處'에 主格토 '이'(是)를 붙이거나 處格토 '에'(厓)를 붙이거나 사물의 理에서 인식한 것이요, 사물의 理가 인식된 것으로 같은 의미로 본 것이다. 그러나 奇大升의 지적을 받아 理到說을 인정하게 된 다음에는 인식에서 理가 능동적으로 다가오는 것을 인정하여 主格의 의미를 적극적으로 받아들이게 되었다고 할 수 있다.

8) 같은 책, 권 18, 31, '答奇明彦 別紙', "方其言格物也, 則固是言我窮至物理之極處, 及其言物格也, 則豈不可謂物理之極處, 隨吾所窮而無不到乎."

음의 理가 사물에 나아가 밝아짐에 따라 사물의 理가 마음에 다가오는 '理到說' (理自到說)을 인정하게 되었다. 그것은 퇴계에 있어서 심성론뿐만 아니라 인식론에서 理의 능동성을 확립하는 것으로, 理의 능동성 내지 발동성을 일관되게 정립하는 것이다.

또한 퇴계에 있어서 格物窮理의 인식론을 통해 지각하는 사물의 理가 갖는 성격은 자연법칙적인 객관적 理라기보다 주로 是非·善惡을 밝히는 것으로 제시되며, 이러한 가치론적 理를 밝혀서 취사선택하는 도덕적 목적에 활용하는데 관심을 보이고 있다.[9] 이처럼 가치론적 理에 관심이 집중되고 있는 사실에 대해 劉明鍾 교수는 '道德知와 分別知의 未分'이라 지적하기도 하고, '윤리적 관심에 매몰되고 말았다'고 한계를 제시하기도 한다.[10] 그러나 퇴계의 인식론이 도덕적 관심에 집중되어 있고, 또한 인식론이 수양론으로 곧바로 연결되는 것이 사실이지만, 그의 理가 所當然(當爲)의 理에 한정된 것이 아니라 所以然(必然)의 理를 포함하고 있는 열린 理개념이므로 객관적이고 실재적인 理를 배제하는 것이 아님을 유의할 필요가 있다.

퇴계에 있어서 인식의 문제는 행위의 문제와 깊이 연관되어 있다. 그는 王陽明의 知行合一說을 비판하여 形氣에 따른 本能的·感覺的 지식은 행위로 쉽게 연결되지만, 義理에 따른 道德的 지식은 배우고 힘쓰지 않으면 알 수 없음을 지적하여, 知와 行을 일체화시키는 것을 거부한다.[11] 이에 따라 그는 知·行이 서로 밝혀 주고 길러 주는 긴밀한 관계로 마치 새의 두 날개나 사람의 두 발과 같이 서로 앞서기도 하고 뒤따르기도 하며 이쪽에 무게를 두기도 하고 저쪽에

9) 같은 책, 권 14, 23, '答李叔獻 別紙', "凡格物窮理, 所以講明其是非善惡, 而去取之耳."

10) 劉明鍾, 위의 책, 109 및 112쪽 참조.

11) 『퇴계집』, 권 41, 27-28, '傳習錄論辯', "蓋人心之發於形氣者, 則不學而自知,不勉而自能 … 至於義理, 則不然也, 不學則不知, 不勉則不能 … 故義理之知行, 合而言之, 固相須竝行而不可缺一, 分而言之, 知不可謂之行, 猶行不可謂之知也."

무게를 두기도 하여 竝進 내지 互進하는 것임을 밝힘으로써, 知와 行을 분별하면서도 유기적으로 통합하고 있다.[12] 따라서 퇴계에 있어서 인식론은 知覺으로서 완성되는 것이 아니라 行爲를 통하여 심화 발전되는 것이므로, 인식론의 문제는 수양론을 중심으로 한 행위 곧 실천을 동시에 요구하고 있다.

3. 居敬의 수양론

修養論은 퇴계의 사상적 중추요 특성을 이루는 것으로서, 수양론의 핵심개념인 '敬'(居敬 · 持敬)을 중심으로 제시된다. '敬'의 문제는 周濂溪의 「太極圖說」에서 언급한 '主靜'에 대해 程伊川이 '主敬'을 제시하고 朱子가 이를 계승함으로써 宋代 道學의 학문방법론의 중심개념으로 확립된 것이지만,[13] 退溪는 宋代 道學에 앞서 堯의 '欽明', 舜의 '兢業', 湯의 '聖敬', 武王의 '敬勝', 孔子의 '行篤敬'과 '修已以敬' 등 上古에서부터 居敬의 수양론적 전통이 계승되어 왔음을 확인하고 있다.[14]

敬은 '마음을 主宰하는'(一心之主宰) 것으로, 여기서 敬은 마음과 분리되어 따로 존재하는 것이 아니다. 敬은 다만 흩어지기 쉬운 마음이 스스로 자신을 통제하고 수렴하는 중심이라 할 수 있다. 이 '敬'은 本體로서 활동하기 이전의 靜時와 作用으로서 활동한 이후의 動時를 포괄하여 인간의 마음이 '일치되어 분산되지 않게 하는'(主一無適) 것이요, 또한 '마음을 收斂하여 한 사물도 마음에 용납하지 않는'(收斂身心) 마음의 집중상태이며, '항상 깨어 있는 心法'

12) 같은 책, 권 21, 25, '答李剛而 問目', "… 此足以見知與行, 互相發明滋養處, 知行二者, 如兩輪兩翼, 互爲先後, 相爲輕重, 故聖賢之言, 有先知而後行者, 大學與孟子之類是也, 有先行而後知者, 中庸與答晦叔書之類是也."

13) 같은 책, 권 33, 21, '答吳子强', "說靜不若說敬, 程先生已言之."

14) 같은 책, 권 37, 29-31, '答李平叔'.

(常惺惺法)의 각성상태요, '안으로 엄숙한 마음가짐과 밖으로 가지런한 모습'(整齊嚴肅)을 지키는 다양한 실천방법으로 제시되고 있다.[15)]

퇴계는 敬의 개념적 구조를 動·靜, 體·用, 內·外, 始·終, 居敬·窮理 등의 상응관계 내지 일치관계로 분석하여 해명하고 있다.

① 整齊·嚴肅과 靜·動의 體·用구조는 고요할 때 '엄숙한 마음'(嚴肅)을 본체로 하고 활동할 때 '가지런한 모습'(整齊)을 작용으로 파악하는 것이다. 퇴계는 이 때 敬의 실현으로서 動·靜 내지 體·用의 양쪽을 오랫 동안 지속적으로 실천함으로써 원숙하게 되면, 動과 靜이 하나가 되고 體와 用이 서로 합하는 究竟의 단계, 곧 마음(안)과 몸(밖)이 일치하는 수양론적 완성의 단계에 이르게 되는 것이라고 파악한다.[16)]

② 操存·省察의 動·靜구조로서, 퇴계는 "고요한 데서 마음을 간직하면(操存) 어둡지 않고, 활동하는 데서 살피면〔省察〕 섞이지 않는다."[17)]고 하여, 敬의 실천방법으로서 操存(存養, 涵養)이 靜時의 공부요, 省察이 動時의 공부로 대응되는 것임을 밝히고 있다. 나아가 그는 思慮가 일어나기 이전의 고요함

---

15) 같은 책, 권 29, 13, '答金而精', "外嚴肅而中心一, 則所謂主一無適, 所謂其心收斂, 不容一物, 所謂常惺惺者, 在其中." 여기서 '主一無適'은 程伊川이 "所謂敬者, 主一之謂敬, 所謂一者, 無適之謂一"이라고 한 말을 朱子가 결합시켜 쓴 용어이고, '常惺惺法'은 上蔡 謝良佐가 "敬是常惺惺法"이라고 한 말에서 나오며, '收斂身心'은 和靖 尹淳이 "敬有甚形影, 只收斂身心, 便是主一"이라고 한 말에서 썼고, '整齊嚴肅'은 朱子가 "程子言敬, 必整齊嚴肅·正衣冠·尊瞻視爲先"이라고 하거나, 朱子에게 질문자가 "和靖論敬, 以整齊嚴肅 … 上蔡云, 敬是常惺惺法"이라고 한 데서 나타나고, 朱子가 "持敬之說, 不必多言, 但熟味 '整齊嚴肅·嚴威儼恪·動容貌·整思慮·正衣冠·尊瞻視' 此等數語, 而實加工焉"이라고 한 말에서 나온다. 『성리대전』, 권 46, '持敬' 참조.

16) 같은 책, 권 28, 30, '答金而精', "須是兩致其功, 熟之又熟, 而至於動靜一, 體用合, 方爲究竟處耳."

17) 같은 책, 권 10, 23, '答盧寡悔 別紙', "靜而操存, 不昧於虛寂不用之處, 動而省察, 不雜於幾微運行之時."

(寂 · 靜)은 마음이 '발동하기 이전' (未發)의 상태로 보고, 思慮가 일어나고 사물에 대응하는 활동함(感 · 動)은 '발동한 이후' (已發)의 상태로 보며, 그 未發의 경우는 '경계하여 삼가하며 두려워할 자리' (戒愼 · 恐懼之地)라 하고, 已發의 경우는 '자신에게서 살피고 정밀하게 살피는 때' (體察 · 精察之時)라고 하여, 動 · 靜에 따른 敬의 구체적 실천과제를 제시하였다.[18)]

③ 敬 · 義와 內 · 外의 대응구조는 『周易』에서 "敬으로 마음 속을 곧게 하고, 義로 바깥을 반듯하게 한다"(敬以直內, 義以方外)는 구절에서, 敬-內(靜)와 義-外(動)의 관계가 성립하며, '敬과 義를 겸하여 지닐 것' (敬義夾持)을 강조한다. 그러나 敬을 중심으로만 보면 敬이 動 · 靜, 顯 · 微, 內 · 外를 일관하는 것으로 파악하고 있다.[19)]

④ 居敬과 窮理를 對言하는 경우와 敬 속에 居敬 · 窮理를 兼言하는 경우가 있다. 퇴계는 薛瑄(文淸)이 "存心端坐하는 때는 居敬이요, 讀書에 義理를 思索하고 處事에 當否를 추구하는 것은 窮理이다."고 언급한 것은 居敬과 窮理를 對言하여 敬을 居敬으로 본 것이요, 禹性傳이 "靜中에 마땅히 存心端坐하여야 하지만 動處에서도 더욱 이를 힘써야 마땅하다."고 한 것은 敬으로 知 · 行과 動 · 靜을 兼하여 말한 것이라고 지적한다.[20)] 또한 퇴계는 格物과 持敬의 사이에서도 "敬을 처음부터 끝까지 꿰뚫어야 하는 것이니, 진실로 持敬하는 방법을 알게 되면, 이치는 밝아지고 마음은 안정된다. 이로써 格物하면 만물이 나의 살펴봄을 벗어날 수 없고, 이로써 사물에 대응하면 사물이 마음에 누가 될 수 없다."[21)]고 하여, 敬으로서 知 · 行을 관통할 수 있음을 강조한다. 곧 知(窮

18) 같은 책, 권 19, 39-40, '答黃仲擧', "寂然而靜, 卽所謂未發也 … 感通而動, 卽所謂已發也 … 未發, 則爲戒愼恐懼之地, 已發, 則爲體察精察之時."

19) 같은 책, 권 36, 15, '答李宏仲', "敬以直內對義以方外, 則敬靜義動, 單言, 則與必有事焉, 皆當貫動靜, 一顯微, 徹內外看."

20) 같은 책, 권 32, 14-15, '答禹景善問目', "… 以居敬窮理對言, 則如此說, 以敬兼知行 · 貫動靜言, 則如公說."

理)도 行(居敬)을 통하여 올바르게 실현될 수 있는 것이라고 보며 敬의 수양론 아래에 인식과 행위가 균형 있게 완성될 수 있는 것임을 제시한 것이다.

21) 같은 책, 권 28, 7, '答金惇敍', "蓋敬者, 徹頭徹尾, 苟能知持敬之方, 則理明而心定, 以之格物, 則物不能逃吾之鑑, 以之應事, 則事不能爲心之累."

제7장 퇴계철학의 인간이해

1. 존재론적 인간: 天命으로서의 性

퇴계의 우주 · 인간 · 만물을 포함한 존재론은 성리학의 理 · 氣개념으로 분석되고 있으며, 우주(天地)의 존재구조와 인간의 존재구조가 상응하는 것으로 파악한다. 곧 "天地의 太極이 인간에서 性이요, 천지의 動靜 · 陰陽이 인간에서 心이요, 천지의 五行(金木水火土)이 인간에서 五常(仁義禮智信)이요, 천지가 化生하는 萬物은 인간에서 萬事이다."[1]고 하여, 우주에서 태극 · 음양 · 오행 · 만물이 인간존재에서 性 · 心 · 五常 · 萬事로 상응하는 것임을 확인하고 있다. 여기서 太極과 性은 하나의 理요, 음양 · 오행 · 만물은 氣라고 할 수 있지만, 心 · 萬事는 그대로 氣라고 할 수 없고 理 · 氣가 결합된 존재이며, 五常은 性으로서 理라 할 수 있으니, 그 상응관계는 존재의 구조에서 상응함을 의미하는 것이지 엄격한 일치관계를 의미하는 것은 아니라고 할 수 있다. 또한 그는 太極(理)이 인간의 마음에 깃들어 있음을 확인하여, "마음이 아직 발동하기 전에는 太極이 動 · 靜의 理를 갖추고 있어도 아직 갈라져 陰 · 陽이 되지 않

1) 같은 책, 권 22, 5, '答李剛而 別紙', "天地之太極, 在人便是性, 天地之動靜陰陽, 在人便是心, 天地之金木水火土, 在人便是仁義禮智信, 天地之化生萬物, 在人便是萬事."

은 것과 같다. … 마음이 이미 발동한 때에는 태극이 이미 갈라져 動하여 陽이 되고 靜하여 陰이 되는 것과 같다."[2]고 하여, 마음의 未發·已發이 태극의 未發·已發에 상응하는 것임을 확인한다.

또한 퇴계는 「太極圖」와 「天命圖」를 비교하면서 太極과 天命의 개념을 구별하여, '太極'은 造化가 드러내는 自然의 地分을 살핀 意思를 가리킨 것이요, '天命'은 人과 物이 받은 바의 職分이 있는 도리를 가리킨다고 대비시켰다. 여기서 '自然의 地分을 살핀다'는 것은 修養(修爲)의 일에 참여하지 않는 것이지만, '받은 바의 職分이 있다'는 것은 수양을 하지 않고는 天命을 行할 수 없는 것임을 지적하였다.[3] 그것은 '태극'이 宇宙의 造化질서를 내포하는 天理의 차원이라면, '천명'은 인간과 사물이 품부받은 '性稟'이요, 이를 실현하는 修養으로서 人道의 차원으로 구별될 수 있다.

퇴계는 太極이 없는 곳이 없듯이, 사람은 사물이 살아가는 日用 사이에 天命의 流行 아닌 것이 없음을 알 수 있는 존재임을 주목한다. 바로 이 天命을 아는 점에서 사람이 사물보다 귀한 이유가 있는 것이라 지적한다. 또한 사람이 사물보다 귀한 근거의 하나로서 "物은 推理할 수 없으나 사람만이 推理할 수 있다."[4] 하여 사물에 비해 인간의 우수성으로서 사유능력을 강조하고 있다.

퇴계는 인간존재의 이해를 위해 天과 인간의 상응관계를 전제로 삼고 있다. 우선 그는 天개념을 本體와 流行의 두 측면으로 파악하여, 天은 본체에서 보면 理이며, 그 流行에서 보면 元·亨·利·貞의 四德이 있다고 제시한다. 또한 天命은 天이 인간과 사물의 氣質 속에 부여된 '性'을 일컬으며, 天과 性은 하나

---

2) 같은 책, 속집 권 8, 18, '天命圖說', "此心未發之前, 如太極具動靜之理, 而未判爲陰陽者也 … 及此心已發之時, 如太極已判, 而動爲陽·靜爲陰者也."

3) 같은 책, 권 38, 23, '答申啓叔', "名以太極者, 占造化自然之地分意思, 名以天命者, 有人物所受之職分道理. 占自然地分者, 故不當參以修爲之事 … 有所受職分者, 苟無修爲之事, 則天命不行矣."

4) 같은 곳, "惟是物不能推, 而人能推耳."

의 理요, 天의 四德(元 · 亨 · 利 · 貞)이 바로 인간과 사물의 性으로서 四德(仁 · 義 · 禮 · 智) 내지 五常(仁 · 義 · 禮 · 智 · 信)과 상응하여 일치하는 것이다. 따라서 理에서 보면 天과 인간은 일치하는 것이지만 氣(氣質)의 차이에 따라 聖人과 愚人이 다르고 인간과 사물이 달라진다고 본다.[5)]

인간과 사물이 부여받고 태어나는 氣質에는 바르고 치우침(正 · 偏)의 차이가 있게 되는데, 인간은 바른 氣를 타고남으로써, 치우친 氣를 타고나는 사물과 차이를 갖게 되는 것이다. 또한 퇴계는 인간이 부여받은 氣에도 맑음과 혼탁함(淸 · 濁)의 차이가 있고, 質에도 순수함과 잡박함(粹 · 駁)의 차이가 있으므로 이에 따라 같은 인간들 사이에도 上智 · 中人 · 下愚의 인격적 차등이 있게 되는 것이라 본다.[6)] 여기서 그는 "理에 순수하여 靜으로 動을 다스림으로써 氣가 理의 명령을 받게 하는" 사람을 聖人이라 하고, "氣에 부림을 받아 動으로 靜을 파들어 감으로써 理가 氣에 빼앗기는" 사람을 衆人이라 하여 인격의 차등을 理 · 氣, 動 · 靜의 관계로 구별하고 있다.[7)]

퇴계는 天을 理라 파악하면서도, 天이 上帝로서 인간에게 명령하는 主宰者로서의 성격을 분명하게 제시하고 있다.[8)] 그는 天人관계의 인식에서 理氣論의 본체론적 이해와 더불어 情感論의 인격적 체험을 중시하여, 天의 情感的 인격성과 인간의 天에 대한 정감적 경건성을 강조하고 있다. 곧 天의 정감적 성격은 사랑(仁愛)과 분노(震怒) 곧 '和樂한 恩寵'(晏然之寵)의 사랑과 더불어 '震怒하는 威嚴'(赫然之威)의 노여움이라는 양극적 감정으로 나타나며, 이 두

---

5) 같은 책, 속집 권 8, 13, '天命圖說', "四德五常, 上下一理, 未嘗有間於天人之分, 然其所以聖愚人物之異者, 氣爲之也."

6) 같은 책, 속집 권 8, 19, '天命圖說', "人之生也, 稟氣於天, 而天之氣有淸有濁, 稟質於地, 而地之質, 有粹有駁."

7) 같은 책, 권 42, '靜齋記', "太極有動靜之妙, 而其動也本於靜 … 聖人純於理, 故靜以御動, 而氣命於理, 衆人徇乎氣, 故動以鑿靜, 而理奪於氣."

8) 李相殷, 『퇴계의 생애와 학문』, 瑞文堂, 1973, 218-220쪽 참조.

감정은 모두 하늘이 인간에 대한 사랑을 표현하는 방법이라고 지적한다. 따라서 인간의 天에 대한 태도는 天의 사랑에 대한 감사와 분노에 대한 두려움(敬畏)의 감정으로 나타나는데, 上帝의 분노와 경고를 두려워함으로써 '修養과 성찰을 정성스럽게 하여 天의 사랑을 계승할 것'을 강조하고 있다.[9] 여기서 퇴계는 天(天地)이 生을 大德으로 삼고 있으므로, 天地 사이에 존재하는 모든 사물을 사랑하는 것으로 인식하며, 인간은 '天의 모습을 닮고 가장 신령한 존재'(肖象而最靈)로서 '天地의 마음이 되는 것'이므로, 天心은 인간에게 가장 깊은 사랑을 베푸는 것이라고 이해한다. 또한 그는 하늘과 인간의 관계를 부모와 자식의 가족적 관계로 인식하여, "부모를 섬기는 마음을 미루어 하늘을 섬기는 道를 온전히 실현할 것이며, 모든 일에 修身 · 省察하고 어느 때나 두려워하라."[10]고 하여, 부모에 대한 孝道와 하늘에 대한 畏敬을 같은 마음으로 제시한다.

2. 실존론적 인간: 人心

퇴계는 인간존재에서 중추가 되는 것을 '한 몸의 主宰'(一身之主宰)로서 마음(心)이라고 파악하였다. 마음의 문제는 사실상 퇴계의 철학적 중심문제를 이루고 있다. 그는 마음의 개념을 體 · 用에 따라 虛靈 · 知覺의 양면으로 분별하였고, 성품(性)과 감정(情)의 통합체로 인식하였으며, 특히 마음의 구체적 발동현상으로서 감정을 四端 · 七情의 양상에 따라 理氣論으로 분석하였다. 또한 마음의 다양한 양상에 따른 명칭을 정의하면서 마음의 발동양상으로 人心 · 道心의 개념을 주목하여 修養論으로 발휘할 수 있는 기반으로 제시하고

9) 『퇴계집』, 권 6, 53-55, '戊辰六條疏', "其六曰, 誠修省以承天愛 … 帝乃震怒而降之禍敗, 非天之所得已也, 其亦可畏之甚也."

10) 같은 책, 권 6, 56, '戊辰六條疏', "推事親之心, 以盡事天之道, 無事而不修省, 無時而不恐懼."

있다.

퇴계는 마음을 '혼연한 大體로서 一身 속에서 自在하는 것'이라 하여, 마음이 몸과 일체를 이루고 있으면서 마음의 작용은 시간과 공간의 제약을 받지 않고 우주 속에 자유롭게 활동하는 것으로 해석한다. 또한 그는 마음에서 아직 발동하지 않은 상태〔未發〕의 본체와 발동한 이후〔已發〕의 작용을 구별하여, 未發의 본체가 곧 성품(性)이요, 已發의 작용이 곧 감정(情)이라고 분석하여, 마음을 "理와 氣를 겸하고 性과 情을 통섭하는 것"[11]으로 정의하고 있다. 여기서 마음이 성품(體)과 감정(用)을 통섭하고 있는 것이므로, 마음에서 '성품의 본체가 발동하여 나온 작용을 감정'(性發爲情)이라고 본다. 이에 따라 마음이 理와 氣의 결합이므로, 발동되어 나온 감정의 기본양상은 그 근원으로서 성품의 理가 순수하게 드러난 것을 四端(惻隱 · 羞惡 · 辭讓 · 是非의 마음)이라 하고, 성품의 理가 기질에 따라 가리워진 것을 七情(喜怒哀懼愛惡欲)이라 한다. 퇴계는 奇大升과의 토론을 거치면서 최종적으로 사단을 '理가 발동하는 데 氣가 따르는 것'(理發而氣隨之)이요, 칠정은 '氣가 발동하는 데 理가 타고 있는 것'(氣發而理乘之)이라고 정의하였다.[12] 그것은 사단은 理가 주동적으로 발동하고, 칠정은 氣가 주동적으로 발동하는 것임을 밝힘으로써, 사단과 칠정이라는 인간 마음의 발동현상으로서의 감정 양상에 따라 善의 확고한 근원을 정립하고 惡의 가능성을 분별하여 경계하자는 것이다.

나아가 퇴계는 『孟子』와 『書經』「洪範」편을 인용하여 마음이 맡은 직무를 '생각하는 것'(思)이라 강조하고, 또한 마음의 體 · 用을 虛靈 · 知覺으로 제시하기도 한다. 곧 '虛靈'은 마음이 형체로 나타나지 않는 理의 虛함에 따른 靈明한 知覺능력을 가리키며, 마음의 虛靈한 본체가 知覺작용으로 나타나는 것

---

11) 퇴계의 『聖學十圖』 제 6 心統性情圖의 中圖와 下圖에서는 心을 "合理氣 · 統性情 · 主一身 · 該萬化"로 제시하고 있다. 같은 책, 권 7, 22, '進聖學十圖箚 幷圖'.

12) 같은 책, 권 16, 32, '答奇明彦(論四端七情第二書) 改本', "四則理發而氣隨之, 七則氣發而理乘之耳."

이라 한다. 따라서 그는 인간 마음의 기본작용으로서 知覺과 思惟를 주목하고 있다. 또한 그는 인간 마음의 體·用을 통합한 전체를 '神明'이라고 하여, 이 '마음의 神明'(在人之神)은 '天의 神明'(在天之神)과 근원적으로 일치하는 것으로 파악함으로써, 마음과 하늘이 같은 神明을 지니는 것으로 확인하고 있다.[13)]

퇴계는 주자의 견해를 따라 程復心의 「心學圖」에서 제시한 6가지 마음의 명칭을 정의하고 있다. 곧 良心은 '하늘로부터 부여받은 善'(本然之善)이라 하고, 本心은 '타고나는 고유한 善'(本有之善)이라 하고, 赤子心을 '순수하여 거짓됨이 없는 것일 뿐'(純一無僞而已)이라 하고, 大人心을 '순수하여 거짓됨이 없으면서 모든 변화에 통달할 수 있는 것'(純一無僞而能通達萬變)이라고 정의하여, 순수하여 거짓됨이 없다는 점에서는 같지만 大人心에서만이 모든 변화에 통달할 수 있는 능력을 갖추는 것이라고 하여, 갓난아이의 타고난 천진한 마음에 대해 大人(聖人)의 성숙하고 완성된 마음을 드러냄으로써, 수양의 시간적 연속선에서 시작과 끝을 대조시켜 준다. 또한 人心은 '형기에서 발생하는 것'이요, 道心은 '性命에 근원하는 것'이라고 한다.

특히 인심과 도심의 문제는 인간 마음의 발생근원을 밝히는 문제로 인간의 도덕적 근거와 수양론적 실천으로 연결되는 문제로서 매우 중요시되고 있다. 퇴계는 인심·도심을 나누어서 말하면 "人心은 形氣에서 발생하고 道心이 性命에 근원한다."고 하지만, 이 둘을 합하여 말하면 "道心은 人心의 사이에 섞여서 나오는 것으로, 실제 서로 의뢰하고 서로 발동하기도 하니, 확연히 두 가지가 된다고 할 수 없다."[14)]고 하여, 하나의 마음 속에서 인심과 도심이 상호작용하고 있는 것임을 주목하고 있다. 그러나 그는 인심과 도심이 人欲과 性命에 각각 근원하는 데 따른 존재양상과 그 도덕적 성격을 구별하는 데 역점을

---

13) 같은 책, 권 29, 25-26, '論李仲虎碣文示金而精 別紙'.

14) 같은 책, 권 39, 24, '答洪胖', "分而言之, 人心固生於形氣, 道心固原於性命, 合而言之, 道心雜出於人心之間, 實相資相發, 而不可謂判然爲二物也."

두어, 인심 · 도심과 사단 · 칠정의 상응관계와 차이점을 해명하고 있다.[15] 곧 그는 인심 · 도심이 사단 · 칠정에 상응함을 밝혀, 朱子가 "人心은 形氣의 사사로움에서 발생하고 道心은 性命의 정대함에서 근원한다."고 정의한 것을 증거로 들었으며, 동시에 인심 · 도심과 사단 · 칠정이 상응하지 않는 점도 지적하여, '人心'은 자기 몸의 사사로움에 속하는 것이므로 도심의 명령을 듣고서야 道心과 하나가 될 수 있는 것인데 비하여, '七情'은 氣에서 발동하는 것이지만 善 · 惡의 어느 쪽에 빠지지 않은 중립된 상태이므로 『中庸』 등에서 사단을 칠정 속에 포괄시켜 말하였던 차이점을 들고 있다. 또한 그는 羅欽順이 인심 · 도심을 性(體) · 情(用)에 배당한 것을 비판하여, 道心을 발동하기 이전의 性(體)에 상응시킨다는 것은 하늘이 인간에게 명령을 내리거나 징벌하는 활동이 드러날 수 없게 하는 것이라고 하여, 도심을 하늘의 명령이 드러나는 마음의 발동으로 제시하고 있다.[16] 나아가 퇴계는 形氣에서 발생하는 인심은 聖人에게도 있음을 지적하면서, '人心이 근본이 되고 그 末流로 나타나는 것이 人欲'이라고 하여, 아직 악에로 빠지지 않은 人心과 이미 악으로 드러나는 人欲을 분별하였다.[17]

3. 善과 惡의 문제

퇴계는 마음이 발동함에 따라 나타나는 善과 惡의 현상을 理 · 氣개념으로 규정하면서, "理가 드러나고 氣가 순응하는 것이 善이요, 氣가 가려서 理가 숨

15) 같은 책, 권 37, 27-28, '答李平叔'.

16) 같은 책, 권 17, 30, '答友人論學書今奉奇明彦', "夫限道心於未發之前, 則是道心無與於敍秩命討, 而性爲有體無用矣."

17) 같은 책, 권 40, 9, '答審姪問目', "人心者, 人欲之本, 人欲者, 人心之流, 夫生於形氣之心, 聖人亦不能無, 故只可謂人心, 而未遽爲人欲也."

은 것이 惡이다."[18]라고 언명하여, 마음에서 理가 주도적으로 실현됨으로써 氣가 理에 순응하는 데서 善이 드러나며, 氣가 주도적으로 작용하여 理가 氣에 가려 은폐되는 데서 惡이 드러나는 것이라 한다. 곧 善의 근거인 理는 순수한 善(純善)이요, 惡의 근원인 氣는 선 · 악이 갈라져 나오는 조건이라고 본다. 여기서 理는 인간의 삶에 표준이 되는 天理요, 이 天理가 인간 마음에 내재하는 人性이며, 氣는 인간의 마음과 신체를 구성하는 바탕으로서 氣質을 가리킨다. 다시 말하면 천리와 기질로 이루어진 구체적 인간존재에서 천리(人性)가 기질을 통하여 온전하게 드러날 때 善이 실현되고 天理가 氣質에 은폐될 때 惡에 빠지게 되는 것이라고 본다. 따라서 퇴계의 理 · 氣개념은 형이상학적 관념체계에 머무는 것이 아니라 천리를 보존하고 드러내며 기질에 따른 인욕을 억제하는 修養論의 원리요, 그 도덕적 성격으로 확인되고 있다.

'마음은 본래 선하다'(心本善)라는 程子의 언급에 대해, 朱子는 理 · 氣의 결합인 마음 속에는 氣가 섞여 있으니, 사려와 동작이 발동하기 전에도 不善의 뿌리가 이미 마음 속에 있다 하여 의문을 제기하였는데, 이에 대해 퇴계는 "처음에 근본하여 말한다면 마음이 발하지 아니하고 氣가 작용하지 아니하여 본체가 虛明할 때면 진실로 선하지 아니함이 없다."[19] 하여, 氣가 마음 속에 있어도 아직 작용하지 않음으로써 理가 은폐되지 않은 마음의 본체를 善한 것이라고 확인한다. 또한 그는 朱子도 그 후 程子의 이 말이 '마음의 본체를 가리킨 것'이라고 하여 긍정하였음을 지적한다. 이처럼 퇴계는 孟子의 性善說을 心本體善說로 해명하고 있는 것이다.

또한 퇴계는 性 · 情을 포괄하는 마음에서 "性이 발동하여 情으로 나타나는

18) 같은 책, 권 25, 20, '答鄭子中 講目', "蓋合理氣統性情者, 心也, 故感動者, 雖是五性, 而其發也, 理顯而氣順則善, 氣揜而理隱則惡耳."

19) 같은 책, 권 24, 7-8, '答鄭子中 別紙', "本於初而言, 則心之未發, 氣未用事, 本體虛明之時, 則固無不善, 故他日論此, 又謂指心之本體, 以發明程子之意, 則非終以爲未穩可知矣."

경계가 곧 마음의 幾微요, 만가지 造化의 樞要요, 선과 악이 갈라져 나오는 곳이다."[20]고 하여, 未發의 본체로서 성품이 발동하여 已發의 작용인 감정으로 나오는 경계를 마음의 작용에서 가장 중요한 계기로 주목하고 있다. 그것은 마음이 발동하기 이전의 性은 太極이 아직 음 · 양으로 갈라져 나오기 이전과 같이 순수한 善인데 비하여, 마음이 발동한 이후의 情은 태극이 陰靜 · 陽動으로 갈라져 나온 것과 같이 선 · 악이 갈라져 나오는 것임을 지적한 것이다. 그러나 그는 情이 발동하는 처음에 氣가 작용함에 따라 선 · 악이 갈라져 나오는 것은 그 실마리가 미미하다고 본다. 이에 비해 선 · 악이 갈라지는 계기는 마음이 발동한 현상으로서 意에서 드러나는 것이라고 지적한다.

그는 「天命圖」를 설명하면서, "意가 마음의 발동하는 것이 되어 그 情을 끼고 좌지우지하여, 혹은 天理의 공정함에 따르고, 혹은 人欲의 사사로움에 따르기도 한다. 선 · 악의 구분이 이로부터 결정되므로, 이것이 이른바 '意의 기미가 선과 악으로 나누어진다.'(意幾善惡)는 것이다."[21]고 언명하여, 기질에 따른 수동적인 발동인 情에서보다 마음의 자발적 의지에 따른 발동인 意에서 善 · 惡이 선명하게 갈라져 나오는 것임을 확인하고 있다. 여기서 퇴계는 趙致道의 「誠幾圖」를 따라 「天命圖」에서 善幾를 垂直線으로 그린 것은 善의 발동이 '고유한 것'에서 근원해 온 것이므로 '바로 곧장 이루어져서 順함'(直遂而順)을 보여 주고, 惡幾를 斜線으로 그린 것은 惡의 싹틈이 '본래 없던 것'에서 나오는 것이므로 '곁으로 가로 질러 순하지 못함'(旁橫而戾)을 보여 주는 것이라고 해명하였는데, 善이 성품의 純善에서 근원하는 것이므로 '고유한 것'(固有)이라 하고, 惡은 기질의 은폐에 따르는 부차적 발생으로 보아 '본래 없던 것'(本無)이라고 규정하여, 善의 본체는 있으나 惡의 본체는 없는 것으로

20) 같은 책, 권 7, 24, '聖學十圖', "性發爲情之際, 乃一心之幾微, 萬化之樞要, 善惡之所由分也."

21) 같은 책, 속집 권 8, 18, '天命圖說', "意爲心發, 而又挾其情而左右之, 或循天理之公, 或循人欲之私, 善惡之分, 由茲而決焉, 此所謂意幾善惡者也."

밝히고 있음을 주목해야 할 것이다.

또한 퇴계는 朱子가 언급한 "天理 속에는 본래 人欲이 없고 다만 그 流行에서 차이가 있어서 드디어 人欲이 생겨나게 되니, 程子가 이른바 '선과 악이 다 천리다'(善惡皆天理)라 하였는데, 이른바 惡이라는 것은 본래부터 惡한 것이 아니고, 다만 지나치거나 못 미치는 것이다."[22]라는 말을 인용하여, 惡을 단지 '지나치거나 못미치는 것'(過與不及)이라는 견해를 받아들여 惡의 실재성을 부정하고 있다.

「天命圖」에서 善·惡 두 글자 아래에 각각 '幾' 字를 두고 있는 것에 대해서, 申沃은 "幾는 動하면서도 아직 나타나지 않으니 有·無의 중간이다."고 주장함으로써 '幾' 字 아래에 善·惡의 글자를 두어야 한다고 비판하였다. 이에 대해 퇴계는 "幾란 動이 隱微함이니 吉함이 먼저 나타나는 것이다."(幾者動之微, 吉之先見者也)라는 『周易』(「繫辭 下」)의 말을 이끌어서, '善에 動하여 은미한 것을 善幾라 이르고 惡에 動하여 은미한 것을 惡幾라 이르는 것'이라고 언명함으로써, 幾에서 善惡이 갈라져 나오는 '幾善惡'이 성립할 뿐 아니라 善幾·惡幾로 일컬을 수 있음을 해명하였다.[23] 그것은 퇴계가 '幾微'(幾)라는 발동의 가장 은미한 端初에서 이미 善·惡의 갈림이 개입하는 것이라 봄으로써, 인간의 意思가 일어나는 원초부터 엄격하게 선·악의 분별과 善의 선택을 요구하는 것을 의미한다.

나아가 퇴계는 '性이 理로서 純善하다'는 일반적 性-理개념의 정의와 달리, 程子 이후 논의되어 왔던 '타고난 氣의 惡함도 역시 性의 理이다.'(稟氣之惡亦性之理也)는 주장을 검토하고 있다. 곧 그는 性을 물에 비유하여, '맑고 조용히 흐름'이 물의 본성이지만, '진흙과 찌꺼기를 만나 더럽혀지고 탁해지며 험

---

22) 같은 책, 권 37, 33-34, '答李平叔', "朱子答之曰 … 程子謂 '善惡皆天理', 謂之惡者, 本非惡, 但過與不及."

23) 같은 책, 권 38, 25, '答申啓叔', "動於善而微者, 謂之善幾, 動於惡而微者, 謂之惡幾."

난한 곳을 만나 파도가 일어나는 것' 은 물의 본성은 아니지만 물이 아니라고 할 수는 없으니, 다만 그 만난 것이 다를 뿐이라고 하였다. 이 비유에 따라서 타고난 氣의 惡함이 비록 性의 본연은 아니지만 性의 理라 할 수 있음을 밝혔다.[24] 이에 따르면 氣-氣質의 조건에 따라 善 · 惡으로 나타나는 모든 현상에는 어디에나 性-理가 존재하지 않는 경우가 없으므로, 性-理의 본연한 실상은 善이지만 惡도 性-理를 벗어나서 나타날 수는 없는 것이라 본다. 따라서 惡은 본질적인 것은 아니지만 性-善의 그림자처럼 그 실체에 따라서 나타나는 것임을 인정하고 있다.

그러나 제자 鄭惟一이 陰氣를 惡이라 하고, 陰氣도 理에서 발생한다는 근거에서 '惡도 性이다'(惡亦性)라고 주장한데 대해, 그는 善-陽, 惡-陰으로 말하는 것은 분류하여 배속시키는 것일 뿐이요, 실제로 陰氣가 惡이 아님을 밝히고, 太極-理에서 陰과 陽이 갈라져 나오듯 性으로부터 善과 惡이 대립적으로 갈라져 나오는 것이 아님을 역설한다.[25] 이처럼 그는 惡이 性에 근원하여 善과 대등한 지위에 있을 수 없는 것임을 명백히 함으로써, 惡이 비본질적이요, 기질적 조건에 따른 것일 뿐이며, 본래적이고 고유한 것이 아님을 확인하고 있다.

4. 인간화의 방법: 수양론

퇴계의 학문적 관심은 항상 인간의 도덕적 자기완성을 추구하는 수양론으로 귀결되고 있다. 특히 그는 이 마음이 天命(性)을 내포하고 있음을 지적하고, 마음에 내재한 천명은 바로 하늘이 인간에게 부여한 직분으로서, 이 직분을 수

24) 『퇴계집』, 권 24, 7-8, '答鄭子中 別紙', "稟氣之惡, 雖非性之本然, 豈不可謂性之理耶."

25) 같은 책, 권 24, 7-8, '答鄭子中 別紙', "來喩謂陰氣生於理, 而陰爲惡, 以此爲惡亦性之證, 此則恐未然 … 若如此說, 是惡之生, 亦原於性, 與善相對出來, 其可乎."

행하는 것이 바로 修養(修爲)임을 언명하여, 수양의 근거를 천명이 인간에게 부여한 직분으로 확인하고, 수양을 하지 않는 것은 천명의 직분을 저버리는 것이라 밝히고 있다.[26)]

그는 『聖學十圖』에서도 마음에서 善의 端初를 찾아 확충하여(求端 · 擴充) 근원으로 天道를 체득하고 실현하는(體天 · 盡道) 天道를 향한 길과, 몸에서 善을 밝혀 진실하게 하여(明善 · 誠身) 안으로 德을 높이고 밖으로 사업을 넓히는(崇德 · 廣業) 人事를 향한 길을 수양방법의 기본과제로 제시하였다.[27)] 또한 그는 수양방법의 핵심개념을 敬으로 제시하는데, 敬의 실천은 動 · 靜과 表 · 裏의 두 경우로 분석하고 있다.

먼저 그는 動 · 靜에서 敬의 실천방법으로서, 고요할 때 두려워하고 삼가하며 성품(天理)을 涵養함과, 활동할 때 人欲을 분별할 것을 요구하고, 또한 程子가 제시한 敬의 실천방법에서 '옷과 갓을 반듯하게 함'(正衣冠)과 '엄정하게 정돈하고 엄숙히 함'(莊整嚴肅)은 靜에서 말한 것이요, '생각을 하나로 모음'(一思慮)과 '속이지 않고 태만하지 않음'(不欺不慢)은 動에서 말한 것으로 분석하면서, 動時와 靜時의 수양이 분리된 것이 아니라 서로 소통하는 것임을 강조하였다.[28)] 특히 그는 靜時의 敬으로서 靜坐에 깊은 관심을 보여 주는데, 앉는 자세에 있어서도 몸과 마음을 수렴하여 '엄숙하고 가지런하게'(齊莊整齊) 할 것을 강조하여 고요한 몸의 자세와 엄숙한 마음의 수렴을 결합시키고 있다.

다음으로 겉과 속(表 · 裏)에 걸친 敬의 실천방법으로서, 퇴계는 '보고 듣고 말하고 움직이는'(視 · 聽 · 言 · 動) 활동이나 '용모와 말씀하는 기세'(容貌 ·

---

26) 같은 책, 권 38, 23, '答申啓叔', "名以天命者, 有人物所受之職分道理 … 有所受職分者, 苟無修爲之事, 則天命不行矣."

27) 같은 책, 권 7, 20, '進聖學十圖箚(幷圖)', "上二圖, 是求端擴充, 而體天盡道, 極致之處 … 下六圖, 是明善誠身, 崇德廣業, 用力之處."

28) 같은 책, 권 35, 39, '答李宏仲', "然而動時衣冠, 豈可不正 … 然而靜時此心, 尤不可不主於一本原之地."

辭氣) 등 겉으로 나타나는 모습에서의 수양공부는 바깥에서 통제하여 마음 속의 성품을 배양하는 방법임을 확인한다.[29] 이처럼 敬의 수양공부는 바깥의 모습과 속의 마음이 서로 작용하여 일치시켜 가는 것이며, 특히 겉으로 드러나서 '볼 수 있고 지키기 쉬운 방법'(可見易守之法)에 의해 속으로 '보이지 않고 묶어 두기 어려운 마음'(不可見不可係之心)을 배양하는 방법을 제시한다.[30]

여기서 動·靜과 表·裏를 관통하는 敬의 수양공부는 모두 일회적으로 이루어지는 것이 아니라, '진실하게 쌓아 가며 오래도록 힘써서'(眞積力久) 순수하고 익숙한 데(純熟) 이르러, '고요할 때 비고 활동할 때 곧은'(靜虛動直) 마음을 확보할 수 있는 것으로 확인하며,[31] 또한 "엄숙하게 涵養함을 근본으로 삼고 깊이 침잠하여 硏索함을 학문으로 삼아서, 이 道理가 한 순간도 떨어지지 않는 곳에서 몸과 마음으로 친절하게 體認하여, 그 사이에서 노닐고 젖어서(優游涵泳) 점차 쌓아 오래 가다(積漸悠久) 보면 홀연히 녹아서 깨끗해지게(融釋脫灑) 된다."고 하며, 이러한 경지를 '참소식'(眞消息)이라 밝히고 있다.[32] 이처럼 敬은 몸과 마음을 단속하는 데서 시작하여, 마침내 도리와 일치하여 자유로운 완성의 경지에 이르는 수양의 실천과정임을 강조하고 있는 것이다.

나아가 퇴계는 수양의 과정에서 敬의 올바른 실현을 상실한 데 따라 발생하게 되는 다양한 病症을 진단하고 그 치료방법을 친절하게 제시하고 있다. 그가

29) 같은 책, 권 31, 2, '答禹景善', "從視聽言動容貌辭氣上做工夫, 所謂制於外, 所以養其中也."

30) 같은 책, 권 29, 12, '答金而精', "蓋人心無形, 出入不定, 須就規矩繩墨上守定, 便自內外帖然, 此日用工夫至要約處."

31) 같은 책, 권 28, 19, '答金惇敍', "靜而涵天理之本然, 動而決人欲於幾微, 如是眞積力久, 至於純熟, 則靜虛動直."

32) 같은 책, 권 26, 14-15, '答鄭子中', "一以莊敬涵養爲本, 沈潛硏索爲學, 見得此箇道理, 眞不可須臾離處, 將此身心親切體認, 得以優游涵泳於其間, 庶積漸悠久之餘, 忽然有融釋脫灑處, 便是眞消息也."

마음의 病症으로 가장 깊이 경계하고 있는 것은 마음이 분산하고 조급한 병과 고요함〔靜〕에 빠지는 병이다. 먼저 그는 '마음이 분산하고 동요되는'(心之紛擾) 증세에 대해서는 敬을 지킴(持敬)이 병을 치료하는 약이라 제시한다.[33] 또한 그는 생각이 많은 해독이 배우는 이의 공통적 근심이라 지적하고, 마음이 번잡하여 소란하며 특히 편안하지 못한 경우에는 正養하는 공부가 이 병을 치료할 수 있는 것이라 본다. 다음으로 고요함에 빠지는 병으로서, 그는 고요함이 한번 지나치면 禪에 들어가는 것이므로, 靜보다 敬을 강조하고 있다. 그것은 主靜이 잘못된 것이 아니라 博約의 번거러움을 싫어하여 動이 없이 靜만 주장하는 것이 잘못된 것임을 제시한 것이다.[34]

따라서 마음의 병은 고요함이나 활동함의 어느 한 쪽에 빠지는 병인데, 곧 '항상 깨어 있으면서 생각을 제거하고자 하는 것'으로 고요함에 빠져 활동이 없고자 하는 병과, '생각을 한 번도 그치고자 하지 않는 것'으로 활동에 치우쳐 고요한 때가 없는 병으로서, 動·靜이 분리되어 한 쪽에 치우친 병폐를 제시하고, 이것이 바로 朱子가 말하는 '항상 잠들어 깨지 않거나, 항상 행하여 그치지 않는 병'(常寐無覺常行不輟之病)이라 하여, 그 옳지 않음을 지적하였다.[35] 또 하나의 중요한 病症은 마음 속에 생각이 얽혀서 풀리지 않는 현상이다. 그는 程子가 말한 '자신을 허물하고 문책함'(罪己責躬)이 착한 단서를 여는 것임을 인정하지만 마음 속에서 풀리지 않고 오래 머물러 있으면 한 덩어리의 사사로운 생각(私意)이 되는 것이라 한다. 따라서 여기에 사로잡히지 말고 天理와 융화되어 흔적이 없는 데까지 가야만 마음이 올바름을 이루게 되는 것

---

33) 같은 책, 권 39, 24, '答洪胖', "今君患心之紛擾, 不以持敬爲治病之藥, 乃以明道所斥之說."

34) 같은 책, 권 28, 29-30, '答金而精', "非以主靜爲不可也, 然亦不當厭博約之煩, 而塊然以主靜."

35) 같은 책, 권 28, 24, '答金惇敍', "今論無事時持心之法, 一要常惺惺而遺去思慮, 是一於靜而欲無動也, 一要未嘗息念而不替其窮理, 是偏於動而無靜時也."

이라 밝히고 있다.[36] 그것은 수양의 단계가 자신을 罪責하는 자의식의 단계에서 마음이 천리와 하나가 되는 차원까지 이끌어 올리기를 요구하는 것으로 太極·理로서의 心體를 온전하게 실현하는 경지를 제시하는 것이다.

나아가 그는 마음을 간직하는(存心) 방법으로 마음을 비우도록 강조하고 있지만, "사물이 마음에 해를 끼치는 것으로 알고 사물을 싫어하여 잊고자 하며, 움직임을 싫어하고 고요함을 즐거워하는 것"은 老子나 佛敎의 무리들이 虛無와 空寂에 빠져 있는 것이라 비판하고서, 程明道의 存心방법에 근거하여 마음을 간직하는 참된 태도로 "마음이 사물을 대함에 오기 전에는 맞이하지 않고, 막 오면 비추어 대응하고, 대응하고 나서는 남겨 두지 않는다."고 하였다. 따라서 이러한 마음은 "그 본체가 맑아서 明鏡止水 같으니, 비록 매일같이 온갖 일을 응접하더라도 마음 속에는 일찍이 한 물건도 없다."[37]고 하여, 마음을 비우는 수양법으로서 存心의 참된 의미를 제시하였다.

5. 인간과 공동체: 書院論과 鄕約論

인간의 공동체 생활에 대한 퇴계의 일반적 관심으로 가정과 학교와 향촌 및 국가를 들 수 있으며, 이에 대한 그의 활동으로는 선비의식을 각성시키며 공동체의 인재양성을 위해 서원건립운동을 벌였던 것과 향촌의 풍속을 교화하기 위해 향약을 제정하였던 사실을 들 수 있다.

퇴계는 가정에서 孝悌의 도리를 독실하게 하여 집안을 화목하게 하고, 孟子의 뜻을 따라 "나의 어버이를 높여서 남의 어버이에게까지 미치게 하고 나의

---

36) 같은 책, 권 28, 3, '答金惇敍', "夫罪己責躬, 是乃善端之發, 非私意也, 然此一事橫在肚裏而不釋, 則亦同歸於私意吝習, 必須天理融和無痕, 然後心得其正矣."

37) 같은 책, 권 28, 4-5, '答金惇敍', "心之於事物, 未來而不迎, 方來而必照, 旣應而不留, 本體湛然如明鏡止水, 雖日接萬事, 而心中未嘗有一物."

어른을 공경하여 나아가 남의 어른에게까지 미치도록 한다." 하고, 「西銘」의 뜻을 따라 "천하가 한 집안이 되며 나라 안이 다 같은 한 사람이 되는 것이니, 세상의 나이 많은 사람은 모두 우리 한 집안의 어른인 것이다."고 하여, 이웃과 나라와 세계가 하나의 가족공동체를 이루도록 제시하고 있다.[38] 따라서 그는 신분적 지위를 앞세우는 것이 아니라 나이의 순서를 기준으로 하는 하나의 가족적 친애의 질서를 추구하였던 것이요, 그 친애의 유대는 바로 자신의 가정을 출발점으로 삼아 확장시켜 가도록 요구하는 것이다.

퇴계 자신은 선비의 한 사람으로서, 유교이념을 통치원리로 하는 조선사회에서 선비의 내적 조건을 자각하고 사회적 역할을 확인하는 데 깊은 관심을 밝히고 있다. 그것은 선비가 공동체의 핵심이 되어 유교이념의 가치를 통하여 공동체를 실현하고자 도모하는 것이다. 그는 "학교는 풍속을 교화하는 근원이요, 善이 시작하는 곳이다."고 하여, 유교이념에 기반하여 선비를 배양하는 학교의 중요성을 강조하고 이어서 그는 "선비는 예법과 의리의 근본이요 元氣가 깃든 자리이다."[39]고 하여 선비를 모두 예법과 의리의 주체요, 그 사회에 생명력을 불어넣어 주는 원천이라고 보았다. 선비는 신분적 존재를 훨씬 넘어서 진정한 삶의 생명력이요, 의리정신의 담당자임을 밝힌 것이다.

퇴계는 선비가 예법과 의리로 지조를 지킴으로써 어떤 세력과 지위에도 굽히지 않는 기개를 지닌 인격체임을 지적하면서, 선비의 지조와 세속적 권세를 대조시켜서, "저들이 부유함으로 한다면 나는 仁으로 하며, 저들이 벼슬로 한다면 나는 義로써 한다."[40]고 하여, 富·爵에 대해 仁·義의 유교적 도덕원리

---

38) 『退溪先生言行錄』, 권 2, '處鄕', "君子於吾父兄, 篤盡孝悌之道, 尊吾親以及人之親, 敬吾長以及人之長 … 天下爲一家, 中國爲一人."

39) 『퇴계집』, 권 41, '論四學師生文', "學校, 風化之原, 首善之地, 而士子, 禮義之宗, 元氣之寓也."

40) 같은 책, 권 12, 36, '擬與豊基郡守論書院事', "彼以其富, 我以吾仁, 彼以其爵, 我以吾義."

를 선비의 신념으로 확인하고 있다. 이처럼 선비는 유교이념을 수호하는 임무를 지녔기 때문에 유교이념의 실현은 바로 선비의 자기각성을 통하여 이루어지는 것이라 할 수 있다. 따라서 선비는 富貴의 세속적 가치에 맞서서 仁義의 유교이념을 정립시키는 주체가 되는 것이다. 여기에 부귀의 세속적 가치는 인간의 욕망이 지향하는 人欲의 대상이라면, 선비가 지향하는 인의의 가치는 인간의 성품에 내재된 天理로 인식할 수 있고, 그것은 퇴계가 유교적 修養論의 기본원리로서 확인하고 있는 '인욕을 억제하고 천리를 보존한다'(遏人欲存天理)라는 명제로 집약될 수 있다.

또한 퇴계는 유교사회의 수립을 위해 선비의 임무가 지닌 중요성을 확인함으로써, 유교사회에서 선비가 존중받아야 하고 스스로 당당하여야 하는 모습을 제시하여, "선비는 匹夫로서 天子와 벗하여도 참람하지 않고, 王이나 公卿으로서 빈곤한 선비에게 몸을 굽히더라도 욕되지 않는다. 이것은 선비가 귀하게 여겨지고 공경받을 만하기 때문이요, 節義의 명칭이 성립하기 때문이다."[41] 고 언급하였다. 선비는 道를 밝혀 사회의 이상을 수립하는 임무를 지녔으므로 존중받을 수 있고, 절의로서 신념을 강인하게 지킴으로써 天子와 王公의 존귀한 지위 앞에서도 당당하게 어깨를 나란히 할 수 있음을 의미한다.

퇴계는 이러한 선비가 스스로 공동체를 이루어 道學이념을 연마하고 향촌공동체를 교화해 가는 구체적 방법으로서 書院건립과 鄕約시행을 추구하였다.

먼저 퇴계의 書院論으로서, 그는 선비를 배양하는 養士의 임무는 바로 국가와 帝王의 의무라 강조하면서, 동시에 선비들이 스스로 자신의 학문과 덕을 닦는 士林공동체를 수립할 필요성을 인식하고 있다. 따라서 그는 조선사회에서는 국가가 성균관과 사학 및 향교를 세워 선비를 양성하고 있지만 科擧시험공부에 구속되어 있는 한계를 지적함으로써, 지방에서 선비의 공동체로서 士林들이 스스로 書院을 세워 '先賢을 존숭하고 道義를 강론하여 연마함'(尊賢講

---

41) 같은 곳, "以匹夫而友天子, 不爲僭, 以王公而下韋布, 不爲辱, 此士所以可貴可敬, 而節義之名所以立也."

道)으로써 선비를 배양할 필요성을 강조하여 그 자신이 서원건립운동에 앞장섰으며, 또한 이 書院에 대해 국가에서 지원하여야 할 것을 역설하였다. 퇴계는 書院의 근본 성격을 규정하여, "先賢을 존숭하고 선비를 배양하고 즐겁게 인재를 기르는 자리"[42]라 정의하고 있으며, 또한 서원을 세운 까닭을 한 마디로 '道學을 밝히기 위함'[43]이라 언명하고 있다. 따라서 그는 書院에서 祠廟를 짓고 祭享으로 받들어야 할 先賢으로 道學을 하였던 인물이 마땅함을 역설함으로써, 서원을 통해 道學의 학풍을 세우고 道學이념으로 배양된 士林공동체를 확립하고자 추구하였다.

퇴계 자신은 서원건립운동의 선두에 나서서 白雲洞書院을 紹修書院으로 최초로 賜額받게 하였으며, 伊山書院(榮川)의 院規 12條를 제정하고, 迎鳳書院(星州) · 硏經書院(大邱) · 易東書院(禮安)의 記文을 지었으며, 易東書院은 터를 잡고 건축을 하는 데까지 직접 관여하였다. 그 밖에도 관심을 기울였던 여러 서원들을 포함하여 9개 서원에 관해 '書院十詠'을 지어 풍광과 학풍을 읊기도 하였다.[44]

다음으로 퇴계의 鄕約論으로서, 그는 56세 때 禮安鄕約 곧 '鄕立約條' 28조를 정하여 향촌공동체의 풍속을 교화하는 법규로 삼고자 하였다. 향약의 기원은 宋의 藍田 呂氏의 향약으로 德業相勸 · 過失相規 · 禮俗相交 · 患難相恤의 4 綱領과 이에 따른 細目이 있는데, 朱子가 이를 수정하고 보완한 '增損呂氏鄕約'이 조선시대 향약의 기준이 되었다. 퇴계는 이 '鄕立約條'의 서문에서 鄕約의 시원으로 고대에 鄕大夫의 직분이 德行과 道德 · 學藝로 인도하는 데 따르

42) 같은 책, 권 12, 30, '擬與榮川守論紹修書院事', "尊賢養士, 樂育人材之地."

43) 같은 책, 권 20, 4, '答黃仲擧', "書院, 本爲明道學而設."

44) 퇴계의 '書院十詠'(권 4, 1-3)에서는 竹溪書院(豊基) · 臨皐書院(永川) · 文憲書院(海州) · 迎鳳書院(星州) · 丘山書院(江陵) · 藍溪書院(咸陽) · 伊山書院(榮川) · 西岳精舍(慶州) · 畫巖書院(大邱) 등 9개의 서원과 總論諸院을 합쳐 10首를 수록하고 있다.

지 않으면 형벌로 규찰하였던 사실을 들고, 당시 조선사회의 留鄕所가 바로 鄕大夫의 역할을 하였음을 지적하였다. 또한 그는 이러한 향촌의 教化가 필요한 근거로서 선비가 人道의 근본이 되는 孝悌忠信을 집안에서 닦아서 그 행실이 향촌에 드러난 다음에 나라에 나갈 수 있었음을 들어, 가정과 더불어 향촌이 道德을 연마하는 데 중요함을 강조하고 있다.[45] 또한 그는 28조의 約條가 모두 過失을 규제하는 벌칙만 들고 있는데, 이에 대해 德行을 권장하는 것은 국가가 학교를 세워 가르치는 것이므로 그의 향약은 실질적인 시행에 가장 중요한 벌칙규정만을 둔 것이라고 설명한다.

그는 향약 28조를 鄕士堂에 보내어 벽에 걸어 두게 하였으나, 鄕人들의 의논이 일치하지 않아서 시행하지 못하고 회수하였다 한다. 여기서 가장 중요한 쟁점이 되었던 것은 28조의 향약과는 별도로 鄕人들의 집회에 좌석의 순서를 정하는 鄕坐문제로, 이에 관해 극심한 의견대립이 일어났던 것이다. 당시 향촌은 士族 · 品官 · 鄕吏 · 下人의 신분집단으로 구성되어 있는데, 퇴계는 이들을 신분계급에서 벗어난 鄕人으로 통합하여, 鄕會에서는 벼슬이나 신분의 지위를 고려하지 않고 연령 순으로 자리를 정해야 한다는 견해를 내세웠으며, 그것이 孟子가 "鄕黨에서는 나이가 가장 중하다."(鄕黨莫如齒)고 말한 것이나 朱子의 '增損呂氏鄕約'에서 "모든 집회에 참석자가 모두 향인일 경우에는 연령 순으로 앉힌다."(凡聚會, 皆鄕人則坐以齒)고 언급하였던 옛 제도의 원칙임을 확인하였다. 그러나 당시 禮安의 士族들은 庶民과 賤人까지 포함하는 下人들과 신분의 구별 없이 나이 순으로 앉기를 거부하였고, 퇴계의 제자들조차도 선생의 古道와 당시의 형편이 다름을 내세워 퇴계의 뜻에 동의하지 않았다 한다.[46] 비

45) 『퇴계집』, 권 42, 8-9, '鄕立約條序', "古者, 鄕大夫之職, 導之以德行道藝, 而糾之以不率之刑 … 孝悌忠信, 人道之大本, 而家與鄕黨, 實其所行之地也 … 今之留鄕, 古鄕大夫之遺意也."

46) 李佑成, '退溪의 禮安鄕約과 鄕坐문제', 『實是學舍散藁』, 창작과비평사, 1995, 80-85쪽 참조. 李佑成 교수는 퇴계 사후 28년 만인 1598년 弟子 琴蘭秀에 의해 퇴계의

록 당시의 신분의식을 깨뜨릴 수가 없어 퇴계의 향약조차 시행되지 못하고 말았지만, 신분을 넘어선 鄕村敎化의 공동체를 추구하였던 퇴계의 의도는 세계를 하나의 가족으로 삼는 데까지 나가고자 하는 그의 理想에서 보면 그 기초단계를 확보하는 것으로 타협할 수 없는 원칙이었다.

6. 인간과 자연

퇴계에 있어서 모든 존재는 理·氣로 구성되어 있으며, 모든 有形한 물질적 존재에서 보면 사물의 形質은 氣로 이루어져 있으며, 이 形質 속에 理가 부여되어 작용하고 있는 것이다. 따라서 대상적 자연의 세계는 크게 보면 하나는 이·기의 작용으로 이루어지는 天·地와 인간과 사물을 포함하는 우주적 존재요, 다른 하나는 인간과 구별되는 물질적 사물의 존재라 할 수 있다. 퇴계는 이 두 가지 자연의 세계를 함께 이야기하고 있지만, 그 가운데서 분별하여 이해할 수 있음을 보여 준다.

그는 우주적 존재로서 자연을 氣의 陰陽·五行에 따른 만물의 형성과정과 그 속에 작용하고 있는 理의 역할로 이해한다. 그는 만물의 다양성이 발생되는 과정으로서 하늘의 생성현상은 그 다양한 차이에도 불구하고 사사로운 생각(私意)이 없는 至公無私한 자연의 생성과정으로 본다. 곧 "天道는 지극히 공정하나, 그 부여함에 있어 순수하고 駁雜함이 동일하지 않음은 그 사이에 私意가 있는 것이 아니다. 음양과 오행의 氣가 운행하고 교착하여 오르내리고 왕래함에 어지럽게 얽히고 뒤섞여서 그 단서가 천만 갈래이므로 그 오묘하게 응결하여 만물을 생성하는 즈음에 만나는 바의 氣가 스스로 순수하거나 駁雜하고, 간

'鄕立約條'가 傳寫되어 다시 禮安 鄕射堂의 벽에 걸렸고, 이듬해 奉化 鄕序堂에도 걸어 두고 시행되었다 하나, 신분별로 자리를 따로 하는 등 퇴계의 취지와는 상당히 달라진 것임을 지적하였다.

사함이나 정직함의 차이가 없을 수 없다. 비록 천지의 造化일지라도 그에 대해서 어찌할 수 없다."[47]고 하여, 陰陽 · 오행의 氣가 조합되는 무수한 다양성에 따라 우주적 자연 속에 인간을 포함한 만물의 다양성이 나타나는 것으로 파악함으로써, 天의 의지가 개체의 성격을 결정하는 것이 아니라 자연의 질서에 따라 이루어지는 것임을 확인한다.

또한 그는 이러한 자연 속에서 만물을 생성하는 근원으로서 天-理를 形而上의 '道'라 하고, 생성된 形氣를 가진 사물을 形而下의 '器'라 구분하면서, "무릇 모양과 形氣를 갖추어 우주 안에 가득 찬 것은 모두 器이고, 그 갖추어 있는 이치는 道이다. 도는 器를 떠나지 않지만 어떤 形影을 지적할 수 없으므로 그것을 일러 '형이상'이라 하고, 器도 도를 떠나지 않는데 형상이 있어 말할 수 있으므로 '형이하'라 한다."[48]고 하여, 道와 器 내지 理와 氣는 서로 떠날 수 없는 것이지만 形象이 있는가 없는가에 따라 道 · 器로 나누고 形而上 · 形而下로 구분하는 것임을 밝히고 있다. 여기서 그는 우주의 생성질서를 주도하는 形而上의 道 곧 자연으로서 天道 내지 天地는 활동하지 않는 것처럼 보이지만 사실은 모든 변화의 주체로서 활동하는 것임을 밝힌다. 곧 "天地는 움직이지 않는 것이 아니라 움직이면서도 그 자취를 보이지 않을 뿐이다. 그러므로 사계절이 저절로 운행되고 만물이 저절로 자라나는 것이 바로 움직이지 않으면서도 변화하는 것이다. 聖人이 움직이지 않으면서도 변화하는 것도 이와 같다."[49]고 하여, 四時가 바뀌어 가고 만물이 생성하는 자연의 드러난 변화현상의 뒤에 비

47) 같은 책, 권 38, 7, '答趙起伯', "二五之氣, 運行交錯, 升降往來, 紛綸雜糅, 其端萬千, 其於妙凝成物之際, 所値之氣, 自不能無純駁邪正之不齊, 雖天地造化, 亦不奈佗何耳."

48) 같은 책, 권 35, 24, '答李宏仲', "凡有貌象形氣而盈於六合之內者, 皆器也, 以其所具之理, 卽道也, 道不離器, 以其無形影可指, 故謂之形而上也, 器不離道, 以其有形象可言, 故謂之形而下也."

49) 같은 책, 권 35, 22, '答李宏仲', "天地非無動, 動而不見其跡耳, 然而四時自行, 萬物自生, 是不動而變也, 聖人之不動而變, 亦猶是."

록 활동하는 자취는 없지만 자연현상의 변화를 일으키고 있는 주체로서 天道-天地를 확인하고 있다.

퇴계는 우주의 생성현상에서 바탕을 이루는 氣의 개념에 대해 氣와 質을 구분하여 해명하고, "하늘에서 유행하는 것은 氣이고, 땅에 갖추어진 것은 質이다. 氣質 속에는 반드시 所以然의 理가 있으니 이것이 性이다. 물이 젖어 내리고 불이 타오르는 것은 氣質의 性이다. 그러나 별도로 하나의 性이 있는 것이 아니라 다만 이 理가 氣 가운데 있으면서 이 사물의 性이 되면 그 氣를 따라서 달라지는 것이니 이 때문에 모든 사물이 각각 하나의 性을 지닌다."[50]고 하여, 사물의 개체적 氣質에 내재된 性의 보편성과 개체성을 분석하고 있다. 곧 그는 氣를 형체가 없는 하늘에서 작용하는 것으로 質을 형체가 있는 땅(사물)에서 작용하는 것으로 제시함으로써, 氣에서 質로 물질적 형체화하는 단계를 구분하고 있다. 여기서 性은 理로서 氣質과 形象을 가진 사물의 개체성에 갇혀 있지 않은 보편적 존재로서 '本然之性'이지만, 사물의 기질에 내재하여 그 개체적 특성을 드러내는 '氣質之性'의 측면도 있음을 주목하였다.

또한 그는 "氣는 俗言의 氣運과 같고 質은 俗言의 形質과 같다."고 하여, 氣와 質을 氣運과 形質로 구체화시켜 설명하면서, "사람과 사물이 태어나는 처음에는 氣가 質을 이루고, 태어난 뒤에는 氣는 質 가운데 운행한다."고 하여, 氣와 質이 사람과 사물에서 작용하는 양상에 대해 처음 태어날 때의 경우 氣가 質로 形象化하는 작용을 하는 과정을 거쳐 태어난 이후 살아가는 과정에서는 質 속에서 氣가 작용하는 것이라 하여, 氣의 능동성과 質의 피동성을 구분하였다. 그는 특히 인간에게 부여된 氣·質의 淸·濁과 粹·駁의 차이에 따라 聖人과 衆人이 知·行에서 차이가 나는 것임을 해명하여, "무릇 호흡과 운동은 氣인데, 사람은 누구나 다 이 氣를 갖고 있으나, 聖人은 알 수 있어도 衆人은 알

50) 같은 책, 권 39, 29, '答李公浩 問目', "行於天者是氣, 具於地者是質, 氣質中必有所以然之理, 是性也, 潤炎等, 是氣質之性, 然非別有一性, 只是理在氣中, 而爲此物之性, 則不能不隨其氣而有異, 所以各一其性."

지 못하는 것은 氣의 淸濁이 같지 않기 때문이다. 耳目 형체는 質인데, 사람은 누구나 다 이 質을 갖고 있으나, 聖人은 행할 수 있고 衆人은 행할 수 없는 것은 質의 순수하고 잡박함이 같지 않기 때문이다."[51]고 하여, 맑고 순수한 氣質을 타고난 聖人은 지각능력과 실행능력이 탁월하지만, 흐리고 잡박한 氣質을 타고난 衆人은 지각능력과 실행능력이 우둔함을 지적하여, 聖人과 衆人의 차이로서 그 선천적으로 타고나는 氣質의 자연적 조건을 중시하고 있다.

인간과 사물은 氣質로 이루어지고 天-理에서 性이 부여되고 있다는 점에서는 공통적이나, 그 氣質의 淸 · 濁 · 粹 · 駁에 따른 차이에서 뚜렷이 차별화되고 있는 것도 사실이다. 그러나 퇴계에 있어서 관심의 중심은 인간의 사물에 대한 관계라 할 수 있다. 그는 張橫渠의 「西銘」에서 "天地에 가득 차 있는 것은 나의 몸이요, 천지가 主宰하는 것은 나의 본성이다."(天地之塞, 吾其體, 天地之帥, 吾其性)고 언급한 뜻을 "나와 천지만물의 이치가 본래 하나인 까닭을 미루어 밝힌 것"이라고 규정하였다. 곧 그는 천지와 만물을 나와 한 몸으로 일체화시킴으로써, 모든 인간이 나에게 형제(同胞)가 되고, 만물은 나와 일족(與)이 되는 物我一體의 세계와 宇宙一家의 친족적 관계를 수용하고 있다.

또한 그는 「西銘」에 대해, "仁의 體를 그려 내고 그로써 有我의 私를 깨뜨리고 無我의 公을 크게 열어 주어, 그 완고하기가 돌과 같은 마음으로 하여금 融化하여 환히 트이게 하고, 사물과 나 사이에 간격이 없게 해서, 조그만 私意도 그 사이에 용납함이 없게 하였으니, 천지만물이 한 집안이 되고 온 나라가 한 사람처럼 되어서, 남의 괴로움과 아픔을 내 몸에 절실히 느끼게 되면 仁道를 얻을 수 있다."[52]고 하여, 고립된 '작은 나'(有我)로서 '私'를 깨뜨리고 함께

---

51) 같은 책, 권 35, 18, '答李宏仲', "氣質二字之異, 亦甚明, 氣如俗言氣運, 質如俗言形質, 人物稟生之初, 氣以成質, 有生之後, 氣行於質之中(氣陽而質陰, 氣以知, 質以行也), 夫呼吸運動, 氣也, 聖人與衆人, 皆有之, 聖人能知, 而衆人不能知, 氣之淸濁不同故也, 耳目形體質也, 聖人與衆人皆有之, 聖人能行, 而衆人不能行, 質之粹駁不齊故也."

어울린 '큰 나'(無我)로서 '公'을 열어 사물과 나 사이에 단절이 없는 物我一體의 실현을 확인하고 있는 것이다. 그것은 한 마디로 仁을 발휘함으로써 다른 사람에 대한 사랑으로 나아가고 마침내 만물에 대한 사랑으로 확장시켜 나와 우주와 만물이 하나로 조화를 이루는 '體仁的 物我一體說'이라고 할 수 있다.[53] 그러나 그는 사물과 나를 혼동하여 '사물을 나로 보는'(認物爲己) 오류를 지적하였으니, 그의 物我一體的 자연관은 物과 我의 분별이 엄연하게 살아 있으면서 나의 사랑이 흘러 넘쳐 物을 나와 同類로 인식하여 一體로 끌어들이는 것이요, 仁의 성숙을 통해 실현되는 새로운 物·我관계의 자연관이라 할 수 있다.

---

52) 같은 책, 권 7, 49, '西銘考證講義', "橫渠此銘, 反覆推明, 吾與天地萬物, 其理本一之故, 狀出仁體, 因以破有我之私, 廓無我之公, 使其頑然如石之心, 融化洞徹, 物我無間, 一毫私意, 無所容於其間, 可以見天地爲一家, 中國爲一人, 痒痾疾痛, 眞切吾身, 而仁道得矣."

53) 같은 책, 권 7, 15, '聖學十圖', "蓋聖學在於求仁, 須深體此意, 方見得與天地萬物爲一體, 眞實如此處, 爲仁之功, 始親切有味."

제8장 퇴계의 양명학 비판

1. 理學의 유형과 퇴계의 道學정통적 비판의식

중국의 宋代는 유교를 철학적으로 재해석하는 정밀한 이론체계가 수립됨으로써 중국사상사에서 중요한 전환기를 이루었다. 이 시기에는 불교와 도교(내지 老莊)를 극복하는 과정에서 理·氣의 우주론적 이론과 心·性의 인성론적 이론을 핵심으로 하는 철학체계가 제기되었다. 이러한 理氣·心性의 철학에는 다양한 이론적 입장의 차이가 나타나고 있는데, 그 철학적 근본개념을 중심으로 세 가지 유형으로 분류해 볼 수 있다. ① 그 하나는 邵康節과 張橫渠에 의해 궁극존재를 氣로 파악하는 氣學(氣철학)이 있고, ② 다른 하나는 程子와 朱子에 의해 궁극존재를 理로 파악하는 理學(理철학)이 있으며, ③ 또 하나는 陸象山에 의해 궁극존재를 心으로 파악하는 心學(心철학)으로 구분해 볼 수 있다.[1)]

1) 勞思光은 『중국철학사 (3)』(三民書局印行)에서 宋·明 유학 중 주렴계·소강절·장횡거를 우주론 내지 天道論을 추구하는 초기이론으로 보고, 정자와 주자를 형이상학 내지 本性論을 추구한 중기이론으로 보며, 육상산·왕양명을 心性論을 추구한 후기이론으로 구분하여, 장횡거·주희·육상산의 이론적 차이를 뚜렷이 드러내려고 하고 있다. 이에 비해 山井湧은 『氣の思想』(小野澤精一 外 編, 東京大學出

소강절 · 장횡거의 氣學와 정자 · 주자의 理學을 합쳐서 '道學'이라 일컫는 것은, 『宋史』「道學傳」에서 주렴계 · 소강절 · 장횡거 · 정명도 · 정이천 · 주자와 그 학맥의 인물들을 들면서 육상산을 「儒林傳」에 넣고 있는 사실에 근거하여 도학과 심학을 대비해 설정한 것이다. '도학'의 명칭은 '性命 · 義理의 學'을 가리키는 것으로서, 이기론의 형이상학적 견해에는 다양한 차이가 있지만, 道統을 확립하고 節義를 중시하며, 수양론과 예학의 실천적 관심을 중시하고, 이러한 방법을 통하여 道의 정통을 실현하려는 강한 의지를 가졌다는 점에서 공통적 관심을 전제로 삼아 가리킨 것이다.

여기서 기학 · 이학과 심학의 세 가지 유형을 묶어서 '理學'이라 일컫고 있는 것은 가장 넓은 의미의 사용법으로서 '哲學'이라는 용어에 가깝다고 할 수 있다. 따라서 기학 · 이학 · 심학의 하나로서 '이학'은 좁은 의미로서 이기철학에서 理를 근본개념으로 확립하는 입장 곧 '理철학'을 가리키는데 반하여, 이 세 가지를 묶은 넓은 의미의 '이학'은 송명대의 心性理氣를 논하는 유교철학을 가리키는 것이다. 따라서 '이학'이란 용어는 가장 좁게는 '程 · 朱의 理철학'을 가리키고, 조금 넓히면 '周 · 張 · 程 · 朱의 理 · 氣철학'을 가리키는 경우에서부터, 좀더 넓히면 오늘날 중국에서 일반적으로 사용되고 있는 용법으로서 '송명대의 철학'을 가리키는 경우와, 가장 넓게는 '중국철학'을 가리키는 경우가 있다. 이를 다시 정리해 보면, '理學'이란 용어는 크게 네 가지로 쓰이고 있다. 용어의 적용 범위가 좁은 데서 넓은 데로 나가면서 말하면, ① 그 첫째는 퇴계의 『宋季元明理學通錄』에서 주자를 첫머리에 두고 그 문하의 학맥을 중심으로 理學을 다룸으로써, 주자 중심의 理學정통에 초점을 맞추어 비중을 크게 두고 있음을 엿볼 수 있다. ② 그 둘째는 조선 말기의 寒洲 李震相이 『理學綜要』에서 理學의 범위를 宋代유학자 가운데서 陸象山의 心學을 제외하

版會, 1978)에서 '氣의 철학', '理의 철학', '心의 철학'으로 구분하고 있으나, 장횡거는 '理의 철학' 안에서 氣이론을 확립한 경우라 보고, '氣의 철학'은 明代의 羅欽順 · 湛若水 · 王廷相에서 시작하는 것으로 보았다.

고, 주렴계 · 소강절 · 장횡거 · 정명도 · 정이천 · 주자의 이른바 宋朝六賢을 중심으로 논하면서 다만 그 경전적 근원을 포함시키고 있다. ③ 그 셋째로 吳康의 『宋明理學』(臺北, 華國出版社, 1955)과 侯外盧 등이 主編한 『宋明理學史』(北京, 人民出版社, 1987) 및 蒙培元의 『理學範疇史』(北京, 인민출판사, 1989)에서는 宋明儒學과 같은 뜻으로 써서 정자 · 주자와 육상산 · 왕양명을 모두 포함하고 있는 것이다. ④ 그 넷째는 賈豊臻의 『中國理學史』에서 보이듯이 더 넓게 道家(老 · 莊)와 墨家를 비롯한 제자백가를 포함하여 天道 · 人道 및 格物致知를 논한 중국사상 전반을 理學으로 받아들이고 있다.

이 장에서는 '이학'을 오늘날 중국에서 주로 사용되는 넓은 의미의 사용법에 따라 송명대의 소강절 · 장횡거 계열의 氣철학과 정명도 · 정이천 계열의 理철학, 및 육상산 · 왕양명 계열의 心철학을 포함하는 것으로 보는 입장을 받아들인다. 곧 道學과 心學을 포괄하는 용어로 받아들이는 것이다. 따라서 용어의 혼동을 피하기 위해, 정 · 주의 理철학으로서 '이학'은 '성리학'으로 일컬음으로써, 기학 · 성리학 · 심학의 구분법으로 사용하고자 한다.[2)]

北宋시대의 장횡거와 정명도 · 정이천 형제를 거쳐 南宋시대의 주자를 통해 확립된 '도학'은 중국사회에 강력한 이념적 통합성을 부여하는 새로운 사회질서를 가능하게 하였다. 宋代의 道學은 다음 시대인 元代에 官學으로 수용된 이후로 明 · 淸시대에는 통치이념을 이루었던 것이 사실이다. 朱子에 의해 종합화하고 정립된 道學은 唐代까지 불교와 도교가 풍미하던 사회풍속을 변화시키고, 유교의 정통성을 명확하게 천명하였다. 바로 도학의 정통성은 성리학의 철학적 체계를 기초로 하면서 불교와 도교에 대한 철저한 비판의식으로서 異端배척론 곧 闢異端論이 제시됨으로써 가능하였던 것이라 할 수 있다.

그러나 도학이 정립된 주자와 같은 시대에는 이미 육상산에 의해 心卽理說

2) '性理學'이라는 용어도 '理學'처럼 좁게 사용할 수도 있고 넓게 사용할 수 있는 것은 사실이지만, 程朱學의 전통적 호칭이 '性理學'이라는 사실을 근거로 程朱의 理哲學을 가리키는 좁은 뜻의 理學으로 '성리학'의 용어를 받아들인 것이다.

의 心學이 제창됨으로써, 도학과 심학 사이에 대립적 입장이 발생하였던 것이다. 정자와 주자의 성리학은 송대에서 명대에 이르는 동안에 유학의 정통이론이 되었으나, 육상산의 학풍은 명대에 이르러 白沙 陳獻章을 거쳐 陽明 王守仁에 와서 이론적 체계를 수립하고 정·주의 성리학에 대립함으로써 양명학으로 등장하였으며, 드디어 주자학과 양명학은 중국 근세 유학의 2대 조류로 확립되기에 이르렀던 것이다.

조선사회의 주도 이념으로서 도학은 주자를 표준으로 하는 성리학을 기반으로 발전하였으며, 조선 초기에 도학의 정통성을 확립하기 위하여 정도전 등에 의한 치밀한 불교 비판작업이 수행되었다. 이어서 조선 중기에 이르러 퇴계는 철저히 주자를 도학의 표준으로 조술함으로써, 도학의 학문 수준을 높은 수준으로 끌어올리는 역할을 하였으며, 이 시기에 퇴계와 율곡을 비롯한 많은 도학자들의 활발한 성리설의 논쟁은 조선시대 도학의 전성기를 이루었다. 그러나 이 시기에는 명나라에서 양명학이 성행하였으며, 또한 조선 유학계에도 양명학의 저술과 사상 내용이 전래하여 관심의 대상으로 떠오르기 시작하였다. 퇴계의 제자 西厓 柳成龍의 「書陽明集後」에 의하면, 명종 13년(1558)에 처음으로 양명집이 우리 나라에 전래하였다 한다. 그러나 사실상 양명학의 교과서적 작품인 『傳習錄』이 처음 전래한 것은 이보다 앞서 중종 16년(1521)으로 지적되고 있다.[3)]

따라서 퇴계는 주자를 표준으로 하는 도학을 심화시키는 과정에서, 조선 초기 鄭道傳의 경우처럼 유교 바깥의 불교와 노장을 異端으로 배척하는 단계를 넘어서, 理學의 전통 안에서 氣學과 心學의 입장을 정통적 해석에 어긋나는 것

---

3) 吳鍾逸 교수의 입증에 따르면 訥齋 朴祥과 十淸軒 金世弼에 의해 1521년에 『전습록』(1518년 초간본)이 논의되었는데, 그 해가 왕양명의 50세 때였다. 이에 앞서 1517년 韓效元 등이 元子를 가르치는 글에서 呂東萊와 陸象山이 스승을 높일 것을 논한 글을 인용하였다 하니, 陸王의 心學이 중종 때 논의되고 있음을 확인할 수 있다. 유명종, 『한국의 양명학』, 동화출판공사, 1983, 13-14쪽 참조.

으로 비판하는 단계에 나아가고 있음을 주목할 필요가 있다. 그것은 주자의 主理철학을 도학의 정통으로 정립하는 작업이며, 조선시대 도학의 정통이 추구하는 학문적 기반과 나아가야 할 방향을 규정하는 작업으로서 중요한 의미가 있는 것이다. 그만큼 도학의 純正性과 정통성을 확립함으로써 조선시대 유학의 기본성격이 결정되는 중요한 계기를 이루고 있다. 다만 퇴계는 장횡거를 氣學으로 비판하는 것이 아니라 주자의 입장을 따라 도학의 정통 속에 장횡거를 받아들이고 있는 만큼 퇴계가 기학으로 비판하는 중심인물은 그의 선배였던 花潭 徐敬德을 중심으로 파악할 수 있으며, 心學으로 비판하였던 대상은 왕양명을 중심으로 파악할 수 있다. 여기서 '심학'이라는 용어는 두 가지 사용법이 있다. 하나는 육상산 · 왕양명의 心卽理說에 근본한 철학적 인식으로서의 심학이요, 다른 하나는 도학에서 심성수양론으로서의 심학으로서, 도학의 수양법으로서의 '심학'이라는 용어는 퇴계 자신도 즐겨 사용하고 있는 것이 사실이다. 그러나 여기서는 心철학으로서의 '심학'만을 가리킴으로써 혼동을 피하고자 한다.

2. 퇴계의 심학 전통에 대한 비판

퇴계가 비판의 대상으로 삼은 心學(陸王學)은 남송의 육상산과 명대의 왕양명을 중심축으로 삼고 있지만, 그 중간에 원대의 朱 · 陸 절충론자인 草廬 吳澄과 명대 心學의 선구적 인물로서 白沙 陳獻章(1428-1500) 및 그의 제자 醫閭 賀欽까지 포함하고 있다. 퇴계의 심학에 관한 비판적 논변은 바로 그의 도학적 입장과 성격을 이해하는 방법의 하나가 될 수 있으며, 또한 이를 통해 당시 조선사회에서 나타난 육상산 · 양명학의 심학에 대한 관심과 대응 태도의 주도적 양상을 확인할 수 있을 것이다.[4]

4) 퇴계의 심학-양명학 비판의 저술로는 「白沙詩教辨」, 「傳習錄論辯」, 「白沙詩教傳習

퇴계가 활약하던 명종 때에는 이미 왕양명의 저술이 국내의 지식인들 사이에 상당한 정도로 유포되고 있었던 사실이 확인되고 있으며, 퇴계 자신이 명대의 도학자인 羅欽順과 陳建 등의 육왕학에 대한 비판을 인용하고 있는 사실로 보아, 명대 유학자들의 왕양명에 대한 비판적 저술도 이미 국내에 소개되고 있었던 것이 사실이다.[5] 퇴계는 육상산에 대해 先儒들의 비판을 통하여 이미 그 오류가 충분히 알려졌음을 전제하면서도, 육상산의 심학을 "한 번에 뛰어넘고 갑자기 깨달음(頓悟)의 학문일 뿐이며, 窮理는 정신을 피로하게 하는 것으로 여겨 問學하는 공부를 하지 않으니, 불교의 不立文字하고 見性成佛하는 것과 무슨 다름이 있겠는가."[6]라 하여, 窮理와 問學의 학문을 벗어나는 것은 禪學의 頓悟에 해당하는 것이라 보아, 불교와 같은 異端이라 규정한다. 따라서 그는 유교와 불교의 경계는 털끝 같은 차이에서 갈라지는 것이라 하여, 미세한 차이의 분석에 따른 엄밀한 배척의 태도를 제시하였다.

오징이 "귀를 잡고 가르쳐 주면 글자 한 자를 모르는 범부라도 이 신묘한 경지에 나아가게 할 수 있다."고 하고, 진헌장이 이 말을 근거로 삼아 "스승의 입으로 전수해 주는 것을 얻지 못하면 끝내 스스로 깨달을 리가 없다."고 하여, 말 한 마디에서 깨달음을 강조한데 대해, 퇴계는 공부의 지속적 축적 없이 말

錄抄傳因書其後」, 「抄醫閭先生集附白沙陽明抄後復書其末」의 4편이 있다. 퇴계의 「연보」에 의하면 66세 때(1566) 「心經後論」을 지은 항목의 註에서 일찍이 「백사시교」와 『전습록』 등에 대해 논변하였다고 언급한 것으로 보아 「심경후론」보다 앞서 저술한 것으로 생각된다. 따라서 퇴계의 양명학 비판에 대한 저술은 1558년에서 1566년 사이에 이루어진 것이라 할 수 있을 것이다.

5) 高橋亨, '朝鮮의 陽明學派', 『朝鮮學報』 4, 133쪽 참조. 다카하시(高橋亨)에 의하면, 퇴계의 양명학 비판의 논지는 陳建의 『學蔀通辨』(1548년 완성)과 합치하지만, 퇴계 자신이 명종 17년(1562)까지도 『학부통변』을 못 보았던 것으로 언급하는 사실에 따르면, 왕양명의 『전습록』에 대한 비판은 퇴계의 독자적인 비판 논변이라 할 수 있는 것이라 본다.

6) 李瀷, 『李子粹語』, 권 4, '異端', "只是一超頓悟之學, 以窮理爲疲精神, 不做問學工夫, 正如釋氏不立文字 · 見性成佛何異, 此象山之所以異於吾道也."

씀을 통한 직접적 깨달음이란 禪家의 頓悟하는 기틀이요 유교에는 이러한 법이 없다 하여 거부하였다. 또한 퇴계는 '靜坐'의 문제를 검토하면서, 靜坐가 程子에서 비롯하여, 延平 李侗과 주자에 의해서 도학적 수양법(心學)의 근원이 되는 것이었음을 인정하였다. 그러나 그는 진헌장과 하흠의 경우 '정좌'는 사물을 싫어하여 禪學으로 들어가는 것이며, 스승인 진헌장이 제자인 하흠보다 선학적 학풍에 더욱 깊이 빠져들었음을 지적한다. 여기서 그는 왕양명의 경우 "선학과 같으면서 선학도 아니요, 또한 오로지 정좌만을 주장하지도 아니하여, 그 올바름을 해침이 심하다."[7]라 하여, 뒤섞이고 혼동되어 선명한 진실성이 결여된 것으로 보아 더욱 해독이 심한 것이라 배척하는 입장을 밝혔다.

퇴계는 진헌장에 대해 聖賢이 글로 훈계한 것을 완전히 폐지하지 않았고 사물의 이치를 모두 버리지 않았으므로 도학에서 크게 위반된 것은 아니지만 그가 깨달아 들어간 곳이 끝내 선학의 방법이라 규정하여, 그래도 한정적으로 비판하고 있다. 이에 비해 왕양명에 대해서는 그 학술이 크게 잘못된 것으로 보아, "그 마음은 강하고 사나우며, 스스로 자기 주장을 내세우니, 말이 장황하고 휘황찬란하여 사람으로 하여금 현혹되어 지키는 바를 잃게 하니, 仁義를 해치고 천하를 혼란시킬 자는 반드시 이 사람이 아니라 하지 못하리라."(「白沙詩教 · 傳習錄抄傳因書其後」)고 강경하게 배척함으로써, 근본적으로 비판 입장을 천명하였다.

이처럼 퇴계의 왕양명에 대한 비판은 엄격하였으며, 나아가 양명학의 핵심적 사상을 담고 있는 『전습록』을 조목별로 논박하는 「傳習錄論辯」을 저술함으로써, 왕양명의 심학에 대한 비판을 도학의 정통성을 순수하게 정립하기 위한

---

7) 『퇴계집』, 권 41, 31-32, '抄醫閭先生集, 附白沙 · 陽明抄後, 復書其末'. 이 글은 퇴계가 「延平答問」의 뒤에 진헌장의 『白沙詩教』와 왕양명의 『전습록』을 초록하여 붙이고, 그 뒤에 진헌장의 문인인 醫閭 賀欽의 문집을 초록하여 붙이고 나서, 다시 그 뒤에 자신의 논평을 붙인 글로서, 이 抄錄本은 남아 있지 않으나, 靜坐의 문제가 중심내용으로 보인다.

퇴계 자신의 중요한 당면과제의 하나로 받아들이고 있음을 알 수 있다. 그러나 퇴계의 「전습록논변」은 『전습록』 가운데 권 1의 첫머리 徐愛가 기록한 것 가운데에서 처음 몇 조목만 들어 인용하고, 이에 대한 비판을 가하고 있는 것이다. 따라서 퇴계가 『전습록』 3권의 전체를 꼼꼼히 읽고 철저하고 체계적인 논변을 전개하였던 것이라 확언하기는 어렵다.[8] 또한 퇴계의 비판이 양명학의 요지를 벗어난 것은 아니지만, 양명학의 세력과 중요성을 절감하기보다는 그 당시 처음 전래된 학설로서 양명학이 조선 사회의 학계에 충분히 섭취되지 않은 시기에 양명학의 기본입장을 변론하여 배척함으로써, 도학의 정립을 위해 경계로 삼았던 것이라 하겠다.

3. 양명학 비판의 논리

퇴계는 「전습록논변」에서 『전습록』의 처음 몇 구절을 인용하여 왕양명의 심학을 비판하고 있는데, 이를 4단으로 나누고 있다. 그는 「전습록논변」의 제목 아래에, "이제 몇 단을 들어 변론하여 그 나머지를 겸한다."고 하여, 선택한 조목이 모든 문제를 열거한 것이 아니라, 기본문제를 통해 양명학의 전체적 비판을 시도한 것임을 보여 준다.

① 『대학』의 3강령 가운데 '在親民'에서 정자가 '親'자를 '新'자로 고치고 주자가 『대학장구』에서 이를 확인한데 대하여, 왕양명이 '親'자가 옳다고 주장함으로써 『古本大學』을 재확인하였던 사실에 대해 비판하고 있다.

『전습록』에서 제자 徐愛가 스승 왕양명과 '親民'에 대하여 문답하면서, 왕양명은 '在親民'을 '在新民'으로 고치는 것이 부당한 이유를 두 가지로 들고

8) 유명종 교수(『한국의 양명학』, 14쪽)에 의하면 『傳習錄』의 戊寅(1518) 初刊本에는 현행본보다 薛侃의 기록 30條가 없는 것이라 하니, 퇴계가 읽고 비판한 『전습록』이 戊寅刊本의 卷 1에 해당하는 것이었을 가능성도 있다.

있다. 그 하나는 '在新民'이라 고쳤을 때 '新'자의 뜻은 『대학장구』, 전 2장에서 말한 '作新民'(스스로 새로워지는 백성을 진작시킨다)의 '新'자와 뜻이 다르다고 지적하였다. 곧 왕양명은 '在新民'의 '新'은 주자에 의하면 군자가 백성에게 옛날에 물든 것(舊染)을 제거하도록 하는 것을 뜻하나, '作新民'의 '新'자는 '스스로 새로워진다'(自新)의 뜻을 갖는 것이라 대비시킴으로써, 서로 통할 수 없음을 지적한다. 다른 하나는 '新民'에 상응하여야 할 治國·平天下의 조목에 '新'字의 뜻이 계발되지 않고 있다는 사실을 지적한다. 따라서 왕양명은 '親'자의 뜻은 『대학』에서 "군자는 어진 이를 어질게 여기고 어버이를 친애한다." 하고, "갓난 아이를 보살피듯 한다."고 하며, "즐거웁다 군자여, 백성의 부모로다."라고 한 구절에서 볼 수 있듯이 모두 '친애'의 뜻임을 입증하고, 나아가 맹자의 "어버이를 친애하고 백성에 어질다."는 말이나, 공자의 "자신을 닦아 백성을 편안하게 한다."는 말이 바로 '親民'의 뜻이라 확인한다. 따라서 그는 '親民'이라 말하면 '가르치고 기른다'(敎養)의 뜻이 아울러 있지만, '新民'이라 하면 '깨우친다'(覺)는 뜻에 치우쳐 있는 것이라 하여, '新'字로 고치는 것이 부당하며 치우친 것임을 강조하고 있다.

이에 대해 퇴계는, 『대학』에서 '明明德'(밝은 덕을 밝힌다)이라고 한 것은 자신이 배움으로 말미암아 그 덕을 밝히는 것이요, '新民'(백성을 새롭게 한다)이라는 것은 자기의 배움을 백성에까지 미루어 백성으로 하여금 그 德을 새롭게 하는 것을 뜻한다고 해석하여, 양쪽은 모두 배움(學)의 뜻을 지닌 것으로 일관되는 것이요, 기른다(養)거나 친애한다(親)는 뜻은 처음부터 서로 상관함이 없는 것이라 역설한다. 따라서 그는 "왕양명이 감히 방자하게 先儒의 定論을 배제하고, 여러 학설의 방불한 것들을 망령되이 끌어다가 견강부회하기를 조금도 거리낌이 없이 하니, 그 학문의 어긋남과 마음의 병통을 볼 수 있다. 이로 말미암아 찾아보면 온갖 거칠고 어긋남이 모두 이 병통에서 나오는 것이다."고 하여, 왕양명의 입장을 先儒의 定論에 어긋나는 것으로 격렬하게 비판하고 있다.

여기서 양명의 관점은 경전의 문맥에 논거를 찾고 있다면, 퇴계의 관점은 程·朱의 이론을 변호하는 입장이다. 왕양명의 '親民說'은 친애의 직접적인 정감과 그 실천을 요점으로 하는데 비하여, 퇴계는 주자의 '新民說'을 따라 學을 통해 자신의 德을 계발하고 백성의 德을 끌어올리는 점진적인 학문과정과 교육적 실천방법을 요령으로 삼고 있다. 이 두 가지 방법은 두 가지 평행하는 시각으로서, 어느 쪽이 옳다고 단정할 수 없는 것이다. 따라서 퇴계의 양명학 비판은 주자학 전통의 도학적 세계관을 확신하고 이를 수호하기 위해 배척하는 태도를 보여 주는 것이며, 그만큼 논리적 분석을 심화시켜 가는 것이 아니라 격렬한 배척의 거부태도를 천명하는 것이라 할 수 있다.

② 왕양명이 사물에서 '理'를 구하는 것을 부정하고, 마음 바깥에 이치가 없다 하여, 오직 마음에서만 이치를 찾을 것을 요구하는 '心卽理說'에 대해 비판하고 있다.

왕양명은 '심즉리설'을 내세워 천하에는 마음 바깥에 일이 없고 마음 바깥에 이치가 없다는 철저한 唯心論을 주장한다. 이에 제자 徐愛가 부모를 섬기는 孝나 임금을 섬기는 忠의 많은 이치가 대상과의 관계에서 객관적으로 존재하는 것이 아니냐는 반문을 받자, 왕양명은 孝와 忠을 이루지 못하면 부모에게서 孝의 이치를 구하기를 버리고, 임금에서 忠의 이치를 구하기를 버리도록 요구한다. 모두가 다만 마음에 있으며, 마음이 곧 이치임을 재확인한다. 여기서 왕양명은 마음에 사욕의 가리움이 없으면 곧 천리이니, 밖에서 일분이라도 첨가하지 않아서, 이 천리의 마음에 순수함으로써, 부모를 섬기는 데 발동하면 곧 孝가 되고, 임금을 섬기는 데 발동하면 곧 충이 된다는 것이다. 따라서 모든 행위규범의 이치는 대상에서 찾을 것이 아니라 인욕을 제거하고 천리를 간직하는 데 노력함으로써 얻을 수 있는 것이라 한다.

또한 부모를 섬길 때 겨울에는 따뜻하게 해 드리고 여름에는 서늘하게 해 드리며, 밤에는 자리를 보아 드리고 새벽에는 문안하는 등 많은 儀節의 조목을 살펴야 한다는 데는 왕양명도 찬성하고 있다. 다만 그는 이 마음에 나아가서 인욕을 버리고 천리를 간직할 것을 강구하도록 요구하며, 이 마음에 인욕이 없고 천리가 순수하다면, 이것이 부모에게 孝하는 마음에 정성스러운 것이므로, 의절의 조목들은 저절로 이루어진다고 보았다. 여기서 왕양명은 효도에 정성스러운 마음이 근본이고 의절의 조목은 지엽이므로, 먼저 근본이 있은 다음에 지엽이 있는 것이요, 먼저 지엽을 찾고 나서 근본을 버리는 것은 옳지 않다고 강조한다.

퇴계는 왕양명의 '心卽理' 라는 근본명제에는 별다른 관심을 보이지 않고, 왕양명의 자세한 논증에 대해 한 마디로, "본래는 窮理工夫를 논하는 것인데, 뒤집어 實踐功效에 나아가 뒤섞어 말하였다."고 규정하는 것으로 그쳤다. 그것은 의례의 절도를 밝히는 대상적 인식의 문제를 주체적 실천과 그 성과의 문제로 바꾸어 뒤섞어 놓고 있다는 비판이다.

왕양명은 사물에 내재하는 대상적 이치를 부정하므로, 궁리하는 대상도 객관적 外物이 아니라 자신의 本心을 밝히는 것이요, 그 마음에서 인욕의 은폐를 제거하고 천리를 드러내는 것이 바로 致良知의 방법으로 제시되고 있다. 퇴계는 이 점을 명백히 인식하여 왕양명에게는 궁리공부가 결핍되고 곧바로 실천공효의 문제로 들어감으로써, 혼동시키는 것이라 지적하였던 것이다. 그것은 마음과 사물이 만나는 궁리의 공부라는 學의 과정을 통하여 실천과 공효를 추구하는 퇴계의 도학적 입장이 마음을 통해 천리를 밝힘으로써 외물에 대응하려는 왕양명의 입장과 방법상의 중요한 차이를 드러내는 것임을 알 수 있다. 궁리공부의 대상적 인식단계를 기초로 하여 마음의 참된 자각을 실현하고자 하는, 곧 格物 · 致知에서 誠意 · 正心으로 나가는 『대학』의 순서를 중시하는 도학적 입장에서 본다면, 誠意 · 正心을 중심축으로 삼아 실천으로 나가는 왕양명의 心學은 『대학』의 올바른 순서를 지키지 않는 것이라 할 수 있다.

또한 오늘날 양명학의 핵심문제의 하나라고 제시되는 '格物致知' 와 '致良知' 의 문제가 퇴계에 의해 직접 언급되지 않고 있음을 유의할 필요가 있다. 그것은 주자가 '格物' 에서 格을 '至' 의 뜻으로 보아, '사물의 이치를 궁구하여 그 극처에 이르지 않음이 없다.'(窮至事物之理, 欲其極處無不到也)고 해석하여 객관적 지식의 인식방법으로 제시하는 것과 달리, 왕양명은 格을 '正'의 뜻으로 보아, '마음의 바르지 못함을 제거하여 그 본체의 바름을 온전히 하는 것'(去其心之不正, 以全其本體之正)이라 해석하여 마음의 본체를 온전하게 실현하는 마음의 것으로 인식과 실천이 통합되어 있는 것이다. 왕양명에 의하면 格物致知의 개념을 주자는 '사물에 나아가서 이치를 궁구하는 것'(卽物而窮其理)이라 하여, 心과 理를 둘로 나누어 놓는다고 지적하며, 그 자신은 '사물 하나 하나에서 내 마음의 良知를 이루는 것'(致吾心之良知於事事物物也)이라 하여, 내 마음에서 良知인 天理를 이루면 사물도 그 이치를 얻을 수 있는 것이라 하여, 心과 理가 하나임을 확인한다.[9)]

이러한 왕양명의 格物致知說 내지 致良知說에 대한 퇴계의 직접적 검토는 없었지만, 그 비판논리의 연장선에서 보면, 궁리공부의 단계를 뛰어넘어 실천공효의 단계에서 궁리공부까지 뒤섞어 혼동하는 것으로 지적할 수 있을 것이다. 마찬가지로 心을 理와 氣의 결합으로 보는 퇴계의 입장에서 心을 理와 일치시키는 왕양명의 주장에 대한 비판도 유추해 볼 수 있다. 곧 心卽理는 心의 본체에서 말하면 성립할 수 있는 것임을 퇴계의 입장에서도 인정할 수 있지만, 그러나 퇴계는 心에 理·氣가 복합되어 있는 현상의 인식을 반드시 거쳐서 心의 본체를 인식하는 데 나가도록 요구하는 방법적 입장을 취하고 있다. 따라서 그는 왕양명이 공부와 인식의 과정을 무시하고 직접 본체에 나가 말하는 것을 뒤섞어 놓은 이론(袞說)이라 비판하고 있는 것이다.

③ 왕양명에 의하면 마음에서 天理의 지극함을 순수하게 하지 않고 사물이나 의례의 절도에서 마땅함을 구하는 것을 至善이라 하는 것은 마치 배우(分戱子)가 의례의 절도에 맞게 꾸며서 행하는 것을 至善이라 하는 것과 같다고

---

9) 『傳習錄』, 권 2, "致吾心良知之天理於事事物物, 則事事物物, 皆得其理矣, 致吾心之良知者, 致知也, 事事物物, 皆得其理者, 格物也, 是合心與理而爲一者也."

언급하고 있다. 이에 대한 퇴계의 비판이 있다.

왕양명은 제자 鄭朝朔의 질문에 대답하면서, 부모를 섬기는 데 겨울에 따듯하게 해 드리고 여름에 서늘하게 해 드리는 절목이나 봉양의 마땅한 의례 절도는 하루 이틀이면 모두 터득할 수 있는 것이니, 이 의례의 절도를 익히기 위해 배우고 묻고 생각하고 분변하는(學 · 問 · 思 · 辨) 공부가 필요한 것이 아니라, 이 마음에서 천리의 지극함을 순수하게 하는 데 배우고 묻고 생각하고 분변하는 공부가 필요한 것임을 강조한다. 따라서 밖으로 드러난 의례의 절도는 같아도 효의 마음이 진실한 자식과 꾸며서 행하는 배우는 그 마음에서 전혀 다른 것임을 지적함으로써, 객관적 儀節性을 중시하는 주자의 입장을 비판하고 자신의 심학적 입장을 확인하고 있다.

퇴계는 이에 대해 우선 왕양명의 주장처럼 마음에 근본을 두지 않고 외형의 의절만 강구하는 자는 배우와 다름이 없다고 시인하였다. 그러나 '백성의 떳떳한 본성과 사물의 법칙'(民彝物則)이라는 내면의 심성과 대상의 법칙이 모두 하늘이 내려 준 참되고 지극한 이치임을 지적하여, 대상적 사물의 이치를 찾는 일을 거부한 양명의 심학적 전제를 비판하였다. 또한 그는 "敬을 주장하여 (마음의) 근본을 세우고, (사물의) 이치를 궁구하여 앎을 이룬다."(主敬以立其本, 窮理以致其知)라고 한 주자의 말에 근거하여, 마음에 敬을 주재로 삼아 사물의 참되고 지극한 이치를 궁구하면, 마음이 이치와 의리에 밝아져서, 안과 밖이 하나가 되어 통하고, 크고 작은 것이 일치하는 합일의 경지에 이르게 된다고 지적한다. 따라서 먼저 마음의 근본을 확립하되 대상으로서 사물의 이치를 탐구하는 객관적 인식의 단계를 심화시킨 다음에 안과 밖 곧 주체의 마음과 대상의 이치가 하나가 될 수 있지, 처음부터 마음이 이치로 확인될 수는 없음을 명확히 밝히고 있다. 이러한 일치의 단계에서 誠意 · 正心 · 修身을 하고 미루어 나아가 齊家 · 治國 · 平天下를 수행하는 것을 겉으로 꾸미는 배우라고는 할 수 없음을 강조한다.

여기서 퇴계는 도학의 진리관은 객관적인 참된 이치가 내 마음에 본래 갖추고 있는 이치와 일치하는 것이며, 강학하고 궁리하는 공부가 바로 본심의 體를 밝히고 본심의 用을 통달하게 하는 방법이라 보는 주체와 객체의 통일적 진리관임을 제시하였다. 따라서 퇴계는 왕양명이 이러한 도학의 주객통일적 진리관을 이해하지 못하고, 다만 바깥의 사물이 마음에 얽히는 것을 염려하여, 모든 사물을 쓸어내고 本心에 끌어들여 뒤섞어 말하는 주관주의적 유심론에 빠져 있는 것으로 비판하였던 것이다. 또한 그는 이러한 왕양명의 심학이 불교의 견해와 다르지 않은데도, 왕양명이 불교를 비판하고 있는 사실은 자신을 속이고 남을 속이는 것이라 공박하고 있다. 더구나 왕양명의 제자 徐愛가 "말씀을 듣자 곧 깨달았다."(言下有省)라고 말하는 것은 禪學의 頓悟와 같은 태도로 보아, 탄식하였던 것이다.

④ 왕양명의 중심이론의 하나인 知行合一說에 대해 퇴계는 열거한 네 가지 조목가운데 가장 상세한 비판을 하고 있다.

퇴계는 양명학이 "오늘날 사람들은 강습하고 토론하여 진리를 알기를 기다려서 행하는 공부를 하려 하니, 마침내 종신토록 알지도 못하고 행하지도 못한다."고 하여, 도학의 先知後行論에 근거한 학문방법을 비판하고 있는데 대해, 왕양명의 이 말은 말단의 학문에 젖어 귀로 들은 것을 입으로 말하기만 일삼는 폐단을 절실하게 지적한 것으로 일단 인정하였지만, 폐단을 고치기 위해 억지로 파고들어 지행합일론을 내세운 것은 근본적으로 잘못된 것이라 반박함으로써, 도학의 근본정신과 말단의 폐단을 분리시키고 있다. 퇴계의 지행합일설에 대한 비판은 크게 보면 두 가지 논점으로 구분해 볼 수 있다.

그 하나는 형기와 의리에 따른 지·행을 분별하는 것이다. 왕양명이 『대학』의 "아름다운 女色을 좋아하듯이, 나쁜 냄새를 싫어하듯이"(如好好色, 如惡惡臭)라는 구절을 들어 지행합일의 증거로 삼고 있는데 대해, 퇴계는 공자의 말씀에서 "나는 아직 德을 좋아하기를 아름다운 여인을 좋아함과 같이 하는 이를 보지 못하였다."(『논어』, 「子罕」) 하고, "나는 아직 不仁을 미워하는 사람을 보지 못하였다."(『논어』, 「里仁」)는 말을 인용하여, 知와 行이 일치하지 않는 증거로 삼아 대비시켰다. 여기서 퇴계는 아름다운 여색을 보고 아는 것은 곧 좋아하는 행위로 지 · 행이 일치하겠지만, 善을 보고 좋아하기를 아름다운 여색을 보고 좋아하듯이 할 수는 없는 것임을 지적한다. 따라서 그는 사람의 마음이 形氣에서 발동하는 것과 義理에서 발동하는 것을 구분함으로써, 왕양명의 지행합일설을 형기에서 발동한 마음만을 가리키는 것으로 한정짓고 있다.

곧 퇴계는 形氣에서 발동한 마음은 '배우지 않고도 저절로 알고 힘쓰지 않고도 저절로 행할 수 있는 것'이므로, 行이 知에 깃들어 있다고 할 수 있다 하여, 지행합일설이 성립할 수 있는 범위를 형기에서 오는 마음으로 한정하였다. 그러나 義理에서 발동하는 것은 '배우지 않으면 알 수 없고 힘쓰지 않으면 행할 수 없는 것'이므로, 선을 보고도 선인줄 모르는 자가 있고, 선을 알고도 선을 마음으로 좋아하지 않는 자도 있다는 것이다. 따라서 그는 『대학』에서 "아름다운 女色을 좋아하듯이"라고 말한 의도를 形氣에서 나온 마음의 속과 겉(지와 행)이 한결 같은 사실을 빌어서, 의리의 마음에서도 지와 행이 일치하도록 권면하는 것이라 지적함으로써, 왕양명이 형기에서 따른 지 · 행으로 의리에 따른 지 · 행을 설명하려고 하는 것은 중대한 오류라고 비판하고 있다.

퇴계는 의리에 있어서의 지 · 행의 관계를 분석하여, "지와 행을 합하여 말하면 모름지기 서로 병행하여 하나도 빠뜨릴 수 없는 것이요, 나누어 말하면 知를 行이라 할 수 없으니, 行을 知라 할 수 없는 것과 같다. 어찌 합하여 하나라 할 수 있겠는가."[10]라고 언명함으로써, 병행하지만 구별되는 것임을 명백하게 밝히고 있다.

또한 아프고 가려우며 주리고 배고픔을 아는 것을 성품으로 삼는 것은 '타고난 것을 성이라 한다.'(生之謂性)는 告子의 주장과 같은 것이라 하여, 양명

---

10) 『퇴계집』, 권 41, 28, '전습록논변', "義理之知行, 合而言之, 固相須竝行, 而不可缺一, 分而言之, 知不可謂之行, 猶行不可謂之知也, 豈可合而爲一乎."

이 심성을 형기에서 보는 것으로 비판하고 있다. 이에 따라 퇴계는 왕양명이 들고 있는 증거가 모두 血氣와 人心의 범위 안에 있는 것이라 지적하고, 義理와 道心을 떠나서 지·행을 논하는 것은 禽獸에게도 가능한 것이며, 학문으로서 성립할 근거를 상실한 것이라 비판하고 있는 것이다.

그 둘째는 마음과 사물이 관통하고 지와 행이 일관하는 성인의 학문방법과 마음 안에서 지·행을 뒤섞고 있는 왕양명의 학문방법을 대비시켜, 성인의 학문에 어긋남을 비판하는 것이다. 퇴계는 聖賢의 학문을 마음에 근본하며 사물에 관통하므로 선을 좋아하면 마음으로만 좋아하지 않고 반드시 행위와 일에서 선을 이루는 것이라 하여, 마음과 사물이 일관하고 知가 行으로 실현되는 것이라고 제시한다. 이에 반하여 왕양명의 견해는 본심에만 오로지 하여 털끝만큼이라도 밖으로 사물에 간섭하기를 두려워하므로, 단지 본심에 나아가서 지와 행이 하나라고 뒤섞어 말하는 것이라 규정하여 왕양명이 성인의 학문에 어긋남을 지적한다.

또한 그는 양명이 마음에 진실로 아름다운 여색을 좋아한다면 혼인하지 않고 인륜을 저버리더라도 아름다운 여색을 좋아한다고 할 수 있는지를 반문하여, 形氣에 따르기만 하고 의리를 배제한 경우는 지·행이 일치한다는 것이 정당성을 잃는 것임을 지적하여 비판하였다. 나아가 왕양명이 지와 행을 나누지 않는 것을 지·행의 본체라 하고, 지·행을 나누는 것을 사사로운 생각이 가로막힌 것이라 언급한데 대하여, "옛 성현이 지와 행을 (나누어 말한 것을) 모두 사사로운 생각이라 할 수 있겠는가."라 반문하여, 왕양명이 성현의 전통에 어긋나는 것임을 지적하고 있다.

4. 양명학 비판의 기본성격

퇴계가 양명학-심학을 비판하는 입장의 전반적 성격은 한 마디로 왕양명을 불교와 같은 이단으로 규정하여 배척하는 것이다. 퇴계는 심학이 육상산에서 진백사를 거쳐 왕양명으로 일관되게 계승되어 온 학파임을 명백히 인식하였으며, 이에 따라 그의 몇 편의 변론을 통해 육상산·왕양명의 심학을 비판하고 있다. 그의 논변이 지닌 비판의 초점은 결국 육상산에서 왕양명으로 이어지는 일련의 심학 전통이 모두 本心을 宗旨로 하는 것이며, 아무리 스스로 불교를 비판한다 하더라도 결국 禪學과 동일한 것이라 규정하는 것이다. 따라서 성리학의 성립과 더불어 체계화되었던 불교 비판의 이론을 다시 반복할 필요없이 그대로 양명학에 대한 비판으로도 적용하고 있다. 그러나 양명학이 유학의 일파로서 더욱이 주자학보다 후기에 발생한 것임을 인식한다면 불교와의 차이점을 지적하여야 할 뿐 아니라, 양명학이 발생하게 된 사상사적 배경에 대한 이해가 필요한 것이 사실이다.

퇴계의 비판에는 몇 개의 구절에서 왕양명의 언급이 한정된 의미에서 긍정적 의미를 지니는 것으로 언급하고 있다. 그러나 이러한 긍정적 언급은 왕양명의 입장을 더욱 깊이 이해하는 길로 풀어 가려는 것이 아니라, 주자학의 체계를 표준으로 정립하는 입장에서, 양명학이 지닌 한계를 규정하고, 나아가 근원적 오류를 지니는 것으로 비판하는 데 초점이 맞추어져 있는 것이 사실이다. 따라서 왕양명의 어떠한 견해도 끝내는 비판과 배척의 대상으로 확인될 뿐이요, 수용의 여지를 남겨 두지 않는다.

그는 왕양명의 인물을 평하여 "학술이 치우치고 어긋나며, 그 마음이 억세고 비뚤어져 제멋대로 하고, 그 변론이 장황하게 떨쳐 번쩍거려서, 사람들로 하여금 현혹되게 하고 지키는 바를 잃게 하니, 仁義를 해치고 천하를 어지럽히는 것은 이 사람이 아닐 수 없다."고 함으로써, 양명학이 학자들을 현혹하고 진리를 왜곡하며 천하를 어지럽히는 이단적 邪說임을 밝히고 있다. 또한 퇴계는 왕양명이 주자의 설을 배격하려고 주자의 설을 洪水나 猛獸의 재앙처럼 여겼고, 번거러운 문장의 폐단을 제거하기 위하여 진시황이 경전을 불태웠던 사건을 공자가 옛 글에서 잡다한 것을 깎아 내어 바른 글을 서술하여 六經을 확정한 것과 같은 뜻으로 보았다 하여, 왕양명을 한 마디로 미친 사람으로 규정하였다. 그는 "만약 이 사람으로 하여금 임금을 만나서 그 뜻을 행하게 하면, 유교(斯文)와 이 세상에 끼치는 재앙이 秦나라 때보다 더 맹렬할 것이다."고 하여 그의 극단적 배격 입장을 밝히고 있다.

5. 心學 비판의 의의

퇴계가 유교 안에서 수행한 양명학-심학 비판은 조선시대 도학의 기본 성격으로서 정통주의적 이념을 이 시대에 천명한 것으로서, 조선 초기에 정도전이 유교 바깥의 불교를 비판한 것과 상응하는 것이라 할 수 있다. 곧 정도전의 불교 비판은 조선 건국 초기에 광범하게 가로놓인 불교의 사상적 · 사회적 기반을 극복하고 도학의 이념을 사회적으로 정립하기 위한 것이었다면, 퇴계의 심학 비판은 조선 중기의 도학이념을 확고하게 정립시키고 확산하는 데 새로운 장애로 등장하는 육상산 · 왕양명의 심학이 지닌 위험요인을 사전에 제거하는 작업이라 할 수 있다. 이런 의미에서 퇴계의 심학 비판은 그만큼 퇴계가 그 시대에서 도학의 정통이념을 확립하고자 하는 사명의식을 발휘하였던 것으로 보아야 할 것이다. 또한 퇴계는 심학 비판을 통하여 조선시대 주자학을 정통으로 하는 도학을 純正하게 지향하였던 것이요, 여기에 그의 비판정신이 지닌 핵심적 특성을 확인할 수 있다.

이러한 퇴계의 심학-양명학 비판이 조선 후기 사회에 미친 영향은 광범하였다. 사실상 퇴계는 양명학이 조선사회에 수용되어 확산을 위해 꿈틀거리는 초기에 철저하게 정곡을 찌르는 비판을 가함으로써, 그 이후 조선사회에서 양명학-심학이 성장 · 확산하는 데 그 근원에서부터 막는 역할을 수행하였던 것이다. 당시 중국의 명대 유학자들 사이에 양명학이 광범하게 확산되었고, 그 문화적 압박은 조선사회에 심각하게 파고들어 왔던 것이 사실이다. 조선에 왔던 명나라 사신이 율곡에게 주자학을 벗어난 글을 짓도록 요구하기도 하였고, 임진왜란 동안에 조선에 왔던 명나라 사신들이 우리 나라 문묘에 육상산 · 왕양명을 배향하도록 요구하는 압박도 높았지만, 당시 조선에서는 끝내 이를 막아낼 수 있을 만큼 도학적 이념을 정립하고 있었던 것이다. 실질적으로 중국은 물론이요 일본에서도 양명학이 상당히 융성하였지만, 조선 후기 사회에 양명학이 표면에 공개적으로 등장할 수 없었던 것은 퇴계의 심학 비판으로부터 직접 · 간접의 영향이 미쳤던 것으로 볼 수 있다.

물론 양명학은 새로운 사상조류로 조선사회에 침투하면서, 유학자들 사이에는 이를 연구하고 심학에 깊은 관심을 보인 인물들이 상당수 나타나기 시작한 것도 사실이다. 조선 후기에 張維와 崔明吉이 양명학에 상당히 적극적인 호의를 가졌던 인물이라면, 그 뒤로 霞谷 鄭齊斗에 이르러 조선사회에 본격적인 양명학자가 출현하였으며, 그를 시조로 삼는 이른바 '江華학파'로서 양명학파가 성립되기에 이르렀다. 그러나 이들 사이에도 양명학을 표방하는 표면적인 활동은 거의 찾아보기 어려웠다. 조선 후기에 오면 양명학은 오히려 도학을 벗어나기 시작하는 새로운 사상조류로서 실학자들 사이에 비교적 관심이 높았고 활발하게 논의되었던 것이 사실이다. 茶山 丁若鏞에 있어서도 그의 경학 연구에 양명학의 학설이 많이 도입되고 있음을 볼 수 있다. 그러나 이들은 양명학을 학문적 표준의 하나로 받아들인 것이 아니라, 실학의 개방된 학문정신에서 자신의 이론을 뒷받침하기 위해 자유롭게 활용하였을 뿐이다. 양명학이 공개적으로 그 입장을 표방하기 시작한 것은 최근세에 조선왕조의 붕괴 이후 朴殷植이나 鄭寅普에 의해서였다. 그만큼 조선시대는 철저히 도학의 정통정신이 지배하였고, 西學의 침투나 서양무력의 압박에도 도학적 정통정신이 그 순수성을 지키기 위해 철저한 투쟁을 하였던 것이다.

이러한 도학적 정통의식은 긍정적 의미만 있는 것이 아니라 부정적 의미도 크다. 학문의 발전을 위해 항상 다양성이 요구되는데, 그 다양성을 용납할 수 없는 논리가 바로 정통의식이었다. 이런 의미에서 퇴계의 심학-양명학 비판도 객관적으로 재검토될 여지는 있다. 그러나 퇴계의 심학 비판은 도학의 정립과 그 철저한 심화를 추구하는 과정의 산물이기에, 그만큼 한국도학의 독자적 특성을 형성하는 데 중요한 역할을 하였던 사실에 주목할 필요가 있다.

제9장 퇴계의 天개념과 天人관계론

1. 문제의 의미

"道의 큰 근원은 하늘에서 나온다."(道之大源, 出於天)라는 董仲舒의 유명한 말은 우리가 유학사상의 근원을 이해하고자 한다면 반드시 天(하늘)의 의미를 묻지 않을 수 없음을 다시금 깨우쳐 주는 것이다. 마찬가지로 퇴계의 사상이 지닌 궁극적 세계와 근본적인 과제를 이해하기 위해서도 天개념의 인식이 필수적으로 요구되고 있는 것이 사실이다. 퇴계 자신은 「戊辰六條疏」에서 "道術은 天命에서 나와서 人倫에 행하여지는 것으로, 天下와 古今이 다 같이 말미암은 바의 길이다."(道術出於天命, 而行於彝倫, 天下古今所共由之路也)라 언명하여, 유교적 진리와 실천방법으로서의 '道術'이란 天命에 근원하는 것이요, 그 天命이 人倫으로 인간사회에 실현되는 것임을 확인하고 있다. 古今의 어느 시대에서나 天下의 어느 곳에서나 이 道術의 길을 따라가야 한다는 것은 바로 天命을 따르고 人倫을 실현하는 것임을 의미한다.

天개념의 이해에서 가장 중요한 문제는 天을 그 자체로서만 설명하는 것은 관념적이고 추상적인 개념에 빠지기 쉬운 어려움이 있다는 것이다. 따라서 퇴계에 있어서 天존재의 이해는 현실세계의 존재로서 인간을 통해 해명되는 사실을 주목할 필요가 있다. 곧 天을 비추어 주는 거울로서 인간존재의 새로운 발견이 중시되는 것이다. 그것은 天과 인간의 관계를 통하여 가장 생생하게 天 존재를 해명할 수 있는 것으로 본다. 결론적으로 말하면 하늘과 인간의 사이에는 그 존재구조의 본질에서 서로 일치성을 확인하고 있지만, 동시에 하늘과 인간이 서로 마주하여 명령하고 명령받는 긴장된 관계로 이해되고 있으며, 나아가 하늘과 인간은 서로의 의미를 상대방에 비추어 줌으로써 밝힐 수 있는 깊은 상관관계를 전제로 하고 있는 것이다.

程伊川은 『易傳』에서 "하늘은 오로지 하나로 말하면 '道'라 하고, 형체로 말하면 '天'이라 하고, 性情으로 말하면 '乾'이라 하고, 主宰로 말하면 '帝'(上帝)라 하고, 功用으로 말하면 '鬼神'이라 하고, 妙用으로 말하면 '神'이라 한다."라 하였는데, 퇴계는 조카 寯의 질문에 답하면서 이들 모두가 天地의 造化로서 가리켜 말하는 바에 따라 명칭이 다른 것일 뿐이라 밝히고 있다. 여기서 그는 道 · 天 · 乾 · 帝(上帝) · 鬼神 · 神의 여러 명칭들을 하나의 '天地의 造化'라는 현상을 가리키는 것이라 묶음으로써, '天地의 造化' 곧 우주의 생성변화 현상 속에서 궁극존재의 본질, 형상, 지위, 성질 및 능력과 발현의 다양한 양상에 따른 명칭으로 보고 있는 것이다. 이에 따라 그는 운행으로 드러나는 당위성으로서의 '道'와 인격적 主宰者로서의 '上帝'와 초월적인 자연적 대상으로서의 '天'과 인간의 지식으로는 헤아릴 수 없는 힘으로서의 '神' 내지 '鬼神'을 하나의 궁극존재에 대한 다른 명칭으로 확인하고 있다.

퇴계의 성리학적 이론을 대표하는 핵심적 문제이었던 四端七情論도 인간의 감정이 발생하는 근원을 理 · 氣개념으로 해명한 것이며, 인간의 性情에서 理 · 氣의 근원을 밝히는 것은 바로 天理와 氣質의 문제로 귀결되는 것이다. 따라서 四端七情論도 결국 天人관계의 문제와 긴밀하게 연결되어 있다.

退溪는 天개념을 논의하면서 性理學의 理氣개념을 그 인식의 기초에 받아들이고 있다. 곧 그는 天을 理로 제시하며 동시에 太極도 理로 파악함으로써, 天과 太極을 보편적 근원이요 당위적 원리로서 理개념과 일치시키고 있다. 따라서 上帝 · 天 · 天命 · 太極 · 理 · 道 등의 궁극존재에 대한 다양한 명칭들이 모두 같은 하나의 존재에 대한 다른 이름으로 파악되고 있음을 보여 준다. 그러나 그는 궁극존재의 명칭에 따른 다양한 양상들을 理개념으로 환원시키는 것이 아니라 理개념의 근원성 · 보편성을 통해 궁극존재의 성격을 해명하는 데 중점을 두고 있다. 그만큼 그는 궁극적 존재의 다양성을 더욱 선명하게 드러냄으로써, 天개념을 더욱 풍부하고 구체적으로 제시하였던 것이다.

2. 태극과 천명

퇴계는 태극이 動 · 靜하고 天命이 流行하는 현상의 근거를 설명하면서, "태극에 動 · 靜이 있는 것은 태극이 스스로 동 · 정하는 것이요, 천명이 流行하는 것은 천명이 스스로 유행하는 것이다."[1]라 하여, 이러한 작용을 시키는 근원적 존재가 태극이나 천명의 뒤에 또 있을 수 없음을 확인하고 있다. 그러나 無極(태극)과 음양 · 오행이 오묘히 결합하고 엉겨서 만물을 造化하고 生成하는 현상에 나아가 본다면 主宰하고 運用하는 존재가 있는 것으로 보이며, 그 존재를 上帝로 일컫는 사실을 들고 있다. 따라서 그는 '태극'을 造化와 生成의 근원으로, '천명'을 유행의 근원으로 제시하며, 그 '태극'과 '천명'의 존재를 조화하고 유행하는 현상에서 인식되는 주재자로서 '상제'의 존재와 일치시키고 있다. 또한 퇴계는 태극이 동 · 정하고 천명이 유행하는 현상을 理 · 氣개념으로 설명하면서, 理와 氣가 결합하여 그 신묘한 작용이 사물을 명령하는 것이라 파악하였다. 이에 따라 그는 李達 · 李天機에게 보낸 답장에서 궁극적 근원으로서 '태극'과 '천명'을 理개념으로 이해하며, 理의 근원적 절대성을 확인하여, "이 理는 지극히 존귀하고 상대가 없으니, 사물을 명령할 뿐, 사물로부터 명령을 받지 않기 때문이다."(此理極尊無對, 命物而不命於物故也)라 천명하였던

1) 『退溪集』, 권 13, 17, '答李達李天機'.

것이다.

또한 그는 南彦紀에게 보낸 편지(答南張甫)에서 무극 · 태극의 '極'이 '極에 이르다'(極至)는 뜻과 더불어 標準의 뜻을 아울러 가지고 있음을 강조하고, 표준으로서의 '極'이란 '中道에 서 있으니 사방에서 그 정대함을 취한다.'(中立而四方之所取正)는 뜻이라 확인하고 있다.

나아가 그는 邵康節이 말한 "마음이 태극이 된다."(心爲太極)라는 것은 周濂溪가 「태극도설」에서 말한 '人極'을 가리키는 것이라 파악하고 있다. 여기서 그는 이 '人極'의 뜻을 정밀하게 해석하여, 전반적 규정으로서 "사물과 내가 없고, 안과 밖이 없으며, 구분과 단계가 없고, 方所와 定體가 없는 것"이라 하여, 통합된 전체(統體)로서 모든 분별을 넘어서 있는 태극개념으로 제시하였다. 또한 그는 이 마음의 태극인 '人極'이 고요할 때와 활동할 때의 양상을 규정하고 있다. 곧 고요할 때는 "혼연하여 온전히 갖추고 있어서 하나의 근본이 되며, 진실로 마음에 있는지 사물에 있는지 분별이 없다."고 하여, 모든 것을 통일하고 내포하여 근본이 되는 상태임을 밝히고, 활동하여 사물을 응접함에 이르면 "사물마다의 이치는 곧 내 마음에 본래 갖추고 있는 이치인데, 다만 마음이 주재가 되어 각각 그 법칙을 따라 응할 뿐이지 어찌 내 마음으로부터 미루어 나가기를 기다린 다음에 사물의 이치가 되겠는가."[2]라고 하여, 마음은 모든 사물의 주재로서 이치를 이미 그 자신 속에 갖추고 있어서 대응하는 것임을 밝히고 있다. 이처럼 퇴계는 마음은 그 본체로서 天命의 '性'을 지니고 있는 것이며, 동시에 그 통체로서 太極이 되어 이 세계의 근본이 되고 모든 사물에 자신이 갖추고 있는 이치를 발현시켜 주재하는 존재임을 확인함으로써, 太極 · 天命 · 心 · 理를 통일시켜 해석하였다.

퇴계는 李德弘에게 天命에서 '命'의 뜻을, 성품의 德으로 부여된 '性命'의 의미와 정해진 運數로서 주어진 '運命'의 의미를 구분하여 해명하고 있다. '운

2) 『퇴계집』, 권 24, 2, '答鄭子中'.

명'의 뜻으로서 '命'에는 처음부터 정해진 數가 있지만, 사물의 경우에는 바꿀 수 없더라도, 사람의 경우에는 바꿀 수 있는 이치가 있음을 주목하였다. 그것은 天地와 사물에는 作爲가 없이 運行에 맡겨져 있는데 비하여, 사람의 道는 善을 쌓아서 하늘의 뜻을 돌릴 수 있기 때문이라 보는 것이다. 따라서 사람에게서는 "그 도리를 다하고서도 면하지 못하게 된 다음에 命에 맡길 수 있다."[3](盡其道而不免, 然後始可委之於命)고 하여, "그 도리를 다하고서 죽는 것이 正命이다."고 언급한 孟子의 正命說을 받아들이고 있다. 그는 제자 鄭惟一에게 처신하는 도리를 충고하면서, "문을 닫고 스스로 지켜서 하늘이 命하는 바를 들어야 하니, 이렇게 하고도 혹시 험난한 일이 있으면 命이라 할 수 있으니 자신이 불러들인 것이 아니다."[4]고 하여, 성품에 부여된 天命을 따라야 할 것을 앞세우고 그런 다음에 닥치게 되는 운명은 받아들일 수밖에 없음을 지적하여, 性命과 運命의 두 가지 命의 양상을 대비시켜 주고 있다.

퇴계는 특히 '천명'의 개념에 대해 깊은 관심을 보여 왔다. 실제로 조선시대 성리학의 최대쟁점이었던 四端七情論辨은 바로 퇴계가 1553년 鄭之雲의 「天命圖」와 「天命圖說」을 修訂함에 따라, 이 수정사항에 대해 高峯 奇大升으로부터 질문과 반박을 받게 되었던 사실에서 발단하는 계기가 열렸던 것이다. 그러나 「天命圖」(「天命圖說」을 포함하여)의 중심문제는 여전히 四端七情의 문제에 있다고 보기보다는 '天命'과 '天人관계'의 문제에 있다고 하겠다. 곧 「天命圖」에서 天을 비추어 주고 드러내는 존재요, 天命을 받는 존재인 인간존재에로 이론적 분석의 전개가 확장되면서, 인간존재의 핵심으로서 心·性·情의 개념에 관한 이해의 문제에 부딪치게 된 것이다.

퇴계는 申沃에게 周濂溪의 「太極圖」와 鄭之雲의 저작을 그 자신이 정밀하게 수정하였던 「天命圖」와의 차이를 밝히면서, '太極'은 造化와 自然의 자리를

3) 『퇴계집』, 권 25, 30, '答李宏仲'.

4) 『퇴계집』, 권 24, 26, '答鄭子中', "閉門自守, 聽天所命, 如是而或有險難, 可謂之命."

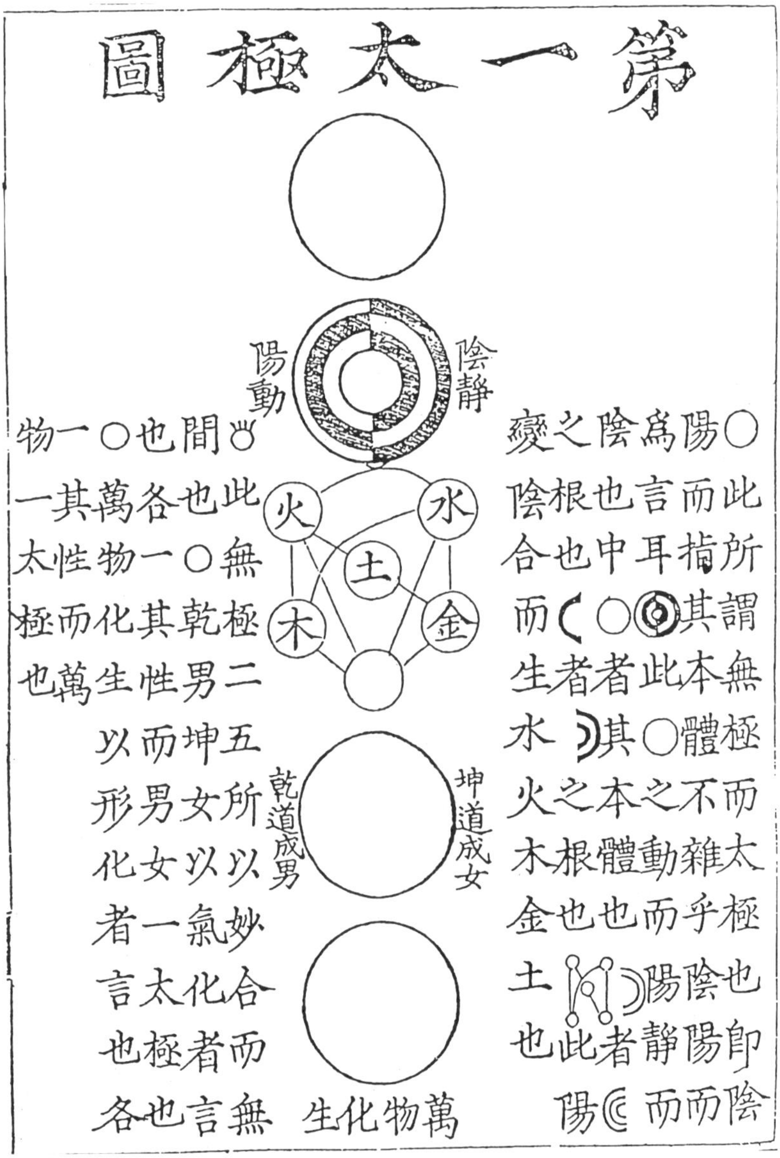

「太極圖」(周濂溪 作, 『聖學十圖』의 제 1 도로 수록)

「天命新圖」(鄭之雲의 「天命舊圖」를 퇴계가 수정한 것)

의미하는 것이므로 인간자신의 실천문제와 일차적인 관련이 없는데 비하여, '天命'은 인간과 사물이 받는 職分의 道理로서 주어지므로 인간의 실천이 없이는 천명이 실현될 수 없기 때문에 인간에게 실천적 행위를 요구한다고 본다.

퇴계는 '天命圖說後敍'에서 天命과 太極의 개념을 대비시킴으로써 天의 성격을 더욱 분명하게 드러내고자 시도하였다. 여기서 그가 분석하고 있는 「太極圖」와 「天命圖」의 차이를 다섯 조목으로 집약시켜 볼 수 있다. ① 「太極圖」는 理 · 氣의 本原을 추구하고, 造化의 오묘한 계기를 발견하는 것이니, 5단으로 나누지 않으면 사람들을 깨우칠 수 없으며, 「天命圖」는 사람과 사물이 稟賦받음을 인하여, 理 · 氣의 조화와 생성을 추구하는 것이니, 합하여 하나로 하지 않으면 위치를 이룰 수 없다. ② 「太極圖」는 對待를 위주로 하였으므로 손님이 주인의 가운데 포함되어 있고, 「天命圖」는 運行을 위주로 하였으므로 현재의 것은 속에 있고, 미래에 成功할 것은 밖에 두고 있다. ③ 「太極圖」는 圖가 북쪽을 주인으로 삼고 보는 사람도 북쪽으로부터 주인을 따라 보아 내려간다. 이에 비해 「天命圖」는 圖가 주인으로 북쪽에 있고 보는 사람은 손님으로 남쪽에 있어서 손님으로 말미암아 주인을 향하니 남쪽으로부터 북쪽을 보는 것이다. ④ 「太極圖」는 사물에 명령하는 것을 위주로 하는데, 「天命圖」는 사람과 사물이 생명을 부여받은 다음으로부터 천지가 運化하는 근원을 미루어 간다. ⑤ 「太極圖」는 太極에서 시작하여 陰陽 · 五行을 거친 다음에 이 太極과 陰陽五行이 오묘하게 응집하여(妙凝) 인간과 만물이 나타나는 것을 보여 주는데, 「天命圖」는 인간과 사물이 이미 생겨난 다음에 미루어 올라가서 오묘하게 응집하는 자리에까지 이른다.

이러한 비교를 통해 퇴계는 太極이 인간과 사물이 생성하여 나오는 근원임을 확인하면서, 동시에 天命이 이미 생성된 인간과 사물에서 그 근원을 소급하여 인식하는 과정임을 보여 준다. 이에 따라 인간의 天에 대한 인식태도에는 '태극' 개념에서처럼 우주적 생성의 근원으로서 본체론적 접근과 더불어, '천명' 개념에서처럼 인간이 부여받아 내재한 가치를 실현해야 하는 인격적 수양론적 접근이 있음을 말해 주는 것이다.

퇴계에 있어서 天개념과 天人관계의 인식은 크게 보면 朱子의 사상체계와 같은 궤도 위에 있는 것이 사실이다. 그러나 그가 '천명' 개념에 관심을 집중하여 「天命圖」의 문제로 奇大升과 더불어 '사단칠정' 논쟁을 벌였던 사실은 周濂溪의 「太極圖」를 계승하여 陸九淵과 더불어 '태극' 개념논쟁을 벌였던 朱子의 경우에서보다, 더욱 구체적이고 실천적인 수양론적 성격을 지닌 것이라 할 수 있다. 따라서 퇴계의 天개념과 天人관계의 이해를 해명하기 위해서는 이를 본체론적 인식과 함께 情感論 및 修養論의 인식을 주목하여 세 가지 시각에서 파악해 볼 수 있을 것이다.

3. 天道와 人性: 본체론적 인식

퇴계는 「天命圖說」에서 天개념을 本體와 流行의 두 측면으로 구별하여 파악하고 있다. 곧 天은 본체에서 보면 理 곧 '天理'이며, 그 天理가 流行하여 드러난 다음에 거슬러 올라가 보면 '元(始)·亨(通)·利(遂)·貞(成)'의 四德이 있는 것으로 제시한다. 이러한 天의 流行으로서 天道에는 四德이 있고, 이 天道의 四德이 인간에게 부여된 것이 仁·義·禮·智·信의 五常이며, 이 五常은 天의 流行으로서 天命이라 이해될 수 있다. 天의 四德은 바로 天이 인간과 사물에 부여하는 命令〔天命〕의 근원을 이루는 것이다. 따라서 명령하는 자로서의 天과 명령받는 자로서의 인간 존재를 통하여 나타나는 流行에서는 四德-五常이라는 이치의 동일한 구조를 그 공통성으로 발견할 수 있게 된다.[5)]

여기서 본체로서의 天을 理(天理)로 확인하고, 이에 대비시켜 인간과 사물

5) 『퇴계속집』, 권 8, '天命圖說'에서는 元·亨·利·貞의 四德이 순환하여 끊임없고 진실하여 거짓 없는 오묘함을 가리켜 '誠'이라 하며, 이 四德과 誠을 합한 것은 바로 仁·義·禮·智·信의 五常에 상응하는 동일한 구조의 이치로 본다.

의 구체적 존재를 구성하는 氣(形氣)를 구별할 수 있게 된다. 사실상 理와 氣는 '서로 뒤섞을 수 없는 것' (理氣不相雜)이라 하여, 개념적으로는 서로 구별되고 있지만, 동시에 실제의 현상에 있어서는 '서로 분리시킬 수 없는 것' (理氣不相離)이라 하여, 서로 떠나서 존재하지 않는 것임을 확인하고 있다. 따라서 理로서의 이 元 · 亨 · 利 · 貞의 四德은 陰陽 · 五行이라는 氣의 작용 속에 깃들어 있게 된다.

이에 따라 四德은 자연현상으로서 春 · 夏 · 秋 · 冬의 四時에 상응하게 된다. 곧 理는 인간과 사물에 부여되어 仁 · 義 · 禮 · 智 · 信이라는 五常의 性을 이루는 것이라 본다. 따라서 天의 四德은 곧 인간과 사물에서의 五常과 동일한 理임을 의미한다. 하늘과 인간 사이에 존재하는 四德과 五常의 일치구조는 하늘과 인간의 차이를 벗어나 일치성을 확인하는 근거이다. 그러나 성인과 어리석은 사람이나 사람과 사물의 모든 차이가 일어나는 것은 氣 곧 形氣 내지 氣質이 맑은지 흐린지, 순수한지 잡박한지의 차이에서 기인하는 것이라 본다.

곧 氣質에는 바르고 치우치는(正 · 偏) 차이가 있으며, 인간은 氣의 바름을 타고남으로써, 氣의 치우침을 타고난 사물과 차이를 갖게 된다고 본다. 이처럼 퇴계는 天과 인간 사이에 기본적으로 理의 본체에서 일치하는 것으로 확인하고 있다. 天人合一論을 내세운 그의 입장은 바로 理의 본체라는 의미에서만 가능한 것으로 제시되고 있는 것이다. 동시에 그는 인간이 하늘로부터 부여받은 氣(稟於天)에는 맑음과 혼탁함(淸 · 濁)의 차이가 있고, 또한 땅에서 부여받은 質(稟於地)에도 순수함과 잡박함(粹 · 駁)의 차이가 있음을 분석하고 있다. 따라서 인간과 사물 사이의 차이는 물론이요, 같은 인간들 사이에도 上智 · 中人 · 下愚의 차등이 있게 되는 것이라 본다.

그는 여기서 上智 · 中人 · 下愚의 차이를 구체적으로 비교하고 있다. 먼저 부여받은 기질의 차이를 보면, 上智는 맑고 순수하며, 中人은 맑으면서 잡박하고 탁하면서 순수함이 뒤섞여 있고, 下愚는 탁하고 잡박한 것으로 본다. 다음으로 앎과 행위(知 · 行)의 능력을 보면, 上智는 앎이 밝고 행위를 다 발휘하며, 中人은 앎에 남음이 있으나 행위에 부족함이 있고, 下愚는 앎이 어둡고 행위가 바르지 못하다. 또한 天人관계의 일치 여부를 보면 上智는 스스로 하늘과 합치하고, 中人은 비로소 하늘과 합하는 점도 있고 어긋나는 점도 있게 되며, 下愚는 하늘과 멀리 어긋나는 것이라 한다.

이처럼 氣質의 차이에 따른 인간의 차등은 天人관계에서 일치와 분리의 양극을 포함하여 그 사이에 다양한 가능성을 열어 준다. 따라서 天人관계는 본체에서 이념적으로 合一한다 하더라도 구체적 현실에서는 항상 合一하는 것은 아니며 실제로 合一하기는 어렵다는 사실로서 인식되고 있다. 여기서 인간에게는 天人合一이라는 본체론적 인식이 天理와 合一을 추구해야 한다는 당위적 理想으로 전환하여 제기되는 것이다. 나아가 合一의 방법으로서 天理를 밝게 알아야 한다는 인식을 기초로 하여, 그 天理를 끝까지 실현해 가야 한다는 실천의 수양과정이 요구되는 것이다.

또한 퇴계는 南彦經을 위해 지은 「靜齋記」에서 '태극'을 활동하고 고요함(動·靜)의 오묘함을 갖춘 것이라 정의하고, 여기서 動하고 靜하는 작용은 氣이지만 動하고 靜하는 원리〔所以〕는 理라 파악하였다. 이에 따라 그는 動하고 靜하는 작용과 원리를 지닌 태극이 인간의 마음에 내재하고 있다는 사실에서는 聖人의 경우나 衆人의 경우나 원래 동일하여 틈이 없는 것이라 한다. 그러나 動과 靜의 어느 쪽을 주장으로 삼고 어느 쪽에 기울어져 있는가에 따라 인간은 聖人과 衆人으로 뚜렷한 차이로 나누어지는 것이다.

곧 聖人은 動·靜의 德을 온전히 하여, 그 활동함에서도 고요함을 주장으로 삼으며, 衆人은 動·靜의 이치를 갖추고 있으나, 고요함의 이치는 항상 활동함에 빠져 있는 것으로 대비시키고 있다. 그만큼 聖人은 고요함의 이치로써 활동함을 통제하는데 비하여, 衆人은 활동함에 골몰하여 고요함의 이치가 매몰되고 있음을 지적한 것이다. 또한 聖人은 理에 순수하여 고요함으로써 활동함을 거느리며, 氣質은 天理로부터 명령을 받는데 비하여, 衆人은 氣를 따름으로써 활동함이 고요함의 본체를 파들어가서, 理는 氣에 자리를 빼앗기고 마는 것이라 한다. 나아가 聖人은 天 · 地와 더불어 만물을 살리는 덕이 일치하며 人極을 세우는데 비해 衆人은 天理를 어기고 멋대로 함으로써, 근본을 세워서 만사에 대응할 수 없는 것이라 한다. 이처럼 天理는 고요함의 본체로서 활동함을 통제하는 원리가 되는 것임을 강조하며, 理(天理)가 氣(氣質)를 명령하는 질서를 확립함으로써 인간 속에 천리가 실현되는 것이며, 이에 따라 하늘과 인간이 합일하고 人極이 정립될 수 있을 때 聖人이 될 수 있음을 제시하는 것이다.

이렇게 聖人은 하늘(天地)과 德이 합하고 衆人은 하늘에 어긋나는 것으로 분별하는 것은 바로 인격적 가치의 기준이 하늘에 있음을 밝히는 것이요, 인격적 양상의 양극적 차이는 바로 하늘을 향하는지 등졌는지에 따라 가장 명백하게 규정되고 있는 것이다. 나아가 天人合一의 본체론적 인식은 현실적으로 인격적 理想인 聖人을 통해 실현될 수 있다는 인식을 열어 주고 있는 것이다. 또한 구체적인 일상인으로서 衆人은 활동의 현실에 매몰되거나 기질적 힘에 지배되어 하늘로부터 어긋나게 되는 현실적 원인을 더욱 선명하게 드러내어 각성하게 한다. 바로 이러한 天人相違의 현실성을 각성함으로써, 인간은 天人合一을 목표로 나아가야 할 當爲論的 과제를 더욱 확고하게 인식할 수 있는 것이다.

퇴계의 대표작이라 할 수 있는 『聖學十圖』에서는 그 10圖의 구조를 퇴계 자신이 2가지 형식으로 분석하고 있다. 그 첫째는 10圖 전체를 하나의 체계로 보아, 『소학』과 『대학』의 학업을 표준과 本原으로 삼고, 그 앞의 「太極圖」와 「西銘」을 '단초를 찾아서 확충하며, 天(天理)을 체득하고 道(天道)를 다하는 극치의 자리'(求端擴充, 體天盡道, 極致之處)라고 하며, 그 뒤에 오는 나머지를 '善을 밝히고 몸을 참되게 하며 덕을 높이고 사업을 넓히는 노력하는 자리'(明善誠身, 崇德廣業, 用力之處)라고 하여, 하늘의 이치(天 · 道)와 인간의 사업(德 · 業)을 상응시키고 있는 것이다. 그 둘째는 앞의 5圖를 天道에 근본하여 인륜을 밝히고 덕업에 힘쓰는 데 노력하게 하는 것이요, 뒤의 5圖를 心性에 근원하여 일용에 힘쓰면서 上帝에 대해 敬畏함을 높이는 데 있는 것이라 하였다.

곧 앞에서는 하늘로부터 인간에로 나오는 길을 보여 주고, 뒤에서는 인간의 내면에서 밖으로 일상생활을 향하고 그리고 위로 하늘을 향하는 길을 보여 줌으로써, 하늘과 인간의 상응관계를 밝히고 있는 것이며, 양쪽의 경우 모두에 天道-人道의 구성원리로 이루어져 있음을 드러내 주고 있다.

여기서 먼저 그는 天人관계로서, 天道와 德業 내지 天道와 心性의 대응구조를 제시하고 있다. 여기서 그는 '天理을 체득하고 天道를 다 밝혀 내는'(體天盡道) 하늘에 대한 인식의 과정을 기반으로 '덕을 높이고 사업을 넓히는'(崇德廣業) 인간사회적 실천의 과정으로 나아가는 길을 제시한다. 그것은 본체의 인식을 통하여 현실사회에 실현하는 방법을 제시한 것이라 할 수 있다. 다음으로 그는 天道에 근본하여 인격 내면의 도덕성과 현실사회 속에서 수행할 사업(德 · 業)으로 나오는 윤리적 · 사회적 길이나 心性에 근원하여 上帝를 敬畏하고 높이는 데로 나가는 신앙적 길이라는 양변의 길로 제시되고 있다. 그것은 본체와 현실이 서로 근거가 되는 수양론적 방법의 이중구조를 보여 주고 있는 것이다. 따라서 퇴계는 이 10圖를 통하여 天人合一의 인격적 이상을 실현하는 학문적 방법으로서 하늘(天道)과 인간(德業 · 心性)의 두 근원을 상응시키면서, 동시에 하늘과 인간은 서로 근원하고 있으며 서로 내포하고 있음을 확인시켜 주고 있다.

이처럼 퇴계의 天人관계에 대한 이해는 성리학의 본체론적 인식에서 '천인합일'을 명확히 인식하면서도 현실적인 天人相違의 현상을 인정함으로써, '천인합일'을 실현하는 당위적 수양론을 이끌어 내는 데 자신의 기본적 관심이 있음을 보여 주었던 것이다.

4. 仁愛와 敬畏: 정감적 인식

퇴계에 있어서 天人관계는 관념적이고 본체론적 입장에서 인식하는 것과 더불어, 또 하나의 중요한 입장으로서 체험적이고 정감론적 입장에서 天人相應 관계에 대한 인식을 확인할 수 있다. 인간은 하늘을 인격적 대상으로 만남으로써, 하늘의 정감적 성격과 인간의 하늘에 대한 정감적 태도를 인식할 수 있는 것이다. 여기서 나타나는 하늘의 정감적 성격은 양면성을 보여 주고 있다. 그 정감적 성격의 양극적 표현은 사랑(仁愛)과 분노(震怒)의 상반된 감정으로 나타난다. 여기서 인간의 하늘에 대한 태도는 하늘의 사랑에 대해 감사의 감정과 더불어, 하늘의 분노에 대해 두려움(敬畏)의 감정이 나타나고 있다. 특히 '두려움'의 감정은 天에 대한 가장 원초적 감정으로 확인할 수도 있다. 루돌프 오토(Rudolf Otto)도 성스러움을 체험하는 주관에 따라 분석하면서 '경외감을 일으키는'(tremendum) 성격과 '매혹시키는'(fascinosum) 성격이 있음을 구분하고 있다.[6)]

퇴계가 만년에 宣祖 임금에게 올렸던 가장 중요한 上疏文인 「戊辰六條疏」(1568)에서는 제 6 조에 '修養과 성찰을 정성스럽게 하여 하늘의 사랑을 계승할 것'(誠修省以承天愛)을 제시하였다. 퇴계에게서 하늘은 본질적으로 '사랑의 하늘'이다. 그러면서도 그는 天개념의 정감적 영역을 밝히는 데 먼저 董仲舒가 漢武帝에게 올린 말을 인용하여 출발하면서 天의 분노와 경고에 주목하고 있다.

그는 하늘의 마음(天心)을, 임금을 사랑하여 그 나라가 혼란에 빠지는 것을 막고자 하는 것이라 강조하고 있다. 임금이 한 나라를 다스리는 과정에 治道를 잃으면 하늘은 재난을 내려서 임금의 失德을 견책하는 뜻을 알려 준다. 그래도 아직 임금이 자신의 허물을 반성할 줄 모르면 異變이 일어나게 하여 경고하고 두려워하게 한다. 그런 다음에도 임금이 자신의 과오를 고칠 줄 모르면 임금의 지위를 상실하게 하는 천명을 내린다는 것이다.

---

6) 金勝惠, 『종교학의 理解』, 분도출판사, 1986, 106쪽.

天心: 仁愛人君, 欲止其亂
國家: (1) 將有失道之敗 — 天: 出災害, 以譴告之
(2) 不知自省 — 出怪異, 以警懼之
(3) 尙不知變 — 傷敗

여기서 퇴계는 먼저 임금으로 하여금 '天心이 임금 자신을 사랑〔仁愛〕하는 까닭이 무엇인지'를 인식하도록 요구하면서, 그 까닭을 해명하려고 시도한다. 곧 天(天地)은 '生'(만물을 낳고 살리는 일)을 大德으로 삼고 있으므로, 天地 사이에 존재하는 모든 사물을 사랑하는 것으로 인식한다. 또한 인간은 '하늘의 모습을 닮고 가장 신령한 존재'(肖象而最靈)로서 '天地의 마음이 되는 것'임을 지적한다. 따라서 天心은 인간에게 가장 깊은 사랑을 베푸는 것이라 이해한다.

이와 더불어 하늘은 아무리 사랑의 마음을 지니고 있다 하더라도, 이 세상의 모든 존재를 위해 스스로 그 사랑을 베풀 수가 없다는 한계를 파악한다. 이에 따라 하늘은 반드시 가장 신령한 존재인 인간 가운데서도 가장 탁월한 자(聖哲, 元良, 德協于神人者)를 더욱 관심 깊게 돌아보며, 이들을 임금과 司牧으로 삼아서, 사랑(仁愛)의 정치를 직접 시행하게 한다는 것이다. 이렇게 하여 하늘은 이들에게 이미 명령을 하고 또 도와 줌으로써, 사방을 편안하게 보살피는 것이라 본다. 이른바 梁啓超가 말하는 '간접적 天治主義'요, 王權受天命說의 논거이기도 한다. 여기에 하늘과 임금 사이에는 君臣관계의 位階가 성립하는 것으로 볼 수 있다. 퇴계가 지키고자 하였던 天命說 속에는 하늘과 군왕의 연결성을 확인하는 데 중요한 관심의 일단이 있었던 것은 사실이다.

나아가 하늘이 군왕에게 정치를 시행하도록 맡겼지만 군왕이 인간으로서 德에 한계가 있기 때문에 새로운 문제가 발생하게 된다. 하늘은 군왕에게 天命을 내려 준 다음에도 백성을 사랑하는 마음에서 군왕이 나태하여 백성을 살리는 일에 어려움이 발생할까 염려하여, 군왕의 통치행위를 지속적으로 감시하고 있는 것으로 이해된다. 곧 하늘은 군왕의 나태함에 대해 災異를 내림으로써 경계하고 나무라기도(警譴) 한다. 여기서 天은 드높이 저 위에 계시면서 날마다 이 세상을 감독하는(高高在上, 而日監于玆) 존재요, 털끝만큼도 속임을 용납하지 않는 존재로서 확인된다.

다음으로 退溪는 임금으로서 '天心을 받들어 계승하여야 하는 방법' 이 무엇인지를 해명하려고 시도한다. 곧 평소에 天命을 받는 일과 災異를 당하여 '하늘의 의지' (天意)를 감동시키는 일에서 '하늘을 받드는' (奉天) 방법과 더불어 그 노력의 효과를 제시하며, 아울러 天의 의지에 어긋날 때의 결과에 대해서까지 지적하고 있다.[7]

곧 奉天의 방법은, 먼저 평일에는 마음을 붙잡고 몸을 신칙하여 敬과 誠을 다하여 上帝를 받드는 것이요, 다음으로 재앙의 견책을 당했을 때는 반드시 허물을 반성하고 정치를 바르게 하여 신중하고 참되게 함으로써 天意를 감동하게 하는 것이다. 또한 奉天의 功效로는 정치가 문란해지기 전에 바로잡고 나라가 위기에 이르기 전에 보위하는 노력(功)을 통해 평안하여 재앙과 패망을 당하지 않게 되는 효과(效)를 제시한다. 나아가 奉天에 어긋나는 경우로서는 天心을 모르고 자신의 德을 삼가지 않는 자이니, 上帝는 진노하여 재앙과 패망을 내리는 것으로 밝히고 있다.

奉天 ┬ 방법 —〔在平日〕秉心飭躬, 克敬克誠: 昭受上帝 / 盡道
　　 │　　　 〔遇災譴〕省愆修政, 克愼克實: 感格天意 / 盡心
　　 ├ 功效 —〔功〕制治于未亂, 保邦于未危:〔效〕有平安而無禍敗
　　 └ 違背 —〔不知天心, 不愼厥德者〕反是:〔帝〕震怒/ 降之禍敗

〈戊辰六條疏〉

퇴계에 있어서 天개념은 '사랑의 天' 이라는 정감적 인식을 근본전제로 받아들이고 있기 때문에, 자연의 災害도 하늘이 임금을 사랑하여 警告하고 나무라

7) 『퇴계집』, 권 6, '戊辰六條疏'.

는 '사랑의 표현'으로 받아들이고 있다. 이에 따라 인간은 하늘과의 사이에서 서로 정감적으로 대응하게 되며, 여기서 天人相應의 관계가 제기된다. 하늘이 사랑을 표현하는 방법으로서, '和樂한 은총'의 사랑(晏然之寵)과 더불어 '震怒하는 위엄'의 노여움(赫然之威)이라는 정감적 두 모습이 인식된다.

퇴계는 이처럼 하늘의 사랑이 지닌 다른 한 측면인 노여움에 대해 인간이 두려움(恐懼, 敬畏)을 갖지 못하면, 간사하고 편벽된 감정이 강의 둑을 터뜨린 것처럼 풀려 나올 것임을 경계한다. 그는 인간이 天의 분노에 대한 두려움의 정감적 대응을 일으킴으로써, 자신을 修養하고 성찰하는 도덕적 기초가 확보되는 것임을 주목한다.

퇴계는 前漢의 孔光과 北宋의 王安石이 天道(天變)를 두려워할 것이 없다고 한 말의 그릇됨을 질책하고, 동시에 董仲舒의 '기계적 天人相應說'도 비판하면서, '人格的 天人相應관계'를 제시하고 있다. 나아가 퇴세는 인간(또는 임금)과 하늘의 관계는 자식의 부모에 대한 관계(父子관계)와 같은 것이라 지적함으로써 '가족적 天人相應관계'로 인식한다.

곧 부모가 노여워하는 일이거나 아니거나를 가리지 말고, 모든 일에서 정성을 다하고 효도를 하기를 요구한다. 그렇게 하면 부모가 기뻐하여 노여워한 일도 흔적이 없어진다고 강조한다. 그러나 부모가 노여워한 일만 두려워서 성찰하고 다른 일들은 제멋대로 하여 孝誠이 없다면 부모의 노여움을 풀 수 없는 것임을 지적한다.

따라시 天人관계의 규범이 지닌 의미가 父子관계의 도덕에서 확인될 수 있는 것이라면, 동시에 父子관계의 도덕이 성립할 수 있는 근거는 天人관계의 도덕에서 발견될 수 있는 것이기도 하다. 그것은 유교도덕에 포함되는 다양한 규범들의 성립근거를 근원적으로 天理에서 찾을 수 있는 것이라는 인식을 확인하는 것이 된다.

따라서 퇴계는 "부모를 섬기는 마음으로 하늘을 섬기는 道를 온전히 실현할 것이며, 모든 일에 수양 성찰하고, 어느 때나 두려워하라."고 가르친다. 그것은 內[修己]와 外[治人]에서 敬과 誠의 도리를 다 실현하는 것이다.[8] 곧 안으로는, 身心에 반성함은 敬으로 一貫하여 중단이 없게 하고, 밖으로는 政治에 실행함은 誠으로 일관하여 거짓된 꾸밈이 없게 하는 것으로 역설하고 있다.

> [內] 以自反於身心者: 一於敬, 而無作輟
> [外] 以修行於政治者: 一於誠, 而無假飾
> 〈戊辰六條疏〉

한 마디로 퇴계는 임금에게 하늘의 사랑을 받들고 그 사랑을 계승하게 하는 방법을 간명하게 규정하고 있다. 곧 '하늘의 마음을 자신이 받아 지님으로써 임금으로서의 도리를 다하라'(享天心而盡君道)는 言明이다. 여기서 그는 '인격적 天人相應관계'의 사회적 확산을 실현하도록 요구한다. 이러한 天人관계의 원리는 임금에게만 적용되는 것이 아니라 모든 인간에게 보편적인 天人관계의 모범을 제시하는 것으로 볼 수 있다.

5. 修省과 務德業: 수양론적 인식

퇴계에 있어서 天人관계의 인식은 본체론적이거나 정감론적이거나 항상 인간의 도덕적 자기완성을 추구하는 수양론적 인식에로 귀결되고 있다. 곧 그가 天人관계의 대응구조로 제시하고 있는 모든 개념체계에는 수양론적 관심이 내포되어 있다. 먼저 『聖學十圖』의 기본구조인 天道-人道의 형식은 매우 치밀한 수양론적 체계로서 제시된 것으로 이해된다.

---

8) 같은 곳, "推事親之心, 以盡事天之道, 無事而不修省, 無時而不恐懼."

① (표준: 本原) ┬ (極致) — 〔求〕端〔擴〕充: 〔體〕天〔盡〕道
　　　　　　　 └ (用力) — 〔明〕善〔誠〕身: 〔崇〕德〔廣〕業
② 〔本〕天道 — (功) — 〔明〕人倫 : 〔懋〕德業
　〔原〕心性 — (要) — 〔勉〕日用 : 〔崇〕敬畏

여기서는 다양한 수양론적 구조를 찾아볼 수 있다. 먼저 標準〔本原〕을 중심으로 極致와 用力은 下學과 上達의 구조를 보여 준다. 이에 따라서 한편으로 단서를 찾고 이를 확충해 가는 求端 · 擴充에서 求와 擴의 실현과정과, 善을 밝히고 자신을 진실하게 하는 明善 · 誠身에서 明과 誠의 심화과정을 통한 擴散-收斂의 구조를 확인하게 한다. 또한 다른 한편으로 하늘을 體認하고 도를 실현하는 體天 · 盡道에서 體와 盡의 인식과정과, 덕을 높이고 사업을 넓히는 崇德 · 廣業에서 崇과 廣의 실천과정을 통한 天道-德業의 天人구조를 드러내고 있는 것이다. 이들의 공통적인 기초에는 본체와 작용이 서로 상응하는 體用論의 논리형식을 파악할 수 있다.

이와 더불어 天道에 근본하는 노력의 과제(功)와 心性을 본원으로 삼는 공부의 방법(要)을 대응시키는 功夫와 要領의 구조를 제시한다. 이에 따라서 人倫의 규범을 밝히는 인식(明)과 德業의 실천에 힘쓰는 실천(懋)을 대조하는 知行論의 구조를 보여 주고 있다. 나아가 현실에서 日用에 힘쓰는(勉) 人事의 문제와 초월적 존재에 대해 敬畏하여 숭상하는(崇) 天命의 실재를 대조하는 聖俗論의 구조를 내포하기도 한다.

이처럼 天人상응의 구조를 기반으로 하는 功夫의 방법은 「進聖學十圖箚」에서도 확인할 수 있는 것처럼, 하늘을 畏敬하면서 日用을 떠나지 않고, 인격적 내면의 德行을 닦으면서 天命의 彝倫을 벗어나지 않는 것으로 하늘과 인간이 서로 침투되고 합일되는 체계로 파악할 수 있다.[9]

---

9) 『퇴계집』, 권 7, '進聖學十圖箚幷圖'.

〔畏敬〕— 不離〔日用〕:〔致〕中和位育之功
〔德行〕— 不外〔彛倫〕:〔得〕天人合一之妙

또한 퇴계는 「甲辰乞勿絶倭使疏」에서 당시 사회가 당면한 역사적 위기상황을 天·人의 조화로운 相應이 결핍된 데서 일어나는 것으로 파악하고 있다. 여기서 그는 당시 사회의 상황을 진단하면서, "위에서는 하늘의 變怪가 나타나고, 아래서는 인간의 事務가 결여되었다." (天變現於上, 人事闕於下)는 현실의 문제점을 놓고 하늘로부터의 재난과 인간사회의 임무상실이라는 두 근원을 인식하는 데서 출발한다. 여기서 한 걸음 나아가 그는 사회적 혼란의 구체적 양상으로서, "큰 災禍가 겹쳐 일어나고 國家의 運數는 험난하고 막혀 있으며, 근본은 불안하고 변방은 허술하며, 병졸은 감소되고 양식은 고갈되었다."는 현실의 모순들을 진단하며, 이러한 사태에 따라 그 결국에 부딪치는 상황으로서, "백성은 원망하고, 鬼神은 분노한다."고 하여, 백성(人)과 귀신(神)이라는 天·人의 또 다른 양상을 제시하고 있다.[10]

인간이 마땅히 해야 할 事務(人事)가 결핍되는 데 상응하여 하늘이 내리는 變怪(天變)가 나타나는 것은 사회적으로 중대한 危機상황이다. 이러한 위기에 대처하는 방법은 오히려 간단하게 제시되고 있다. 그것은 '인간의 사무를 연마하여 하늘의 變怪에 대응한다' (修人事以應天變)는 것이다. 곧 인간이 먼저 자신의 할 도리와 책임을 다함으로써 하늘이 변괴를 내린 뜻에 부응해야 한다는 것이다. 하늘이 변괴를 내린 견책의 뜻을 받아들이고 인간을 사랑하는 하늘의 뜻을 깨달아야 한다는 대응방법은 역시 天人相應구조를 전제로 하여 하늘과 인간이 서로 感應한다는 원칙을 충실히 실현하는 것임을 보여 준다. 여기서 天·人의 相應관계를 조화롭게 실현하기 위해서는 인간자신을 변화시키는 것이 가장 중요한 과제이며, 天理·天命에 따르는 인간의 자기변화방법은 바로

10) 같은 책, 권 6, '甲辰乞勿絶倭使疏'.

修養論의 문제로서 제기되는 것이다.

6. 퇴계에 있어서 天개념의 특성

퇴계는 성리학적 전통의 天개념과 天人관계의 인식을 충실하게 계승하고 있으며, 동시에 天人관계의 조화로운 실현을 위해 수양론적 실천방법을 기준으로 삼고 있다. 따라서 그는 天과 天命으로서의 性이 하나의 理라는 본체론적 일치성과 기질에 따른 현실적 차별성의 인식을 통한 天人관계의 구조를 제시하면서, 동시에 정감론적 인식을 통해 사랑과 분노의 天으로서 天개념의 인격적 성격과 인간의 天에 대한 畏敬으로서 천인관계의 상응구조를 중층적으로 제시하고 있다.

사실상 퇴계에 있어서 天人관계의 문제는 그의 철저한 수양론적 관심에 기초하여, 수양공부를 통한 인격적 확충과 향상을 통한 天人合一의 실현을 추구하는 데 귀결되고 있다. 성리학의 존재론적 天개념의 이해나 정감론적 天의 인격적 만남은 객관적 사실의 인식이라 한다면 수양론적 천인관계의 이해는 실천적 자각이라는 점에서 知 · 行의 양면적 구조를 보여 준다. 나아가 퇴계에 있어서 天觀의 세 가지 차원인 존재론적 天觀, 정감적 天觀 및 수양론적 天觀이 복합된 天觀과 천인관계의 이해에서도 특히 정감적 천관이 부각되고 이에 따라 수양론에서 천관이 중시되고 있는 사실은 그의 천관이 유교의 신앙적 성격을 강하게 드러내고 있다는 점에서 가장 뚜렷한 특징을 확인할 수 있다. 퇴계에 있어서 천인관계의 문제는 성리학적 이론의 기반 위에 天은 도덕적 근거로 강조되고 있으며, 동시에 천인관계의 인격적 情感을 통한 상응구조와 천명을 따르고 天理를 지키는 수양론의 실천적 표준으로 天개념을 인식함으로써, 그 복합적 관점의 초점으로서 天觀의 신앙적 성격이 드러나고 있다.[11]

11) 退溪의 정감적이고 수양론적인 天觀이 지닌 신앙적 성격은 性理學의 형이상학에

곧 퇴계는 일상생활 속에서 天命에 대한 무한한 敬畏感을 잃지 않고, 變異를 통해 표현된 天의 노여움 속에서 인간에 대한 天의 사랑(仁愛)을 발견하는 인격적 만남을 주목하며, 나아가 天에 대한 외경과 자신에 대한 성찰의 수양론적 실천을 중시하였던 것이다. 이처럼 인격적 만남과 수양의 실천을 통하여 퇴계가 天人合一의 신비(妙)를 실현하고자 하였던 것은 바로 그의 신앙적 삶의 모습을 보여 주는 것이라 하겠다.

퇴계는 理氣論을 통한 天人관계의 형이상학적 근거를 정밀하게 밝히면서, 天을 마주함으로써 인격적 내면의 생생한 각성을 실천하는 內的 修養에 힘쓰며, 이와 더불어 天에서 도덕의 근원을 확보하고 통치의 원리를 확립하며, 나아가 사회적 이상의 온전한 실현을 위해 天에 대한 지속적인 관심을 기울인 점에서 天人相應構造의 가장 포괄적인 통찰을 하고 있다. 실질적으로 그의 天人관계에 대한 관심과 체계는 君道를 실현하고자 하는 도덕적, 정치적, 사회적인 관심에서 제기되고 있다는 사실을 주목할 필요가 있다. 天개념의 복합적 인식과 天人관계에 대한 이해를 통해 君德을 바로잡고 통치의 원리를 확립한다는 것은 곧 그의 사회사상이 천관과 천인상응론에 근거하고 있음을 의미한다.

만 머물지 않고 經傳의 天개념에 더욱 접근하는 측면이 있으며 그것은 17세기의 白湖 尹鑴이나 18세기의 茶山 丁若鏞을 통해 분명하게 드러나는, 經傳에 입각한 신앙적 天觀을 先行하는 것이라 하겠다.

제10장 퇴계의 성리학 — 理氣論과 四七論

1. 퇴계 성리학의 기초

퇴계는 16세기 중반에 성리학의 이론을 본격적 수준으로 끌어올리고, 수양론의 실천방법을 정밀하게 규명함으로써, 조선시대 道學의 기본 틀을 정립하는데 결정적 역할을 하였던 것으로 평가할 수 있다. 그는 道學을 聖學으로 확인하고 있는데, 그것은 자신의 학문적 관심이 인간의 心性을 온전하게 발현하여 인격적으로 완성함으로써 聖人을 이루는 데 목표를 두고 있음을 말해 준다.[1] 이에 따라 퇴계가 제시한 道學(聖學)의 학문체계에서는 수양론이 중추를 이루고 있으며, 이러한 수양론의 올바른 실현을 위해 心性의 근원으로서 道體의 올바른 인식이 요청되는 것이며, 이 道體의 문제가 바로 성리학의 영역으로 정립되고 있다. 여기서 성리학은 ① 太極, 天(天理 · 天道 · 天命), 理 · 氣의 우주론적 문제와 이에 근거한 ② 心 · 性 · 情의 심성론적 문제를 기본과제로 삼고 있는 것이다.

퇴계의 성리학적 이론은 기본적으로 朱子를 표준으로 확인하고 있는 것이

---

1) '聖學'은 周濂溪의 『通書』에 篇名으로 나타나고, 宋代 王應麟의 『玉海』에서 '帝學'으로 설명되고 있는 등, 宋代에서 聖人之學 내지 帝王之學의 의미로 사용되었다. 퇴계는 『聖學十圖』를 저술하여 자신의 도학체계를 '聖學'으로 제시하고 있다.

요, 그것은 주자의 主理철학을 성리학의 정통으로 확립함으로써, 한국유학사의 기본성격을 확립하는 데 중요한 역할을 하는 것이었다. 나아가 그가 四端七情(四七)의 문제를 집중적으로 계발함으로써, 理氣論의 이론을 心性개념의 분석과 해명에 정밀하게 적용시켰던 사실은 바로 心性論(人性論)에 집중하는 한국유학의 중요한 특성을 이루는 것이기도 하다. 이러한 사실을 조선시대 유학사상사의 흐름에서 확인해 볼 수 있다.

16세기 중반에 퇴계의 성리설이 출현하게 되는 과정에는 이에 앞선 조선시대 전반기의 유학사에서 두 줄기의 큰 흐름이 형성되어 성장해 오고 있었던 사실을 주목할 필요가 있다.

① 그 하나는 심성론의 흐름으로서 사단 · 칠정의 문제가 제기되고 있다. 곧 14세기 말에 陽村 權近은 『入學圖說』에서 「天人心性合一之圖」와 「天人心性分釋之圖」를 중심으로 心性과 四七의 문제를 관심의 핵심으로 떠오르게 하였던 사실을 주목할 필요가 있다. 양촌은 인간 마음(心)의 구조를 心 · 性 · 情 · 意의 4가지로 분석하면서 心에 七情(喜 · 怒 · 哀 · 懼 · 愛 · 惡 · 欲)을, 性에 五常(仁義禮智信)을, 情에 四端(惻隱 · 羞惡 · 辭讓 · 是非)을, 意에 二幾(善幾 · 惡幾)를 각각 배당시키고 있다. 양촌은 여기서 "사단 · 칠정의 발동과 그 幾微에 선 · 악의 다름이 있는 줄을 알지 못하고서 살피면 마음은 사물의 부림을 받게 된다."(不知四端七情之發, 其幾有善惡之殊, 而致察焉, 則心爲物役)고 하여, 사단 · 칠정의 발동에 따라 선 · 악이 갈라져 나오는 것임을 제시하였다. 그 뒤로 16세기 초의 柳崇祖(호 眞一齋)는 「大學箴」에서 "理가 발동하는 데 氣를 끼고 있는 것이 四端의 情이요, 氣가 발동하는 데 理가 따르는 것이 七情의 싹이다."(理動氣挾, 四端之情, 氣動理隨, 七情之萌)이라 하여, 퇴계의 四七互發說에 매우 유사한 견해가 이 때에 이미 제기되고 있음을 볼 수 있다. 이어서 鄭之雲이 「天命圖」(1543년 作)를 짓고, 1553년 퇴계가 이 圖를 수정하였던 것은 周濂溪의 「태극도」에 비교해 볼 때 조선시대 유교에서 心性과 四七의 문제로 관심의 초점을 집중시키고 있음을 확인할 수 있게 한다. 퇴계와 高峯 奇大升 사

이의 四七논쟁도 이 「天命圖」에서 발단하여 전개되었던 것이다. 이 四七논쟁을 계기로 16세기 후반의 성리학은 사칠론의 문제를 중심으로 심성론의 영역을 결정적으로 심화시키게 되었던 것이다. 이 사칠론의 귀결로서 퇴계는 기대승에게 보낸 답장에서 四七의 互發說을 제시하였고, 이를 다시 「心統性情圖」(中圖 · 下圖의 2圖)로 정착시킴으로써, 그 이후 조선시대 성리학의 이론적 탐구에 준거가 되고 기반이 되었던 것이 사실이다.

② 다른 하나는 主理論의 확립으로서, 主氣論과 主理論의 두 갈래 사이에 主理論이 정통으로 확립되는 것이다. 15세기 후반의 梅月堂 金時習은 천지에 가득한 존재현상을 '氣의 풀무'에서 생성되는 것으로 보고, 理를 氣가 굽히고 펴지며 차고 비게 되는 오묘한 도리라 하여, 理를 氣의 條理로 보는 主氣論의 입장을 밝혔다. 이어서 16세기 전반에 오면 퇴계와 같은 시대를 살았던 그의 선배들 사이에는 花潭 徐敬德이 邵康節 · 張橫渠의 영향을 받은 主氣論를 주창하였고, 晦齋 李彦迪은 朱子를 정통으로 확인하는 주리론을 표방하여, 주기론과 주리론의 철학적 기반이 분립하는 양상을 드러내고 있었다. 여기서 퇴계는 主理論을 朱子의 정통적 입장으로 확고하게 정립함으로써, 조선시대 성리학의 표준을 수립하였던 것이다. 또한 그는 당시 광범하게 영향을 미치기 시작한 明儒 整菴 羅欽順의 理氣一物說을 비판하였으며, 주자의 "理와 氣는 결단코 두 가지이다."(理氣決是二物)라는 명제를 자신의 기본입장으로 받아들임으로써, 理氣이원론을 강조하여 理가 氣를 거느리는 理優位性을 전제로 하는 主理論의 입장을 확립하였다.

2. 天 · 태극과 理氣개념

퇴계는 원래 鄭之雲이 저술한 「天命圖說」을 그 자신이 거듭 고쳤던 修正本 「天命圖說」에서 '天은 理'(天卽理)요, '理는 太極이다.'(理, 太極也)라 하여,

天 · 理 · 太極을 일치시켜 제시하였다. 유교적 궁극존재를 주재적 존재로 인식할 때 '天'이라 하고, 本體로서의 원리를 '理'라 하며, 統體로서 포괄자를 '태극'이라 일컫고 있지만, 그 실체는 하나의 존재를 가리키는 다른 명칭일 뿐이라는 인식은 주자의 기본입장을 계승한 것이다. 따라서 그는 "天은 하나의 理로서 만물에 명령하며, 만물은 각각 하나의 理를 간직하고 있다."(天以一理命萬物, 而萬物之各有一理)고 언명한다. 곧 '天'을 명령하는 주체로서 제시하고, '理'를 하늘이 명령하는 근거요, 그 명령으로 만물에 부여된 내용으로서 인식하는 것이다. 다시 말하면 天과 그 天의 명령으로서 하나의 理는 동일한 것이며, 天에 의해 만물에 부여된 보편적 실재로서 하나의 理(性)도 동일한 존재일 수밖에 없는 것이다. 따라서 天-命-理-性은 하나의 존재가 그 위상에 따라 다른 이름으로 일컬어지는 것임을 주목할 필요가 있다.

나아가 『주역』에서 '乾'의 四德으로 제시한 元 · 亨 · 利 · 貞은 바로 天의 四德으로 본다. 여기서 元은 시작(始)의 理요, 亨은 소통(通)의 理요, 利는 遂行(遂)의 理요, 貞은 완성(成)의 理라 하여, 天의 四德을 理의 네 가지 양상으로 파악하였다. 이와 더불어 태극과 理를 일치시키고 있다. 곧 태극 속에는 본래 사물이 없지만, 태극이 流行한 다음에 비로소 시작(始)하여 소통(通)하고, 소통하여 수행(遂)하며, 수행하여 완성(成)되는 단계적 전개양상이 드러나는 것이라 본다. 이처럼 태극의 始 · 通 · 遂 · 成의 4단계는 바로 天의 元 · 亨 · 利 · 貞의 4가지 전개양상과 일치하는 것임을 확인한다. 따라서 太極 내지 理의 4가지 전개양상에 상응하여 天의 四德이 성립하는 것으로서, 天-太極-理가 동일한 실현의 구조를 지니는 것으로 파악한다. 그만큼 퇴계는 天 · 太極 · 理를 동일한 궁극존재를 가리키는 것으로 인식하고 있는 것이요, 어느 한 개념으로 다른 개념들을 규정하려는 입장이 아니다.

여기서 '天을 理'(天卽理)로 파악하는 程朱의 天理觀이 天의 종교적 · 인격신적 의미를 제거하고 자연적 · 합리적 · 법칙적 의미만 남겨 두는 것이라 해석하는 견해가 그 동안 강력히 대두되었던 것이 사실이다. 그러나 이러한 견해는

天이 理개념으로 해소 · 흡수되는 것이라 보는 관점으로서 사실과 어긋나는 문제점이 있다.[2] '天을 理'라 정의한다고 하여, 天이 理에 흡수되는 것이 아니다. 天개념이 지닌 신앙적 대상으로서의 성격에, 원리요 본체로서의 철학적 성격이 확장되고 있는 것일 뿐이라 해야 할 것이다. 따라서 天 · 上帝의 초월성 내지 主宰性과 太極 · 理의 근원성 내지 원리성이 하나의 궁극존재를 가리키는 여러 양상으로서 동일한 존재 안에 종합되고 일치시켜 파악될 수 있는 것으로 이해하는 것이 중요하다고 하겠다.

『주역』(「繫辭 上」)에서는 "易에 太極이 있으니 이것(太極)은 兩儀(陰陽)를 낳는다."라 하고, 周濂溪의 「太極圖說」에서는 "태극이 動하여 陽을 낳고, 靜하여 陰을 낳는다."고 언급하고 있다. 퇴계는 이에 근거하여 태극과 음양의 관계를 能生者와 所生者로서 구별하였다. 그것은 태극을 음양이라 보는 혼합의 관점을 거부하고 양자를 나누어 보아야 한다는 분별의 관점을 명확히 밝히고 있는 것이다. 바로 여기서 理와 氣가 一物이 될 수 없다는 분별의 증거를 확인하였다. 따라서 理(無極) · 氣(二五)는 하나가 아니라, 두 가지로서 '오묘하게 결합하여 응결함'(妙合而凝)으로써 인간과 만물이 이루어지는 것이라 본다.[3]

퇴계는 「靜齋記」에서 "태극에 動 · 靜의 妙가 있다."(太極有動靜之妙)고 언

2) 李相殷, 『퇴계의 생애와 학문』, 서문당, 1973, 218-220쪽 참조. 여기서 이상은 교수는 퇴계가 '天卽理'라 하여 程朱의 비종교적이고 합리적인 天理觀을 전제로 하면서도, 「天命圖說後敍」에서 "天之降命于人也"라 하고, "人之受於天命也"라 언급하는 등 天의 종교적 · 神的 의미를 그냥 보류하고 있는 점은 퇴계철학의 이론적 모순같이 보이면서도 실은 그 철학의 深邃한 일면을 보여 주는 것이라 지적하였는데, 이는 퇴계의 天觀이 지닌 모순이나 독자적 깊이라고 볼 것이 아니라, 程朱의 天觀 자체가 종교성을 지니면서 철학적 해석을 포용하고 있는 사실을 계승한 것이라 보아야 할 것이다. 특히 퇴계는 程朱의 天觀에 내포된 정감적 측면과 수양론적 실천의 종교성을 더욱 강화하고 심화시켰다고 볼 수 있다.

3) 퇴계는 「非理氣爲一物辯證」을 지어, 花潭 徐敬德의 氣一元論과 整菴 羅欽順의 理氣一物說을 비판함으로써, 태극-음양 내지 理-氣를 일체로 혼합시켜 보기를 거부하는 분별의 관점을 확립하고 있다.

명하여, 태극을 動·靜의 주체로서 動하고 靜하는 작용의 본체(妙體)로 제시하고 있다. 특히 태극의 존재를 단순히 動·靜하는 작용의 전체로 보는 것이 아니라, 動·靜을 발휘하는 주체로서 강조하고 있다. 곧 그는 李達과 李天機에게 보낸 답장(「答李達·李天機」)에서도, "태극에 動·靜이 있음은 태극이 스스로 動·靜하는 것이요, 天命이 流行하는 것은 천명이 스스로 유행하는 것이다."(太極之有動靜, 太極自動靜也, 天命之流行, 天命之自流行也)고 언명하였다. 여기서 태극과 天命은 밖으로부터 무엇의 명령을 받아 動·靜하는 것이 아니라, 그 스스로에 의해 動靜하고 流行하는 궁극적 근원이요 주체임을 확인할 수 있다. 그것은 태극이 포괄적인 統體요, 존재의 근원이라는 의미에서 한 걸음 나아가, 모든 작용을 주재하는 최고의 능동적 주체임을 주목하고 있는 것이다. 따라서 퇴계는 理의 지위를 天에까지 끌어올려 높이고 있다. 곧 "이 理는 지극히 존귀하여 상대가 없으며, 사물을 命하며 사물에 命받지 않는다."(此理極尊無對, 命物而不命於物)고 하여, 理개념도 極尊으로 지극히 높여져 無對의 절대적 존재이며, 天의 경우와 같이 사물에 命하는 주체요, 사물의 命을 받지 않는 主宰的 존재로 파악되고 있다.

나아가 理개념은 氣와 더불어 理氣論의 체계로서 모든 현상을 설명하는 가장 기본적 구조로 확립되어 더욱 구체적으로 분석되고 있다. 그는 먼저 理개념의 초월성과 실재성을 虛와 實의 개념으로 해명하였다. 곧 그는 理를 지극히 虛하면서 지극히 實한 궁극적 존재임을 강조하여, "진실하여 거짓됨이 없다는 것으로 말하면 천하에 理보다 더 實한 것은 없으며, 소리도 없고 냄새도 없다는 것으로 말하면 천하에 理보다 더 虛한 것이 없다. 이는 다만 '無極이면서 太極'이라는 한 구절에서 볼 수 있다."[4]고 언급한다. 곧 理가 경험적 대상을 넘어서 있는 존재로서 지극히 虛하고, 현실세계 속에서 진실의 근거라는 의미

4) 『퇴계집』, 권 25, 22-23, '與鄭子中 別紙', "蓋自其眞實無妄而言, 則天下莫實於理, 自其無聲無臭而言, 則天下莫虛於理, 只無極而太極一句可見矣."

에서 지극히 實하다는 양면성이 바로 궁극존재로서 無極而太極이 지닌 초월성과 실재성의 양면인 것으로 제시하고 있다.

퇴계는 理와 氣의 관계를 분리시켜 보는 관점과 분리와 통합의 종합적 관점이라는 복합적 관점에서 규정하여 理 · 氣개념을 인식하고 있다.

먼저 퇴계는 理 · 氣가 서로 떠날 수 없다(不相離)는 일체성을 강조하는 一元論的 입장을 비판하면서 朱子의 '理 · 氣는 결단코 두 가지이다.'라는 언급을 끌어들여 서로 뒤섞일 수 없다(不相雜)는 분별의 입장에 따른 二元性을 강조하고 있다.

> "만약 능히 뭇 이치를 궁구하고 온전히 투철하여 이것(理)을 환히 뚫어볼 수 있다면, 지극히 虛하면서 지극히 實하고, 지극히 無하면서 지극히 有하며, 動하면서 動이 없고, 靜하면서도 靜이 없어서, 깨끗하고 맑은 자리로, 털끝만큼 보탤 수도 없고 털끝만큼 뺄 수도 없을 것이다. 陰陽 · 五行과 萬物 · 萬事의 근본이 되지만, 그렇다고 음양 · 오행과 만물 · 만사의 안에 갇혀 있는 것도 아니다. 어찌 氣와 섞어서 一體로 인식할 것이며, 一物로 볼 수 있겠는가."[5)]

여기서 그는 理를 피상적 이해가 아니라 깊이 통찰하여 인식할 것을 강조하면서, 理의 실체를 虛와 實, 無와 有를 꿰뚫고 있는 근원적 존재로 확인하고, 理의 작용을 動과 靜을 포함하면서 넘어서 있는 것으로 파악하며, 음양 · 오행의 氣와 만사 · 만물의 形은 근본이 되면서 그 속에 사로잡혀 있지 않은 근원적이고 초월적 존재임을 제시한다. 따라서 그는 理는 氣와 분별되는 것이요, 하나(一體 · 一物)가 될 수 없는 것임을 명확히 천명하고 있다.

다음으로 퇴계는 理 · 氣관계에서 분리와 결합(離 · 合)의 양면성을 동시에

5) 같은 책, 권 16, 46, '答奇明彦(論四端七情第二書) 別紙', "若能窮究衆理, 到得十分透徹, 洞見得此箇物事, 至虛而至實, 至無而至有, 動而無動, 靜而無靜, 潔潔淨淨地, 一毫添不得, 一毫減不得, 能爲陰陽五行萬物萬事之本, 而不囿於陰陽五行萬物萬事之中, 安有雜氣而認爲一體, 看作一物耶."

수용하고 있다. 곧 "본래 서로 섞이지 않으면서 서로 분리되지 않는다. 나누지 않고 말하면 혼합하여 一物이 되니 그 서로 섞일 수 없다는 것을 알지 못하나, 합하지 않고 말하면 갈라져 二物이 되니 서로 떠날 수 없다는 것을 알지 못한다."[6]고 하여, 理 · 氣관계를 서로 섞이지 않으면서(不相雜) 서로 분리되지 않는(不相離) 두 상반된 존재양상을 포함하는 것이요, '나누지 않고 말하는'(不分而言) 관점과 '합하지 않고 말하는'(不合而言) 관점의 두 상반된 인식방법이 성립하는 것임을 제시하고 있다. 따라서 퇴계의 기본인식은 분별성을 중시하면서도 분별과 통합의 양면을 동시에 보는 것이라 해야 할 것이다.[7]

또한 그는 "氣가 있으면 곧 理가 있다. 오직 氣는 각각 치우침이 있으므로, 理가 어떤 사물에 깃들어 있을 때 따라서 치우치지 않을 수 없다."고 하여, 理 · 氣가 서로 떠날 수 없는 사실과 氣의 치우침에 따라 理도 치우치는 것임을 지적하여 不相離의 측면을 인정하고 있다. 동시에 "理는 그 본체가 氣에 갇혀 있지도 않고 物에 국한되어 있지도 않으므로, 어떤 조그마한 치우침으로 인하여 그 渾淪되어 있는 큰 전체성을 무너뜨리지 않는다."고 하여, 氣를 넘어서 있는 理의 본체를 확인하여 理 · 氣가 서로 뒤섞일 수 없는 理의 '큰 전체성'(大全)으로 보편성을 확인하고 있다.[8] 그것은 현실의 존재에서 보면 항상 理와 氣가 서로 떠나지 않는 것이면서, 그 본체와 근원에서 보면 理는 사물이나 氣에 사로잡혀 있지 않는 전체성 내지 보편성으로 독립되어 있는 존재로 인식할 수 있다는 것이다.

나아가 퇴계는 理 · 氣개념에 動靜이나 作爲가 있는지 없는지에 대해 두 가

---

6) 李瀷, 『李子粹語』, 권 1, 李德弘의 「溪山記善錄」에서 인용.

7) 퇴계의 학통을 계승한 大山 李象靖은 葛菴 李玄逸이 율곡의 渾淪看을 비판하기 위해 퇴계의 分開看을 강조하였던 사실을 부득이한 방편으로 지적하고, 또한 퇴계의 입장을 分開看으로 극단화시킨 淸臺 權相一의 견해를 비판하며, 그 자신은 퇴계의 기본입장이 渾淪 · 分開의 양면을 종합하고 있는 것으로 강조하고 있다.

8) 『퇴계집』, 권 35, 26, '答李宏仲'.

지 인식을 동시에 제시하고 있다. 먼저 그는 理와 氣에 動·靜의 작용이 있음을 인정하고, 각각의 역할을 확인하면서도 그 상호적 성격을 주목하고 있다. 곧 주자가 "理에 動·靜이 있기 때문에 氣에도 動·靜이 있다."고 하여, 理를 動·靜의 주체로서 강조하고 있지만, 여기서 나아가 퇴계는 "理가 動하면 氣가 따라서 생겨나고, 氣가 동하면 理가 따라서 나타난다."[9]고 하여, 理의 動·靜이 氣의 생성에 근원이 되고 氣의 動·靜이 理의 발현에 계기가 되는 것임을 밝히고 있다. 그만큼 퇴계는 理·氣의 離·合하는 양면성과 서로 기다려 발동하는 것으로서 互動하는 상호 작용적 성격을 주목하였던 것이다.

다음으로 그는 理를 '작위함이 없는'(無爲) 본체로 인식하여, 理를 貴하게 여기는 근거를 작위함이 없는 것으로 확인하고 있다. 곧 "인간의 一身은 理와 氣를 겸비하고 있는데, 理는 貴하고 氣는 賤하다. 그러나 理는 작위함이 없고 氣는 욕망이 있다."[10]고 하여, 理에 작위(爲)가 없고 氣에 욕망(欲)이 있는 것으로 대비한다. 여기서 퇴계가 "理는 작위함이 없고, 氣는 욕망이 있다."(理無爲, 而氣有欲)고 언급하는 경우의 '理無爲'와 율곡이 "理는 작위가 없고, 氣는 작위가 있다."(理無爲, 而氣有爲)고 언급하는 경우의 '理無爲'는 글자는 같지만 내용에서는 구별되어야 할 필요가 있다. 곧 율곡에 의하면 작용은 氣에 속하는 것이요, 理는 아무런 작용이 없는 원리를 가리키는 것이라면, 퇴계에 있어서는 理가 항상적 작용으로 나타나지는 않지만 의욕(欲)을 지닌 모든 氣의 작용에 근거가 되는 것으로서 氣의 작용을 主宰하는 작용의 근원적 주체를 가리키는 것이다. 따라서 理는 氣보다 귀하고 우월한 것이라는 理貴氣賤說 내지 理優位說을 제시하고 있다.

---

9) 같은 책, 권 25, 35, '答鄭子中 別紙', "理動則氣隨而生, 氣動則理隨而顯."

10) 같은 책, 권 12, 24, '與朴澤之', "人之一身, 理氣兼備, 理貴氣賤, 然理無爲而氣有欲."

3. 心性개념의 理氣論的 해석

성리학의 理氣論은 인간과 사물의 존재를 그 구조와 근원에서 설명하는 이론틀로 확립되어 왔으며, 특히 인간의 心性情개념을 이해하는 데 적용됨으로써 心性論의 영역을 형성하고 있다. 곧 인간과 사물은 생성되는 처음에 天地의 理를 부여받아 性이 되니, 천지의 理가 하나이므로 사람과 사물의 性도 동일한 것이요, 天地의 氣를 부여받아 형체가 되니, 天地의 氣가 만 가지로 다르므로 그 형체의 氣도 치우치고 바른(偏 · 正) 차이가 없을 수 없는 것이라 본다. 여기서 인간은 正氣를 타고나며, 사물은 偏氣를 타고나는 것으로 구별하고 있다.[11] 이처럼 理 · 氣는 인간과 사물의 생성을 가능하게 하는 공통의 근원으로 제시되고 있으며, 理에서 같으나 氣가 바른지 치우친지에 따라 인간과 사물이 달라진다는 것이다.

또한 퇴계는 理貴氣賤의 理우위론에서 "理의 실천을 주장하는 자는 氣를 기르는 것도 그 속에 있으니 聖賢이 이러하고, 氣를 기르는 데 치우친 자는 반드시 性을 해치는 데 이르니 老莊이 이러하다."[12]고 하여, 主理와 主氣의 태도를 正道(유교)와 異端(老莊)으로 대비시키고 있다. 곧 유교의 聖賢은 理를 표준으로 삼고 理를 실천하는 데 힘씀으로써 그 가운데 氣도 기를 수 있는 인격이며, 老莊은 氣를 기르는 데 빠져 본성의 理를 해치는 것으로 대립시켜 파악하였다. 그것은 理를 가치의 기준으로 확립하는 것을 聖賢의 正道라 하고, 氣를 목적으로 삼아 理를 상실하는 태도를 異端이라 규정하는 것이다. 따라서 그는 主理論을 유교의 정통으로 확인하며, 理를 기준으로 하면 氣를 그 속에 포섭할

11) 같은 책, 續集 권 8, 16, '天命圖說', "凡物之受此理氣者, 其性則無間, 而其氣則不能無偏正之殊, 是故人物之生也, 其得陰陽之正氣者爲人, 得陰陽之偏氣者爲物."

12) 같은 책, 권 12, 24, '與朴澤之', "主於踐理者, 養氣在其中, 聖賢是也, 偏於養氣者, 必至於賊性, 老莊是也."

수 있는 것으로 확인한다. 이에 비해 氣를 기준으로 하는 主氣論은 理를 등지게 되는 것으로 異端에 빠지는 것이라 대비시키고 있다.

퇴계는 "理와 氣가 합하여 心이 되니, 자연히 虛靈과 知覺의 오묘함이 있다."고 하여, 마음(心)을 '理와 氣가 결합한 것'(合理氣)이라는 기본 인식 위에서, 虛靈(지각능력)과 知覺(지각작용)이 있는 것으로 파악한다. 나아가 "고요하여 모든 이치를 갖추고 있는 것은 性이나, 이 性을 담아서 싣고 있는 것은 心이요, 활동하여 만사를 대응하는 것은 情이나, 이 情을 베풀어 쓰는 것은 역시 心이다. 그러므로 心이 性과 情을 통섭한다고 한다."[13]고 하여, 고요한 본체로서의 性과 활동하는 작용으로서의 情이 모두 마음 속에 간직되고 마음에서 실현되는 것이라 하여 마음을 '性과 情을 통섭하는 것'(統性情)이라 정의하고 있다. 이처럼 그는 마음이 理·氣의 결합이라는 인식을 근거로 하여, 마음의 體·用으로서 지각능력인 虛靈(體)과 지각작용인 知覺(用)이 오묘하게 결합하고 있음을 마음의 기본구조로 확인하고 있다. 또한 그가 '고요하여(靜) 모든 이치가 갖추어져 있는 것'을 性이라 하고, '활동하여(動) 만사에 대응하는 것'을 情이라 언급한 것은, 性과 情을 마음의 動·靜으로 분석하고 있는 것이다. 마음은 性을 담아서 싣고 情을 베풀어 쓰는 통합적 주체로서, 한 마디로 '태극'이요, 張橫渠가 제시한 '心統性情'의 개념으로 집약시키고 있는 것이다.

그러니 性을 고요함(靜)으로 情을 활동함(動)으로 구분하는 분석에는 보완설명이 필요하다. 性을 理라 인식하는 입장에서는 "動·靜하는 것은 氣이고 動·靜하는 근거는 理이다."(動靜者氣也, 所以動靜者理也)라는 명제와 충돌하기 때문이다. 여기서 퇴계는 "聖人은 理에 순수하므로 靜이 動을 다스리고 氣는 理에게 명령을 받는다. 衆人은 氣를 따르므로 動으로써 靜을 뚫고 理는 氣에게 빼앗긴다. … 靜을 위주로 動을 제어할 수 있는 것은 聖賢이 中和를 실현

13) 같은 책, 권 18, 12-13, '答奇明彦 別紙', "理氣合而爲心, 自然有虛靈知覺之妙, 靜而具衆理, 性也, 而盛貯該載此性者, 心也, 動而應萬事, 情也, 而敷施發用此情者, 亦心也, 故曰心統性情."

하는 방법이다."[14]고 했다. 즉, 理를 따르고 性을 실현하는 聖人의 길은 靜으로서 動을 제어하는 것이며, 動에 빠져 靜을 무너뜨리면 理가 氣에 의해 지배당하는 衆人의 길이 된다는 것이다. 여기서 靜으로 動을 다스리는 것이 中和곧 性·情의 이상적 실현을 위한 방법이라 밝히고 있는 것은 바로 動·靜 가운데 靜을 중심으로 삼는 성리설로부터 周濂溪 이래로 계승되어 온 主靜說의 수양론으로 전개되는 길을 열어 주고 있는 것이라 하겠다. 여기서 물론 퇴계는 靜을 기준으로 삼으면서도 靜에 치우쳐 사물에 대응하기를 거절함으로써 靜寂에 빠지는 것을 佛敎와 老莊의 편벽된 오류로 경계하는 것을 잊지 않고 있다.

구체적으로 인간존재에서 보면, 理와 氣는 性과 氣質로서 동시에 존재하는 것이다. 퇴계는 "하늘이 인간에게 命(天命)을 내려 줄 때, 이 氣가 아니면 이 理가 깃들 수가 없으며, 이 마음이 아니면 이 理·氣가 깃들 수가 없다."고 하여, 인간존재에서 理는 氣 속에 깃들이고 있음을 지적하였으며 氣가 없이는 理가 드러날 수 없음을 밝힘으로써 현실의 인간존재에서 기질적 조건의 중요성을 주목하였다. 특히 理·氣를 함께 수용하고 있는 주체를 마음(心)이라 파악하고 있다. 따라서 그는 「天命圖說」에서 "우리 인간의 마음이 虛(理)하고 靈(氣)한 것은 理·氣의 집이 된다."(吾人之心, 虛〔理〕而且靈〔氣〕, 爲理氣之舍)고 하여, 마음을 '理·氣의 집'으로 정의하고 있다.[15] 그것은 마음을 '神明의 집'이라 정의해 왔던 기존의 입장보다, 마음이 理·氣의 결합임을 더욱 적극적으로 제시하는 퇴계의 心개념을 엿볼 수 있게 한다. 또한 마음은 퇴계 자신도 虛靈(지각능력)과 知覺(지각작용)의 양면으로 제시하고, 이를 마음의 體·

---

14) 같은 책, 권 42, 21, '靜齋記', "聖人純於理, 故靜以御動, 而氣命於理, 衆人徇乎氣, 故動以鑿靜, 而理奪於氣 … 主靜而能御動者, 聖賢之所以爲中和也."

15) 퇴계가 「天命圖說」(續集 권 8, 17)에서 마음의 허령을 虛(理)·靈(氣)로 분속시킨 것은 본래 鄭之雲의 의견으로 퇴계가 수용한 것이었으나, 奇大升의 비판을 받고 虛·靈을 理·氣로 분속시킨 것을 스스로 취소하고 있다. 같은 책, 권16, 39, '答奇明彥(論四端七情第二書) 後論'.

用으로 인식하고 있는데, 여기서 그는 마음의 본체를 가리키는 '虛靈'의 개념을 虛-理와 靈-氣로 더욱 미세하게 분석함으로써, 마음이 理·氣를 결합하고 있는 주체로 확인되고 있다. 이에 따라 "性이라 하고 情이라 하는 것을 모두 갖추고 운용하는 것은 이 마음의 오묘함이 아님이 없으니, 그러므로 마음은 主宰가 되고 항상 性·情을 통섭한다."[16]고 하여, 마음을 性(성품)·情(감정)을 통섭하고 一身을 주재하는 주체의 존재로서 인식하고 있다.

퇴계는 「천명도설」에서 마음을 性과 情을 통섭하는 주체로 확인한다. 곧 性과 情은 인간의 마음에 내포된 두 차원의 존재양상이며, 性은 理로서 마음의 본체요, 情은 理·氣가 동시에 드러나는 마음의 작용으로서 體·用의 양면으로 인식되는 것이다. 퇴계는 마음에서 性·情이 분별되는 것을 마음이 아직 발동하지 않은 때(未發時)와 이미 발동한 때(已發時)의 두 양상으로 분석하고, 이 마음의 두 양상을 태극의 두 양상으로서 아직 음양으로 갈라지지 않은 때(未判時)와 이미 음양으로 갈라진 때(已判時)에 상응시키고 있다. 곧 마음이 아직 발동하기 이전은 태극이 動·靜의 理를 갖추고서 아직 갈라져 陰·陽이 되기 이전에 해당하는 것으로서, 一心의 안에는 혼연한 하나의 性이 있어 순수한 善만 있고 惡은 없는 것이라 한다. 그리고 마음이 이미 발동한 때에는 태극이 이미 갈라져서 動·靜하여 陰·陽이 나누어진 것에 해당하는 것으로서, 이 때에 氣가 처음 작용(用事)하므로 情의 발동함에 善과 惡의 구분이 없을 수 없는 것이라 한다.

┌ 〔未發 — 性〕: 氣未用事, 渾然一性, 純善無惡
心
└ 〔已發 — 情〕: 氣始用事, 其情之發, 善惡之殊

┌ 〔未判〕: 具動靜之理
太極
└ 〔已判〕: 動爲陽, 靜爲陰

16) 같은 곳, "至於曰性曰情之所以該具運用者, 莫非此心之妙, 故心爲主宰而常統其性情."

여기서 마음의 未發에 性이 갖추어 있고 已發에 情이 나타나는 것으로 밝히고 있다. 또한 理 · 氣를 갖추고 있는 마음이 발동하여 나타나는 양상으로서 '意' (意思)를 선과 악이 갈라지는 계기가 되는 것으로 주목한다.

> "意가 마음의 발동함이 되어, 또 그 情을 끼고 왼쪽으로 가기도 하고 오른쪽으로 가기도 하여, 혹은 天理의 공정함을 따르기도 하고 혹은 人欲의 사사로움을 따르기도 한다. 善과 惡의 구분이 이로 말미암아 결정된다. 이것이 이른바 '意는 선 · 악의 기미' 라는 것이다."17)

마음에서 性이 발동하여 情이 되는 과정에서 보면, 性에는 理가 그대로 간직된 상태라고 한다면 情에는 氣가 작용하기 시작하면서 理가 곧바로 드러나지 못하고 氣에 의해 가리워지거나 방해를 받을 수 있다. 따라서 性은 純善이라 하지만 情에는 선 · 악의 차이가 없을 수 없다는 것이다. 그러나 情(감정)은 性(성품)이 발동하는 것이므로 기질적 제약을 받아서 善이 온전하게 실현되지 못하는 경우가 있지만, 그것은 기질적 조건의 물리적 제약에 따른 선 · 악의 가능조건을 말한 것이지 인간의 자율적 의지에 따른 선 · 악의 도덕적 책임문제와는 중요한 차이가 있다. 여기에 퇴계는 情에서 선 · 악이 드러나는 단초는 매우 미약한 것이라 하여, 情에서 구분되는 선 · 악의 차이가 지닌 도덕적 중요성을 제한한 반면에 마음이 스스로 발동하는 意가 개입하고 있는 사실을 주목하였던 것이다. 그것은 마음의 주체적 발동으로서 意가 성품의 자연적 발동으로서 情을 장악하여, 자율적 의사에 따라 天理(公)를 따라 善을 실현하기도 하고 人欲(私)을 따라 惡에 빠지기도 한다는 것이다. 따라서 선 · 악의 도덕적 책임은 情에 있는 것이 아니라, 意에 있으며 마음의 주체에 있음을 확인하게 되며, 곧 선 · 악의 가능성과 자연적 현상은 情에서 확인할 수 있겠지만, 선 · 악이 결

---

17) 같은 책, 續集 권 8, 18, '天命圖說', "意爲心發, 而又挾其情, 而左右之, 或循天理之公, 或循人欲之私, 善惡之分, 由玆而決焉, 此所謂意幾善惡者也."

정되는 도덕적 근거와 책임은 意(意思 · 意志)의 자율성에 귀속되는 것으로 파악하고 있는 것이다. 여기서 마음에는 구성요소로서, 性 · 情과 주체적 자율성으로서 意가 구분되어 인식될 수 있는 것임을 확인할 수 있다.

4. 四七論辨과 理氣互發說

四端과 七情은 마음에서 情의 두 가지 발동양상으로 이해할 수 있다. 맹자는 四端의 마음을 인간의 성품이 善한 증거로서 제시한 것이며, 七情은 『禮記』(禮運)에서 배우지 않고도 할 수 있는 人情으로 제시한 것이다. 四端 · 七情은 이렇게 다른 설명체계의 문맥에서 나온 것이지만, 양쪽 다 인간 마음의 情이라는 점에서는 공통된 것이요, 따라서 양자의 관계를 理 · 氣의 구조로 파악하는 것이 퇴계의 시대에 중요한 쟁점으로 등장하게 된 것이다.

四七논쟁이 퇴계와 高峯 奇大升 사이의 토론을 계기로 벌어진 배경에는 한편으로 당시 성리학의 인식수준이 심화되고 확산되었던 학문적 여건의 성숙이 작용한 것이요, 다른 한편으로 인간의 心性문제에 당시 성리학계의 집중된 관심이 축적되어 왔다는 학풍의 특성이 개입하고 있는 것으로 볼 수 있다.

처음에 퇴계는 1553년 鄭之雲의 「天命圖說」에서 '天命圖'를 수정하면서, "四端은 理의 발동이요, 七情은 氣의 발동이다."(四端理之發, 七情氣之發)라 고쳤으며, 이 때 퇴계는 一齋 李恒이 「天命圖」에 대해 "情은 氣의 권역 속에 둘 수 없다."(情不可置氣圈中)고 지적한 견해를 수용하였던 것으로 밝히고 있다. 당시 李恒이 河西 金麟厚에게 보낸 편지에서 四七에 관해 논의하고 있는 사실을 보면, 四七論이 당시 유학자들 사이에 중심문제의 하나로 떠오르기 시작하는 분위기였던 것을 짐작할 수 있다.[18] 1558년 고봉의 지적을 받은 후, 이

---

18) 李恒은 四端을 "性이 發한 것으로 순수하게 善하다."(性發而純善)하고, 七情은

듬해 봄에 퇴계는 자신의 견해를 다시 수정하여, "四端의 발동은 순수한 理이므로 善하지 않음이 없고, 七情의 발동은 氣를 겸하므로 善도 있고 惡도 있다."(四端之發純理, 故無不善, 七情之發兼氣, 故有善有惡)고 제시하면서 고봉에게 의견을 묻는 편지를 보냈던 것이 8년에 걸친 퇴계와 고봉 사이에 벌어진 '四七논쟁'의 발단이 되고 있다.[19]

퇴계와 고봉 사이에 있었던 사칠논쟁의 전개는 진실을 밝히려는 학문적 진지성과 자신의 심성론적 논거를 구명하는 분석의 치밀함에서 한국유학사의 학문적 논쟁에 모범이 되고 있다. 그 전개과정을 크게 세 단계로 구분해 볼 수 있다.

첫째 단계는 고봉과 퇴계가 주고받은 四七論辨 第1書의 내용으로, 쟁점의 핵심을 제기한 것이다. 여기서 핵심적 쟁점의 하나는 사단이 칠정에 포함되는가, 사단과 칠정은 서로 대응되는 것인가의 문제요, 쟁점의 다른 하나는 사단과 칠정이 理·氣의 발생근원부터 달리하는 것인가, 공통의 발생근원에서 나오지만 인식상에서 구별한 것인가의 문제로 집약시켜 볼 수 있다.

먼저 고봉은 사단·칠정이 양쪽 모두 性이 발하여 情으로 나타난 것으로서, 사단은 칠정 가운데 절도에 맞는(中節) 것을 가리킨 것일 뿐이라 보았다. 따라서 사단은 칠정 가운데 절도에 맞는 純善한 것을 뽑아내서 말한 것(剔撥而言)이라 확인함으로써, 칠정은 전체의 명칭이요 사단은 부분의 명칭으로 인식하고 있다. 곧 사단은 칠정 속에 포함되는 이른바 '七包四'의 관계로 파악하였던

"理와 氣가 함께 發하여 합한 것이므로 善도 있고 惡도 있다."(理氣竝發而合, 故有善有惡)라 언급하여, 七情의 理氣竝發說을 제시하고 있다. 『一齋集』, 권 1, 7, '答金厚之(麟厚)'.

19) 劉明鍾 교수는 퇴계가 「天命圖說」을 수정한 뒤 당시 四七論에 관해 李恒·金麟厚·奇大升 등의 논의가 있음을 듣고 이를 참작하여 자신의 견해를 수정하였던 것으로 지적하고 있다. 劉明鍾, 『퇴계와 율곡의 철학』, 동아대출판부, 1987, 176-178쪽 참조.

것이다. 여기서 고봉은 사단과 칠정의 분별을 '나아가 말한 바'(所就以言之)가 다른 것이라 지적함으로써, 존재상의 차이가 아니라 인식상의 구별일 뿐이라 해명하고 있다. 이에 따라 고봉은 퇴계의 견해가 四·七과 理·氣를 '상대시켜 들어서 서로 말하는 것'(對擧互言)으로서, 理와 氣를 지나치게 두 가지로 나누는 것이라 비판하였던 것이다. 또한 고봉은 '理는 氣의 主宰요, 氣는 理의 자료'로서 분별이 있음을 인정하면서도 사물에 있어서는 理와 氣가 서로 떠날 수 없는 것으로서 '渾淪'하여 볼 것을 주장하고 '分開'하여 볼 수 없음을 강조함으로써, 理氣不相離를 강조하는 一元論的 입장을 밝히고 있다.

이에 대해 퇴계는 四·七이 情이요 理·氣를 겸하고 있는 사실을 인정하며, '나아가 말한 바'(所就以言)가 다르다는 것을 동의하였다. 그러나 퇴계는 한 걸음 더 나가서 情에 사단·칠정의 분별은 性에 本然·氣稟의 분별에 상응되는 것이라 파악하고 있다. 여기서 퇴계는 四端을 '仁義禮智의 性'(本然之性)에서 발생해 나온 端緖요, 七情을 外物이 形氣에 접촉하여 감응함으로써 '성품이 기질과 뒤섞여'(氣質之性) 발동하여 나오는 苗脈으로 구별하였다. 그것은 四·七이 端緖와 苗脈으로서 그 근원하는 자리가 본연지성과 기질지성으로 다른 것임을 주목하였다. 따라서 四·七은 그 존재근원에서 '발생하여 나오는 바'(所從來)가 다르며, 이에 따라 각각 '주장하여 말하는 바'(所主而言)가 다르게 되는 것임을 강조하고 있다. 그것은 四·七을 인식상에서 분별하는 것을 넘어서 그 발생근원과 발생의 주체에서 분별될 수 있는 것으로 확인하고 있는 것이다.

여기서 퇴계의 방법론적 기본입장은, "같은 속에 나아가 다름이 있음을 알고, 다른 것 속에 나아가 같음이 있음을 봄으로써, 나누어 둘로 만들어도 일찍이 분리됨이 없고, 합하여 하나로 만들어도 실지로 서로 뒤섞이지 않는 데로 돌아가야, 마침내 두루 다 갖추어 편벽됨이 없을 것이다."[20]라고 언명하여, 존

20) 『퇴계집』, 권 16, 10, '答奇明彦(論四端七情第一書)', "就同中而知其有異, 就異中

재에서 同과 異를 양면적으로 인식하며, 인식에서 分(分看)과 合(合看)을 통합함으로써 理 · 氣가 서로 떠나지 않음(不相離)과 서로 뒤섞이지 않음(不相雜)이 동시적으로 성립한다고 주장한다. 이처럼 퇴계는 渾淪과 分開의 두 관점을 병행시키는 입장을 밝혔던 것이다. 여기서 퇴계가 同 · 異와 分 · 合을 병행시킬 수 있는 논거로서 聖賢의 언급을 밝혀 제시한 두 관점의 이론체계를 圖示하면 다음과 같다.

孔子: "繼善成性" ┐
周子: "無極而太極" ┘ 就理氣相循之中, 剔撥而獨言理也 ┐
孔子: "性相近習相遠之性" ┐
孟子: 耳目口鼻之性" ┘ 就理氣相成之中, 偏指而獨言氣也 ┘ 就同中而知其有異〔分開〕

子思 '中和': "言喜怒哀樂 不及言四端" ┐
程子「好學論」: "言喜怒哀懼 愛惡欲, 不及言四端" ┘ 就理氣相須之中, 而渾淪言之也 — 就異中而見其有同〔渾淪〕

이처럼 퇴계는 分開와 渾淪의 양면성을 주목함으로써 渾淪만을 강조하고 分開를 거부하는 고봉의 입장이 理와 氣가 두 가지가 아니라 주장하는 整菴 羅欽順의 理氣一物說에 가깝다고 지적하며, 나아가 氣를 性으로 여기는 폐단이 생기는 것이라 비판하였던 것이다.

또한 퇴계는 『朱子語類』(권 53, 26, 輔廣의 기록)에서 자신이 「天命圖」를 수정하면서 "四端理之發, 七情氣之發"이라 한 처음 견해와 일치하는 주자의 말로서 "四端是理之發, 七情是氣之發"이라는 구절을 발견하고, 四 · 七을 理 · 氣에 나누어 소속시키는 分開의 관점에 대해 더욱 확고한 자신감을 갖게 된 사실

而見其有同, 分而爲二, 而不害其未嘗離, 合而爲一, 而實歸於不相雜, 乃爲周悉而無偏也."

을 밝히면서, 자신이 수정하기 이전에 "四端發於理, 七情發於氣"라고 기록한 鄭之雲의 말도 문제가 없다고 언급하기에 이르고 있다.

둘째 단계는 四七論辨 왕복서한 가운데 고봉의 第2書와 퇴계의 第1書改本 및 第2書의 내용으로, 쟁점을 서로 정밀하게 검토하여 일치점과 차이점을 확인하고, 조정하는 과정을 거치면서 쟁점의 핵심을 더욱 정밀하게 분석하고 분명하게 부각시키는 단계이다.

고봉은 퇴계가 『朱子語類』의 "四端是理之發, 七情是氣之發"이란 구절로 四·七을 理·氣로 分開시킬 수 있는 논거로 삼은데 대해 여전히 거부태도를 견지하면서 반박하고 있다. 곧 그는 주자의 언급에서 "天地之性을 논할 때에는 오로지 理만을 가리켜 말하고, 氣質之性을 논할 때에는 理와 氣를 섞어서 말한다."라는 구절을 인용하여, 주자가 '七情是氣之發'이라 언급한 것은 사실상 理와 氣를 섞어서 말한 것이라 해석함으로써, 七情을 오로지 氣만을 가리켜 말한 것이 아니라고 지적하였다. 이처럼 고봉은 사단과 칠정을 상대시켜 말할 수 없다는 입장을 한 걸음도 양보하지 않았다. 또한 고봉은 性개념을 理가 氣質에 떨어져 있는 것일 뿐이라고 하여, 이처럼 氣質에 떨어진 性이 發한 것이 바로 情이라고 하였다. 따라서 그는 情이란 理·氣를 겸하고 善·惡이 있는 것이요, 이 점에서 四端과 七情이 같은 情이므로, 四·七을 理·氣에 나누어 소속시킬 수 없음을 강조하며, 오직 七情 가운데 절도에 맞은 것을 四端이라 할 뿐이라고 재확인하였다.

퇴계는 고봉의 四七論辨 第2書에서 제시한 비판적 지적을 받고 자신이 오해하거나 착오를 발견한 사항에 대해 자신의 第1書의 6곳을 수정하여 第1書改本을 제시하였다. 여기서 퇴계가 수정한 입장은 엄격한 분별적 표현을 좀더 완화시켰을 뿐이요, 渾淪과 分開를 병행시키는 기본입장은 그대로 견지하는 것이었다. 예를 들어 공자의 '性相近'의 性과 맹자의 '耳目口鼻之性'의 性개념을 본래 "理·氣가 서로 이루어진 가운데 (氣의) 한 쪽만을 가리켜 말한 것이다."고 언급한 것을 "理·氣가 서로 이루어진 가운데 겸하여 가리켰으나 氣

를 주로 하여 말한 것이다."로 수정하는 데서 볼 수 있듯이, 분별의 근거에 渾淪이 내포되어 있음을 재확인함으로써 분별의 관점을 다소 완화시키는 태도를 보여 주는 것이다. 또한 고봉의 입장이 羅欽順의 理氣一物說과 가깝다는 처음의 지적에서도 나흠순의 이름만은 삭제하여 특정한 입장으로 몰아가는 태도를 완화시키고 있다.

나아가 퇴계는 자신의 四七論辨 第 2 書에서 고봉과의 견해가 '본래 같지만 취지가 다른 것' 8조목과 '의견이 달라서 끝내 따를 수 없는 것' 9조목을 열거하고, 고봉의 비판에 대해 자신의 입장을 변론하였다. 그 중요쟁점으로서 고봉이 天地와 人物에 나아가서는 理와 氣를 분별할 수 있지만, 性은 氣質 속에 떨어져 있는 것이므로 理 · 氣에 分屬시킬 수 없다고 분별설을 비판하는데 대해, 퇴계는 먼저 天地와 人物의 경우나 性 · 情의 경우나 理가 氣를 떠나서 존재하지 않는 점에서 공통이므로 天地 · 人物에서 분별할 수 있으면 性 · 情에서도 분별할 수 있는 것임을 지적한다. 理가 氣 속에 떨어져 있는 性개념에 대해서도 子思 · 孟子는 本然之性을 지적하고, 程子 · 張子는 氣質之性을 지적하여 분별하고 있는 사실을 들어, 情에서 四 · 七에 따라 所從來를 분별할 수 있음을 재확인하고 있다. 또한 퇴계는 사람의 一身이 理 · 氣의 결합이므로 理와 氣가 서로 發用하는(互發) 관계로 각각 주장함(各有所主)이 있으니 분별하여 말할 수 있으며, 발동함에는 理 · 氣가 상호 의존하는(相須) 관계로 서로 그 속에 존재하니(互在其中) 혼륜하여 말할 수 있는 것임을 밝히고 있다. 그것은 '互發 — 各有所主 — 分別言'과 '相須 — 互在其中 — 渾淪言'이라는 理 · 氣의 존재구조가 分開와 渾淪이라는 두 가지 다른 관점으로 병행시켜지는 데 그치는 것이 아니라, 互發의 분별(分開)과 相須의 통합(渾淪)이 동시적인 구조로서 더욱 긴밀하게 제시되고 있는 것이다.

고봉은 七情의 발동에서 外物에 감응할 때는 속에 理가 작용하며, 이 점에서 四端의 경우도 같다고 지적하여, 四 · 七의 情이 理 · 氣를 동시에 포함하는 것임을 주장하였는데, 이에 대해 퇴계는 七情도 理에 간여하고 있고, 四端도 外

物에 감응하고 있다는 사실에 동의하고 있다. 그러나 퇴계는 渾淪言과 더불어 分開言이 성립하는 것임을 변론하면서 실제로 그러한 이치가 있고 자신의 주장이 아니라 聖賢의 언급에 논거가 있음을 밝힌다. 곧 四와 七을 나누어 對言하는 경우 칠정과 氣의 관계가 사단과 理의 관계와 같다는 것이요, 四·七이 발동하는 경우 각각 血脈(통로)이 있고 그 명칭에 가리키는 바가 있어서 그 위주로 하는 바(所主)에 따라 分屬시킬 수 있다는 것이다. 이 때 퇴계는 四·七에서 分開와 渾淪의 이중구조를 동시에 제시하기 위하여, 四·七에 대한 유명한 개념정의로서 "사단은 理가 발동하나 氣가 따르고 있으며, 칠정은 氣가 발동하나 理가 타고 있다."(四則理發而氣隨之, 七則氣發而理乘之)라는 명제를 제시하였다. 여기서 四·七에는 모두 理·氣를 아울러 지니고 있지만 각각 主理와 主氣의 분별이 있음을 확인하고 있는 것이다. 그것은 퇴계 사칠론의 결정판을 확립하는 것으로서, 고봉의 渾淪說을 수용하여 새롭게 제시한 것이기는 하지만, 渾淪·分開가 竝行하고 共存함을 제시함으로써 分開說의 정당성을 확고하게 정립하는 것이라 할 수 있다.

四·七에서 理·氣의 혼륜과 분개문제를 '말을 타고 출입하는 사람'으로 비유(人馬之喩)하는 경우에서도 말과 사람이 함께 있지만 사람이 간다고 말할 수 있는 측면과 말이 간다고 말할 수 있는 측면이 있다는 分別說의 입장을 확인한다. 여기에 고봉이 渾淪說에 서서 '사람이 간다' 하면 '말도 간다' 하고, '말이 간다' 하면 '사람도 간다' 하는 것은 주자가 말하는 '숨바꼭질'(迷藏之戲)과 같다 하여 말장난이 되고 마는 것이라 경계하고 있다.

고봉이 四·七을 "실지는 같으나 명칭만 다르다."(同實而異名)고 하여 所從來가 다르다는 퇴계의 分開說을 거부한데 대해, 퇴계는 四端이 七情의 바깥에 있는 것이 아니라는 고봉의 견해를 인정하더라도 본래 차이가 없는데 명칭만 다를 수는 없는 것임을 밝혀 四·七이 所從來에서 분별될 수 있음을 재확인하고 있다. 퇴계는 맹자가 理·氣의 결합에서 理를 발라내어(剔撥) 四端을 설명하고 있는 것은 사단의 所從來가 理임을 밝힌 것이요, 따라서 七情의 소종래는

氣로 상대시켜 말할 수 있는 것임을 주장한다.

나아가 고봉이 『주자어류』에서 주자가 四 · 七을 理의 발동과 氣의 발동으로 상대시켜 말한 것은 우연히 발언하여 한쪽만을 가리킨 것이라 언급한데 대해, 퇴계는 고봉이 주자의 언설에 문제가 있는 것으로 보는 태도를 매우 못마땅히 여겨 질책하였다. 그는 이 구절이 몇 마디 안 되는 간단한 문장이며, 주자가 뛰어난 제자인 輔廣(字 漢卿)에게 개인적으로 조용히 당부한 말씀(單傳密付)으로서 기록한 사람의 착오가 날 수 없는 것임을 역설하였다. 퇴계는 고봉이 道를 밝히는 임무를 담당하려는 용기를 칭찬하면서도 마음을 비우고 뜻을 겸손하게 하지 못하면 '성현의 말씀을 끌어다가 자신의 생각에 맞추려는 폐단'(驅率聖賢之言以從己意之弊)에 이를 염려가 있음을 경고하고 있다. 여기서 퇴계는 자신의 학문방법으로서 독서법을 소개하여 聖賢의 글을 그대로 순순하게 받아들이고 자신의 견해를 고집하는 태도를 버리도록 충고하고 있다.

> "나의 독서하는 방법은 무릇 성현이 의리를 말씀한 곳에서, ① 현저하면(顯) 현저함을 따라 의리를 찾고 감히 곧바로 은미(微)한 데서 찾지 않으며, 은미하면 그 은미함에 따라 연구하고 감히 경솔히 현저함에서 추론하지 않으며, ② 얕으면(淺) 그 얕음에 인하고 감히 천착하여 깊게(深) 하지 않으며, 깊으면 그 깊은 데로 나아가고 감히 얕은 데 머물지 않는다. ③ 分開하여 말한 곳은 분개하여 보되 渾淪이 있음을 해치지 않고, 혼륜하여 말한 곳은 혼륜하여 보되 분개함이 있음을 해치지 않게 한다. ④ 사사로운 생각으로 左로 끌고 右로 당기어 분개를 합하여 혼륜으로 만들거나, 혼륜을 쪼개어 분개로 만들지 않았다. 이렇게 하기를 오래 하면 자연히 그 조리가 정연하여 문란시킬 수 없음을 점차 엿볼 수 있을 것이요, 성현의 말씀은 橫說 · 竪說이 각각 마땅한 바가 있어 서로 방해되는 곳이 없다는 것을 보게 될 것이다."[21]

이러한 퇴계의 독서법은 퇴계가 성현의 말씀을 ① 顯 · 微, ② 淺 · 深, ③-④

21) 같은 책, 권 16, 42, '答奇明彥(論四端七情第二書) 後論'.

渾淪 · 分開에 따라 그대로 수용하여 그 다양성의 각각에서 타당함을 발견할 것을 요구하는 것이요, 그만큼 자신의 견해와 논리의 일관성을 관철하여 성현의 글을 해석하는 태도를 경계하고 있는 것이다. 그만큼 퇴계의 성리설은 經傳과 先儒들의 논설에서 分開와 渾淪의 두 입장을 수용하여 종합하는 입장이며, 理 · 氣개념의 논리적 일관성에 따라 朱子의 언급도 문제가 있는 것으로 지적하는 고봉의 태도를 경계하여 비판하였던 것이다.

셋째 단계는 논쟁의 수습과 귀결을 이루는 단계로서, 고봉은 四七論辨 第 3 書를 보냈으나, 퇴계는 6조목에 걸쳐 고봉의 견해를 반박하는 자신의 第 3 書에 해당하는 글을 준비하였지만 보내지 않았다. 퇴계는 더 이상의 논쟁이 의미가 없는 것이라고 생각하여 한 편의 詩를 보내 논변을 마무리할 뜻을 보였던 것이다. 최종적으로 고봉이 부분적으로 퇴계에 승복하면서 전후 8년간에 걸친 논쟁이 끝맺게 되었던 것이다.

고봉의 第 3 書에서 性(本然 · 氣質)을 하늘의 달과 물에 비친 달에 비유하여, 물에 비친 달을 물이라 할 수 없다는 지적으로 理 · 氣를 분속시킬 수 없음을 강조한다. 이에 대해 퇴계의 第 3 書에서는 하늘의 달은 참 모습(眞形)이지만 물에 비친 달은 빛의 그림자(光影)일 뿐으로 물 속에서 달을 잡으려 하면 얻을 수가 없음을 지적하고, 情(四 · 七)을 물에 비친 달에 비유하면 물의 움직임에 따라 달이 밝고 어두움과 나타나고 사라짐이 결정되는 것임을 지적하여 물의 조건을 위주로 말할 수 있음을 들어 主氣로 말할 수 있음을 확인하고 있다.

또한 고봉은 『주자어류』의 “四端是理之發, 七情是氣之發”은 퇴계가 이해하고 있는 것처럼 좌우로 상대시켜 말하는 對說(說左右, 對待底)이 아니라, 사단을 칠정 속에서 발라내어(剔撥) 상하로 말하는 因說(說上下, 因仍底)이라 해석함으로써, 자신의 혼륜설에 따라 주자의 말을 독특하게 해석하고 있다.[22] 나

22) 李相殷, ‘四七論辨과 對說 · 因說의 意義’, 『아세아연구』 49, 1973, 33쪽.

아가 퇴계의 "四則理發而氣隨之, 七則氣發而理乘之"라 정의한 명제에 대해, 고봉은 사단이 칠정 가운데 理發의 한편을 가리킨 것으로서 四·七을 分開할 수 없다는 기존입장을 지켜, "情이 발동함에 혹은 理가 動함에 氣가 함께 하기도 하고, 혹은 氣가 감응함에 理가 타기도 한다."(情之發也, 或理動而氣俱, 或氣感而理乘)라고 고칠 것을 제안하기도 하였다. 이에 대해서도 퇴계는 고봉의 수정한 정의에 대한 언급이 없이, 다만 "道가 곧 器이다."(道卽器)라 하여, 실제로 道를 器라 여기는 것은 아님을 지적하여 分別說이 가능함을 재확인하고 있다. 또한 고봉이 '氣가 理에 순응하여 발동한 것'을 理의 발동이라 보는 견해에 대해 氣를 理로 보는 병통이 있다고 비판하였다.

고봉은 퇴계의 第3書를 받지 못한 상태에서 「四端七情後說」과 「四端七情總論」을 지어, 자신의 기존입장을 수정하여 四·七을 理·氣로 分屬시키는 퇴계의 견해에 대해 수용할 수 있음을 밝혔으며, '氣發'이라 할 수 있는 근거를 해명하고 있다. 그러나 그는 七情 가운데 절도에 맞는 것이 四端이요, 七情이 理·氣를 아울러 발동하는 것이라는 본래의 견해를 굽히지는 않았다. 이에 퇴계도 고봉의 수정태도를 환영함으로써 퇴계·고봉 사이의 四七論辨이 종결되었던 것이다. 이러한 논쟁의 마무리 과정에서 퇴계가 논쟁의 불필요성을 먼저 밝혔고, 고봉이 자신의 확고한 비판적 입장을 갑작스럽게 포기하고 퇴계의 分開說을 인정하였던 것은 성리설의 논쟁이 논리적 분석으로 끝없이 이어질 수 없는 내재적 성격에 원인을 찾아볼 수 있다. 곧 논리적 분석 그 자체가 성리설의 목적이 되지 않으며, 도학의 전반적 영역과 연관된 성리설의 역할이 재각성되어야 하기 때문이라고 볼 수 있다. 그것은 성리설이 수양론의 이론적 기초로서 실천을 지향하는 본래의 방향을 망각한 채 이론적 쟁점에만 빠져 있을 수 없기 때문일 것이다. 물론 고봉이 자신의 태도를 최종적으로 수정하였지만, 여전히 두 입장의 기본적 차이는 논쟁이 봉합된 이후에도 그 내면에서 남아 있는 것임을 유의할 필요가 있다.

고봉은 四·七의 對說과 分開說에 동의하는 근거로서 四端은 理의 發로서

體認하여 擴充시켜야 하고, 七情은 理·氣의 發로서 省察하여 克治하지 않을 수 없다는 수양론적 요구를 확인하고 있다.[23] 고봉이 퇴계의 理氣互發說에 타당성이 있음을 인정하였던 것도 이러한 수양론적 입장을 수용하는 데 따른 것이 그 중요한 근거라 할 수 있을 것이다. 퇴계의 理氣互發說이 이원적 分開說의 입장을 견지하고 있는 것은 논리적으로 그의 理·氣개념이 서로 뒤섞일 수 없음(不相雜)을 주장하는 데 근거하고 있지만, 실천적으로는 天理에 근원하는 善을 人欲에 근원하는 惡으로부터 명확히 분별하자는 것이다. 그것은 天理를 간직하고 人欲을 억제하려는 '存天理·遏人欲'의 도학적 수양론의 요구에 근거하고 있는 것이라 할 수 있다.

또한 퇴계의 互發說이 지닌 이원론적 입장은 그 시대의 사회의식과도 연결될 수 있다. 곧 퇴계 자신은 사악하고 탐욕적인 집권세력에 의해 의로운 선비들이 참혹하게 희생되는 士禍가 거듭되는 시대를 살았기 때문에, 그의 分開說은 인간 심성에서 善의 근원을 惡의 근원과 분별하여 대립적으로 파악하고자 하는 시대적 인식과 연결시켜 이해할 수 있다.[24] 바로 이런 점에서 義와 利를 분변하고 군자와 소인을 숯과 얼음처럼 양립불가능한 것으로 대립시켰던 靜菴 趙光祖의 이념과 연관되는 것으로 파악할 수 있을 것이다.

5. 퇴계 성리설의 계승과 전개

퇴계의 성리설은 鄭之雲의 「天命圖」를 수정하였던 사실을 계기로 高峯 奇大升과 四七論辨을 전개하면서 四七의 理氣互發說을 통해 渾淪과 分開의 양면성을 제시함으로써 그 특성을 명확히 밝혔다. 더구나 고봉의 渾淪說과 퇴계의 分

23) 『퇴계집』, 권 17, 29, '附奇明彥四端七情總論', "四端只是理之發 … 學者可不體認而擴充之乎. 七情兼有理氣之發 … 學者於七情之發, 可不省察而克治之乎."

24) 琴章泰, 『유교와 한국사상』, 성균관대출판부, 1980, 176-178쪽 참조.

開說이 이론적으로 극명하게 대조되면서 理氣개념과 四七 · 性情의 구조가 정밀하게 분석됨으로써 성리설의 인식수준을 본격적으로 심화시켜 조선시대 성리학의 독자적 세계를 확립하였던 것이 사실이다. 뒤이어 牛溪 成渾과 栗谷 李珥 사이에 四七論辨이 재연되면서 조선시대 성리학의 두 주류로서 퇴계학맥의 理氣二元論的 경향과 율곡학맥의 理氣一元論的 경향이 양극적으로 발전해 갔다. 또한 이 두 성리설 사이에 양자를 절충하거나 종합하거나 지양하여 새로운 이론을 제기하여 성리설의 다양한 발전이 전개됨으로써, 퇴계의 성리설은 그 이후 조선시대 성리설의 활발한 발전과정에 기폭제의 역할을 하였던 것이다.

퇴계 성리설의 互發說에 따른 理氣二元論的 이론은 氣로부터 理가 발동의 주체로서 독자성을 확보하는 데 특징이 있는 만큼, 主理論의 성격을 명확히 정립시켜 갔다. 17세기 후반에 활동하였던 퇴계학파의 葛菴 李玄逸은 퇴계의 성리설을 옹호하면서, 율곡의 '氣가 發하고 理는 타고 있는 한 가지 길만 있다.'는 氣發理乘一途說에 대해 理의 발동을 거부하면 理는 虛無空寂한 것이 되어 모든 造化의 근원이 될 수 없는 것이라 비판하였다. 葛菴이 율곡의 一途說을 비판하면서 퇴계의 分開說을 부각시킨 이후, 18세기 전반의 星湖 李瀷은 사칠논변을 종합적으로 재검토하여 『四七新編』을 편찬하면서, 퇴계의 理氣互發說에 근거하여 理氣各發說과 理發氣隨一路說을 제시하여, 퇴계의 主理論을 더욱 철저히 계승하고 있으며, 18세기 중반의 淸臺 權相一은 理 · 氣의 分開說을 더욱 적극적으로 강조함으로써, 퇴계의 성리설에 내포된 二元論的 성격을 더욱 강화시켜 갔다. 이에 비하여 18세기 후반에 활동한 퇴계학파의 大山 李象靖은 『理氣彙編』에서 퇴계의 성리설에 渾淪과 分開의 두 관점이 동시적으로 병행하고 있음을 강조함으로써, 퇴계의 성리설이 지닌 大統合의 종합적 성격을 강조하는 새로운 양상을 보여 주고 있다.

19세기 후반 한말 성리학의 단계에 들어서자 퇴계학파의 성리설은 새로운 국면으로 접어들고 있는 사실을 볼 수 있다. 그 대표적인 두 가지 양상의 하나는 퇴계의 학풍을 성리설에 집착하여 개념분석에 천착하기보다는 수양론의 실천적 방향으로 계승하는 경향이다. 퇴계의 『聖學十圖』에서 발휘되고 있는 主敬의 수양론적 학풍이 퇴계학파의 주류에 강력하게 계승되고 있는 사실이다. 다른 하나는 심성설에 대한 퇴계의 本意를 새롭게 해석하는 학풍의 등장이다. 곧 星州 지역의 寒洲 李震相은 『聖學十圖』의 第 6 圖인 「心統性情圖」에서 中圖를 재조명하면서, 전통적인 퇴계의 心개념인 心合理氣說을 벗어나 心卽理說을 퇴계의 本意로 제기하였다. 여기서 寒洲는 心卽理說에 근거하여 四 · 七의 발동에서 양쪽 다 理發이라 파악함으로써 퇴계의 主理論的 경향을 더욱 강화시켜 갔던 것이다.

제 11 장 퇴계의 物我觀과 생명의 세계

1. 退溪에서 자연과 생명의 문제

16세기 조선시대의 농업사회를 살았던 退溪 李滉은 기술문명이 고도로 발달한 후기산업사회를 살아가는 오늘의 우리 시대가 부딪치고 있는 심각한 환경의 오염과 생태 문제의 위기의식을 가져 본 일이 없었다. 그러나 우리는 우리 시대의 문제해결을 위한 지혜를 전통사상에서 찾아보고, 또 전통사상의 큰 봉우리로서 퇴계사상이 우리 시대의 문제에 발언할 수 있는 길을 찾아가는 과정에서 퇴계의 세계관이 오늘의 환경문제에 어떻게 기여할 수 있는지를 탐색해 보고자 한다. 퇴계의 자연관과 생명관 속에서는 인간과 자연이 서로 의존함으로써 더불어 성숙하고 완성될 수 있는 불가분의 긴밀한 관계로 이해되고 있다. 따라서 우리는 우리 시대가 당면하고 있는 환경적-생태적 위기를 극복하는 데 요구되는 가치관을 정립하기 위하여 퇴계의 사상에서 자연과 생명의 문제를 새롭게 음미함으로써 도덕적이고 심미적인 조화의 실현이라는 고전적 자연관의 이상으로부터 많은 시사를 받을 수 있을 것이다.

이 장에서는 한 마디로 퇴계의 자연관과 생명관을 이해함으로써 오늘의 환경문제 내지 생태문제에 응용할 수 있는 가능성을 모색하고자 한다. 이를 위해 첫 단계로 퇴계철학에 있어서 天을 중심으로 人과 物의 理氣論的 구조를 파악하여, 여기서 性稟과 氣質의 공통 기반을 확인함으로써 세계관에 내포된 존재론적 근거를 확인하고자 한다. 다음으로 人과 物의 관계에서 열린 마음(公心)에 따라 유기적 일체성을 재확인함으로써 인간과 자연이 조화를 이루는 삶의 가치질서를 파악할 수 있을 것이다. 이와 더불어 人과 人 사이의 사회적 질서와 人과 物 사이의 생활공간 내지 자연적 조건에서도 상호적 이해를 통한 仁·愛의 일체 의식을 확보함으로써 개인과 사회와 자연이 조화를 이루는 사회적 이상을 확인할 수 있을 것으로 본다. 나아가 인간이 저 높이 天을 畏敬함으로써 자연과 조화를 이루는 질서를 사회적 삶 속에서 실현하는 방법을 탐색하고자 한다.

이에 따라 결론적으로 퇴계의 자연관에서는 天과 人이 조화를 이루고, 동시에 인간이 자신을 둘러싸고 있는 사물을 사랑함(愛物)으로써 人과 物이 조화를 이루는 유기적 일체의 세계질서를 발견할 수 있을 것이다. 퇴계에 따르면 바로 '敬'의 인격적 수양을 통해 인간(人)과 자연(物)은 가장 깊은 생명의 일치를 이룰 수 있으며, 仁·愛라는 德性의 실천을 통해 우리의 삶의 세계에서 깊이 도덕적 가치로 결합된 調和의 질서를 확보할 수 있다고 본다. 바로 이러한 調和의 기반 위에서 인간과 자연의 생명을 가장 잘 실현할 수 있으며 또 서로의 생명을 가장 잘 보호해 주는 관계를 확립할 수 있게 될 것이다.

韓國儒學史에서 퇴계는 朱子를 엄격하게 계승한 석학이었으며, 동시에 가장 먼저 조선시대의 性理學을 독자적 수준으로 끌어올렸던 거장이다. 그의 삶과 철학이 지닌 중요한 특징은 山林 속에서 배양되고 성숙되었다는 사실을 들 수 있다. 조선왕조의 朝廷에서는 그를 거듭 높은 관직에 임명하여 都城으로 불렀으나, 그는 항상 벼슬을 간곡히 사양하고 나오지 않거나, 부득이 나왔다가도 곧바로 山村의 고향으로 돌아갔다. 이처럼 세상(世俗)에 뜻을 두지 않고 山林으로 물러나기만을 고집했던 그를 당시 사람들은 한 마리의 '산새'로 비유하기도 하였다.

그가 시냇가에 세웠던 서재에서 읊은 한 수의 詩를 읽어 보면, 우리는 그의 철학을 위한 배경으로서 깊은 숲 속의 자연을 발견할 수 있을 것이다.

푸른 안개 낀 저 산 밖에 땅을 사서,	買地青霞外,
맑은 시냇물 곁으로 옮겨 사노라.	移居碧溪傍,
깊이 사랑하는 것은 오직 물과 돌이요,	沈耽惟水石,
크게 觀賞하는 것은 다만 솔과 대이라.	大賞只松篁,
고요한 속에서는 때때로 일어나는 감흥을 살피고,	靜裏看時興,
한가한 겨를에는 지난날의 향기로운 말씀을 읽노라.	閒中閱往芳.
	〈溪居雜興〉

퇴계가 山村 시냇가의 외딴 집으로 옮겨 와서 살았던 것은 이미 世俗의 榮華나 利害를 멀리 벗어났으며 이웃과의 왕래도 드물어 山林의 自然 속으로 깊숙이 들어간 세계를 지향한 것이다. 특히 그는 깊이 자연 속으로 들어가서 水·石과 松·竹 등 인간의 손길이 덜 미치는 사물 하나 하나를 사랑하였으며, 바로 이러한 맑고 정결한 사물들을 자신의 이웃과 벗으로 삼고 즐거워하는 삶을 살아갔다. 이처럼 그가 즐거워하며 살고 있는 山林이 바로 '깊은 自然'이라 할 수 있다. 이에 비해 自然은 넓게 보면 인간을 둘러싸고 있는 동물·식물·무생물 등 모든 사물의 세계이므로, 이러한 모든 사물의 존재와 그 존재의 부대가 되는 時·空의 운행 질서를 '넓은 自然'이라 할 수 있을 것이다.[1)]

그에게 있어서 山林 또는 山水는 道를 재발견하는 修道의 자리였으며, 바로 이러한 깊은 自然은 그가 자신의 心身을 맑게 하고 새로운 생명력을 회복할 수 있는 공간이었다. 나아가 그는 자연의 靜寂함과 자신의 閑暇함이 어우러진 시

---

1) 退溪 자신은 '自然'이라는 말을 자주 쓰지 않지만, 유교적 '자연' 개념은 인간에 의해 생산되거나 조작되지 않은 만물의 세계로 이해할 수 있다. 이에 비해 退溪를 비롯한 朝鮮시대의 道學者들이 修道하고 講學하던 山林은 都市를 벗어나 멀리 그리고 깊숙이 들어간 세계이므로 '깊은 자연'이라 이름 붙여 본 것이다. 또한 '山林'은 道學者들의 정신적 고향이 되고 있으며, 道學정신이 투철하고 학문이 높은 선비를 일컫는 말로도 쓰이고 있다.

간을 즐거워하며 살았다. 그는 이러한 깊은 자연 속의 삶에서 새롭게 道를 깨달음과 떠오르는 아름다운 詩想을 얻는 기쁨을 '때때로 일어나는 感興'이라 하였다. 동시에 그는 전해 내려온 道를 익히기 위한 공부를 하는 과정에서 침잠하여 읽었던 옛 聖賢들이 남긴 말씀과 행적을 '지난날의 향기로운 말씀'이라고 하였다. 따라서 그의 學問세계는 옛 것을 익히는 공부〔溫故〕와 새로운 것을 깨닫는 공부〔知新〕라는 두 과제를 내포하고 있다. 그러나 그는 이 학문을 연마하기 위해 '깊은 자연' 속으로 들어갔지만, 그가 연마한 학문은 결국 현실사회를 바르게 이끌어 가기 위한 道요, 인간의 참된 삶을 위한 지혜이다. 따라서 퇴계의 학문은 '깊은 자연' 속에서 연마되어 인간의 삶과 그 환경이 조화를 이루고 건강한 생명력을 실현하는 '넓은 자연'을 지향하는 것이며, '깊은 자연'을 통하여 '넓은 자연'에 생명을 불어넣어 주고 인간과 자연의 조화를 실현시켜 주는 것이라 하겠다.

山林이 學問과 修道에 적합한 까닭은 피로한 心身을 맑게 해 주고, 마음을 한가히 하여 한 가지 일에 집중할 수 있게 해 주며, 감정을 차분히 가라앉혀 생각을 침잠할 수 있게 해 주기 때문이다. 이처럼 퇴계에 있어서 번잡한 都市는 인간의 心身을 소비하는 곳으로 이해된다면, 山林은 인간의 心身에 생명을 불어넣어 주는 곳으로 받아들여지고 있다.[2] 퇴계는 山林에서 梅·蘭·松·竹 등 그윽하고 아담한 草木에 깊은 관심을 보였으며, 나아가 山川과 石·泉·溪·霞 등 생명이 없어도 정갈한 사물을 자신의 생활 공간이 갖추어야 할 기본 조건으로 제시하였다. 이처럼 그는 깊고 고요한 자연 속에서 자신의 학문과 생명을 기르고 있었던 것이다.

---

2) 山林 속에서 休養한다는 것은 治療를 의미하는 것이요, 퇴계도 뿌리 깊은 병이 든 몸이었으므로 山林에서 養病하여 건강한 생명력을 얻을 필요가 있었을 것이다.

2. 우주의 理氣論的 해석과 人·物의 性

성리학의 존재론에서는 人間과 萬物을 모두 理와 氣의 결합구조로 파악하고 있다. 周濂溪의 「太極圖說」에 따르면 인간과 만물은 모두 無極之眞(太極; 理)과 二五之精(陰陽·五行; 氣)이 오묘하게 결합하고 응결된 것이라 한다. 이에 退溪는 "太極은 스스로 動·靜하고 天命은 스스로 流行한다." 하여, 태극과 천명은 동일한 理로서 근원적 능동성을 지닌 존재로 인식하고 있다. 또한 퇴계는 '上帝'의 존재도 태극(理)의 위에 있는 것이 아니라 태극과 동일한 존재의 다른 측면으로서, 특히 理와 氣가 妙合하고 응결하여 만물을 化生하는 生成현상을 주관하는 主宰者로서의 역할을 가리켜 말한 것일 뿐이라고 확인한다.[3)]

여기서 인간과 사물은 理에서 보면 하늘로부터 부여받은 같은 性을 지니고 있지만, 氣에서 보면 正氣와 偏氣의 차이가 다양하게 나타날 수밖에 없다고 본다.[4)] 따라서 인간은 「太極圖說」에서 지적하고 있는 것처럼 만물 가운데 가장 빼어난 氣를 얻은 존재로 제시된다. 그것은 인간이 萬物 가운데 있는 하나이면서 바르고(正) 맑고(淸) 순수한(粹) 氣를 부여받아 밝은 지각능력(虛靈)과 선한 도덕적 능력을 지니고 있음을 인정하고 있는 것이다. 여기서 사물과 사람이 氣質에서 차이는 있지만 하늘로부터 같은 성품을 부여받음으로써 동일한 理氣구조로 해명되고 있는 사실은 정도의 차이는 있더라도 인간과 만물이 하나의 큰 생명체의 세계에 침여하고 있는 것으로 이해할 수 있다.

---

3) 『퇴계집』, 권 13, 17, '答李達李天機', "太極之有動靜, 太極自動靜也, 天命之流行, 天命之自流行也, 豈復有使之者歟, 但就無極二五妙合而凝, 化生萬物處看, 若有主宰運用而私其如此者, 卽書所謂惟皇上帝降衷于下民, 程子所謂以主宰謂之帝, 是也."

4) 같은 책, 속집 권 8, 16, '天命圖說', "凡物之受此理氣者, 其性則無間, 而其氣則不能無偏正之殊矣, 是故人物之生也, 其得陰陽之正氣者爲人, 得陰陽之偏氣者爲物."

퇴계의 理氣개념에서는 확고한 理優位說을 확인할 수 있다. 理의 근원에서 보면, 理는 "극히 높고 相對가 없으며, 사물에게 命할 뿐 사물로부터 命을 받지 않는다."[5]고 정의되고 있는 至高의 절대적 존재요, 자율적 主體이며, 主宰的 존재이다. 이처럼 퇴계는 理의 지고성 · 주재성을 강조하는 主理論의 性理說을 주창하였던 것이다. 그러나 理 · 氣가 결합되어 있는 현상세계에서 보면, 理가 물질적 기초인 氣와 결합하여 인간과 사물을 생성하는 만큼, 인간과 사물은 그 개체를 구성하는 氣質에는 맑은 기질과 탁한 기질(淸 · 濁) 순수한 기질과 잡박한 기질(粹 · 駁)의 차이가 있지만, 그 속에 어디에나 天(理)으로부터 부여된 性(理)이 내재하고 있음을 확인한다. 이런 의미에서 인간과 사물은 존재의 양상에서는 氣質에 따른 차이가 있음에도 불구하고 존재의 본질에서는 性(理)이 일치한다는 것이다. 이를 圖示해 보면 人 · 物은 正氣 · 偏氣의 다양한 차이에 따라 기질의 차이가 있지만, 모든 개체가 天으로부터 부여받은 性을 내재하고 있다는 사실과, 동시에 理는 하나이므로 人과 物의 性은 같은 理라는 사실을 보여 주고 있다.

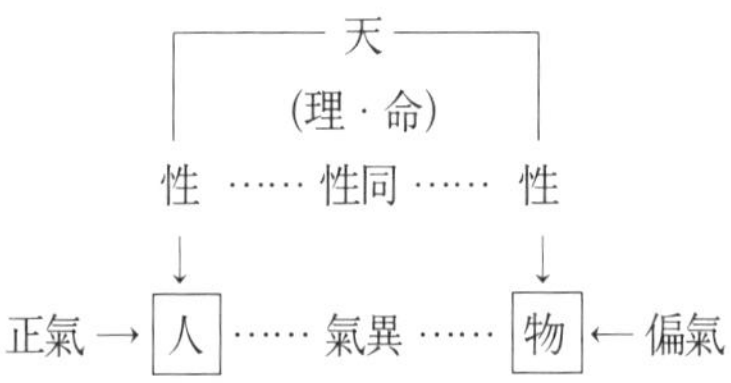

〈人物-性同氣異〉

인간과 사물에 있어서 기질적 차이라는 것도 서로 다른 기질로 구성되어 있는 것이 아니라 같은 陰陽 · 五行의 기질로 이루어졌지만 바른지 치우쳤는지(正 · 偏), 맑은지 탁한지(淸 · 濁), 순수한지 잡박한지(粹 · 駁)에 따른 상태의

5) 같은 책, 권 13, 17, '答李達李天機', "… 此理極尊無對, 命物而不命於物故也."

차이를 의미한다. 그만큼 성리학적 우주론은 인간과 사물을 같은 평면 위에 두고 있는 것이 사실이다. 그러나 맑은 기질의 기능으로서 지각능력(사유능력을 포함)이 도덕적 선악을 판단할 수 있는 능력으로 나타날 때, 인간과 사물의 차이가 적다고 할 수 없다. 기질의 正·偏에 따라 지각능력을 얼마나 가졌는지의 차이가 넓게 벌어지고 있다. 곧 인간은 기질이 通하고 지각능력이 밝으며(通且明) 사물은 기질이 막히고 지각능력이 어두운(塞且暗) 차이가 드러난다. 여기서 인간은 통하고 밝은 기질에 따라 그 형상이 平正하고 '直立'하며, 禽獸는 지각능력이 어느 한 방향으로 열려(或通一路) '橫生'하고, 草木은 지각능력이 완전히 막혀 통하지 않아서(全塞不通) '逆生'한다고 하여 존재양상에 있어서 커다란 차이를 보여 주고 있다.[6]

이처럼 인간과 사물 사이에 기질의 엄청난 차이가 드러나는 것은 그 기능과 상태의 차이에 따른 것으로서, 優劣의 등급으로 나누어 볼 수 있는 것이 사실이다. 그러나 이러한 인간과 사물 사이의 차등화는 인간이 다른 사물을 지배하거나 도구화할 수 있는 권리를 보장해 주는 것이 아니다. 다만 인간이 지닌 우수한 지각능력에 따라 드러나게 되는 도덕적 세계는 인간이 실현하고 지켜야 할 도덕적 표준으로 제시되는 것이다. 곧 이 도덕적 세계는 인간존재의 가치기준이요, 敬의 修養論이 추구하는 인격적 성취의 목표로 확인할 수 있다. 다시 말하면 인간과 사물의 기질에 따른 형상이 直立하거나 橫生하거나 逆生하는 차이는 보편적 性의 실현에서 얼마나 기질적 제약이 심한지를 말하는 것일 뿐이다. 이에 인간은 자신의 性을 온선하게 함으로써 모는 사물의 性도 온전하게 해 주는 것을 목적으로 인정하고 理想的 완성의 모습으로 받아들이는 것이다. 따라서 인간이 사물을 지나치게 소비하거나 파괴하는 것은 인간의 덕과 그 자신을 손상시키는 것으로 본다.

---

6) 같은 책, 속집 권 8, 16, '天命圖說'. 「天命圖說後敍」(『퇴계집』 권 41)에서 보이는 鄭之雲의 「天命舊圖」와 退溪의 「天命新圖」에 공통으로 제시되고 있으며, 權近의 「天人心性合一之圖」(『入學圖說』)에서도 같은 맥락의 인식이 나타나고 있다.

3. 敬天을 통한 생명존중의 각성

퇴계의 학문과 삶을 관통하는 중심개념은 '敬'으로 집약시킬 수 있다. 敬은 우리의 마음을 주재하는 중심으로서 고요할 때(靜時) 存養하고 활동할 때(動時) 省察함으로써 마음을 바르게 붙잡아 주고 지켜 주는 것이다. 따라서 朱子의 「敬齋箴」에서 "의관을 바르게 하고 바라보는 눈을 존엄하게 하며, 마음을 침잠하여 거처하면서 上帝를 마주 대하고 모시듯 하라."(整其衣冠, 尊其瞻視, 潛心以居, 對越上帝)고 언급한 것처럼 敬의 실천은 단정한 외모와 경건한 마음가짐을 요구한다. 이러한 敬의 태도는 '整齊嚴肅'의 절도이며, 마음을 한 가지 일에 집중하여 다른 일에 관심을 흐트러지게 하지 않는 '主一無適'의 자세요, 마음을 거두어들여 항상 깨어 있도록 요구하는 '其心收斂' 내지 '常惺惺法'의 방법으로서, 퇴계는 이러한 경의 실천방법을 통해 마음의 집중과 각성을 실현하는 것으로 밝히고 있다.[7]

그러나 여기서 敬의 외형적 내면적 실천은 하나의 절정을 전제로 하고 있다. 그것은 곧 "상제를 마주 대하고 모시듯 하라."(對越上帝)는 것이다. 인간이 인간에 대해 공경하는 마음을 지니고 만물에 대해 사랑하는 마음을 지닌다고 하더라도, 이러한 마음을 확보할 수 있게 하는 최종의 근원은 인간이 하늘과 마주 대하고 있다는 사실에 근거한다. 바꾸어 말하면 인간이 하늘을 망각하고 외면한다면 공경하는 외모와 경건한 마음가짐이 진실하게 확보될 수 없다는 사실을 확인해 주는 것이다. 성리학에서 인간의 성품이 하늘로부터 부여받은 天命이요, 天理임을 밝히고 있는 것도 인간존재의 본질이 하늘에서 근원하고 있음을 지적한 것이다.

---

7) 敬의 핵심개념을 정의하면서 程子는 '整齊嚴肅'이라 하고, 朱子는 程伊川의 말을 끌어다 '主一無適'이라 하였으며, 和靖 尹淳이 '其心收斂'이라 하고, 上蔡 謝良佐는 '常惺惺法'이라 제시하였다.

특히 퇴계는 宣祖에게 당면한 정치의 기본과제를 6조목으로 제시한 「戊辰六條疏」의 제 4 조에서 '도술을 밝혀 인심을 바르게 할 것' (明道術以正人心)을 요구하면서, "道術이란 天命에서 나와서 떳떳한 人倫으로 행해지는 것이요, 古今의 天下가 다 같이 가는 길이다."[8]고 하여, 이 세상을 다스리는 기본원리와 인간이 지켜야 할 근본규범이 모두 하늘의 명령에서 나온 것임을 확인해 주고 있다. 퇴계의 사상적 특성의 하나는 성리학에서 원리적으로 제시한 하늘(天理 · 天命 · 天道)을 우리 삶의 중심에서 더욱 구체적으로 확립시켜 주는 것이라 볼 수 있다. 그는 「戊辰六條疏」의 제 6 조에서 '修身과 省察을 정성스럽게 하여 하늘의 사랑을 받들 것' (誠修省以承天愛)을 제시하여, 하늘의 사랑을 받들기 위해서 修行과 反省의 修養을 힘써 행함으로써 자신을 진실하고 善하게 변화시켜야 하는 실천적 과제를 명백히 보여 주고 있다. 여기서 그는 먼저 하늘(天地)의 사랑이 인간과 만물에 두루 미치고 있으며 특히 인간에 대한 사랑이 크다는 것을 강조한다.

> "天地의 큰 德은 生이라 하는데, 무릇 천지 사이에 생명을 가진 무리가 빽빽하니, 움직이는 것(동물)과 땅에 심어져 있는 것(식물), 큰 것과 미세한 것들이 모두 하늘이 덮어 주고 사랑하는 것인데, 하물며 형상이 하늘을 닮고 가장 영특하여 천지의 마음이 되는 우리 백성에 대한 그 사랑은 말할 것도 없습니다."[9]

퇴계는 먼저 "天地의 큰 德은 生이라 한다."(天地之大德曰生)는 『주역』(「繫辭 下」)의 구설을 이끌어, 하늘(天地)이 지닌 기본 德으로서 하늘이 만물을 낳고(生產) 동시에 만물을 살리는(生育) '生'의 德이 하늘의 인간과 만물에 대한

8) 『퇴계집』, 권 6, 46, '戊辰六條疏', "道術出於天命, 而行於彝倫, 天下古今, 所共由之路也."

9) 같은 책, 권 6, 54, '戊辰六條疏', "竊謂天地之大德曰生, 凡天地之間, 含生之類, 總總林林, 若動若植, 若洪若纖, 皆天所悶覆而仁愛, 而況於吾民之肖象而最靈, 爲天地之心者乎."

사랑(仁愛)임을 확인하고 있다. 여기서 퇴계는 인간이 모든 사물들 가운데서 가장 우수한 존재임을 인정하고 있다. 그러나 그가 인간존재에 대해 "天의 형상을 닮아 가장 신령하다." 하고, "天地의 마음이 된다."고 언명한 것은, 곧 인간이 만물을 생성하는 天德을 지니고 만물을 사랑하여 培養하는 天心을 간직하고 있음을 강조하고 있는 것이다.

또한 그는 하늘이 인간을 특별히 사랑하여 덕이 높은 이를 임금으로 세워 백성을 다스리게 하는 것임을 지적하고 있다. 여기서 그는 董仲舒가 天人感應說을 제시하면서 임금의 失德에 하늘이 견책을 내림에 대해 언급하여, "나라에 失道로 낭패함이 있으려면 하늘이 먼저 災害를 내려 견책함을 알리고, 그래도 自省할 줄 모르면 또 怪異를 내려 놀라고 두렵게 하며, 그래도 변할 줄 모르면 傷敗함에 이르니, 이로써 天心이 임금을 사랑하여 혼란을 그치게 하려 함을 알겠다."라고 한 말을 끌어들여, 하늘이 임금을 사랑하는 방법은 한편으로 임금으로 세워 주는 것과 다른 한편으로 災異를 내려 失德을 견책하는 것으로서 두 가지 방법이 있음을 말해 준다. 여기서 하늘은 감사하는 마음으로 공경해야 할 대상이면서 동시에 두려운 마음으로 敬畏할 대상이라는 양면적 성격을 드러낸다. 따라서 인간에게는 하늘에 대해 감사하기에 앞서 두려움으로 하늘의 진노를 푸는 일이 일차적 문제로 닥쳐온다.

나아가 퇴계는 『시경』(「周頌」, '閔予小子之什 · 敬之')의 "높고 높은 위에서 … 날마다 이곳을 감시한다."(高高在上, 日監在玆)라는 구절을 인용하여, 하늘은 털끝만큼도 속일 수 없는 존재임을 확인한다. 따라서 그는 上帝를 받들기 위해서는 "평일에 반드시 마음을 붙들고 몸을 신칙하여 敬과 誠을 할 수 있어야 한다." 하고, 災異로 견책을 당하면 "반드시 허물을 반성하고 정치를 바르게 하여 삼가고 참되게 하여 天意를 감격시킬 수 있어야 한다."[10] 하여, 항상

10) 같은 책, 권 6, 54-55, '戊辰六條疏', "其在平日, 必有以秉心飭躬, 克敬克誠, 以昭受上帝者, 氣不盡其道矣, 其遇災譴, 必有以省愆修政, 克愼克實, 以感激天意者, 盜能盡其心矣."

敬 · 誠을 다하고 愼 · 實을 다함으로써 天命을 받들고 天意를 감동시키도록 요구한다. 물론 退溪는 임금에게 하늘을 敬畏함으로써 德을 잃지 않고 백성을 사랑하여 정치를 바르게 하는 기본원리를 제시한 것이다. 그러나 퇴계에 있어서 敬天 · 畏天하는 것은 '敬'을 실현하는 근본조건으로서, 임금만이 아니라 모든 인간에게 적용되는 것이다.

또한 그는 『시경』(「周頌」, '淸廟之什 · 我將')에서 "나는 아침 일찍부터 밤 늦게까지 하늘의 위엄을 두려워하여 길이 보전하리라."(我其夙夜, 畏天之威, 于時保之)라는 또 다른 구절을 인용하고서, "하늘이 이미 나를 도와 주시니, 내가 감히 아침부터 밤 늦게까지 하늘의 위엄을 두려워하여 하늘이 굽어 살피는 뜻을 보전하지 않겠느냐."[11]라는 뜻으로 해석하고 있다. 그것은 먼저 하늘이 자신을 돕는다(天佑)는 하늘의 사랑을 인식하는 것이요, 동시에 하늘의 위엄(天威)을 각성하여 아침부터 밤까지 모든 순간에 하늘을 두려워함(畏天)으로써, 항상 나를 굽어 살피며 사랑으로 도와 주고 질책하는 하늘의 뜻을 받들어 가야 한다(事天)는 것이다.

따라서 인간은 하늘을 敬畏하여 하늘의 뜻을 받들어 실현하는 데 참여해야 하는 존재인데, 그 기본과제가 바로 하늘의 큰 德인 '生'을 받들어 실현하는 것이다. 이처럼 하늘의 生하는 덕을 받드는 방법은 바로 인간을 사랑하고(仁民) 만물을 사랑하는 것(愛物)으로 이해되어야 할 것이다. 한 인간(己)이 다른 인간(人)을 사랑해야 하고 만물(物)을 사랑해야 하는 규범의 최종적 근원은 하늘이 인간과 모든 사물을 낳을 때 각각 氣質의 차이가 있음에도 불구하고 모든 존재에 동일한 성품(性 · 理)을 부여하였다는 존재론적 근거와, 하늘이 인간과 만물을 낳고 사랑하는 德을 밝혔으므로 인간도 하늘의 덕을 본받아 다른 인간과 사물을 사랑해야 한다는 당위성에 근거하는 것이다. 이를 圖示하면 다

---

11) 같은 책, 권 7, 53, '西銘考證講義', "天旣右享我矣, 則我其敢不夙夜畏天之威, 以保天所以降監之意乎."

음과 같다.

〔天〕
愛　　愛↑　　愛
↙　　↓敬　　↘
〔人〕←仁—〔己〕—愛→〔物〕
〈敬天 · 仁民 · 愛物〉

하늘을 畏敬한다는 것(敬天 · 畏天)은 인간과 사물에 대한 하늘의 사랑을 받아들여 실현하기 위한 기본자세요, 하늘을 섬기는(事天) 출발점이 된다. 여기서 퇴계는 "부모를 섬기는 마음을 미루어 하늘을 섬기는 도리를 다할 수 있으니, 무슨 일에서나 수행과 반성을 하지 않음이 없고, 어느 때나 두려워하지 않음이 없다."[12]고 하여 인간이 하늘을 섬기는 방법을 제시하고 있다. 곧 事親의 마음으로 事天할 수 있음을 밝힘으로써, 父子관계와 天人관계가 사랑으로 결합되고 생명으로 일체화된 것으로 파악하여, 가까이 부모를 섬기는 마음을 미루어 하늘을 섬길 수 있는 방법을 제시하고 있는 것이다. 또한 事親과 事天을 위한 공통의 실천조건으로서 모든 일에서 수양하여 자신의 인격을 연마하고, 어느 때나 두려워하는 마음(恐懼)을 지니는 畏敬의 자세를 지킨다는 것이다.

여기서 하늘이 내려 주는 인간에 대한 사랑과 사물에 대한 사랑은 한 마디로 낳아 주고 살려 주는 '生'의 사랑이며, 이 生 곧 生命을 존중하고 사랑하는 철학이 우리의 현대사회에서 인간의 이기적 욕망을 충족시키기 위해 자행되고 있는 자연의 파괴, 환경의 파괴로부터 인간을 구출해 줄 수 있는 원리로 새롭게 평가되고 조명될 필요가 있다.

---

12) 같은 책, 권 6, 56, '戊辰六條疏', "推事親之心, 以盡事天之道, 無事而不修省, 無時而不恐懼."

4. 仁의 心性的 근원과 仁民을 통한 확장

孔子는 顔淵에게 "자기를 이겨 내고 禮를 회복하는 것이 仁이 된다."(克己復禮爲仁)고 하여, 仁을 '자기'(己)와 '禮' 라는 두 가치 사이에 취사선택하는 문제로서 설명하고 있다. 여기서 '자기'는 자신의 이기적 측면이요 '禮'는 보편적 가치를 가리킨다. 곧 한 인간으로서 다른 인간을 사랑하는 仁을 실천한다는 것은 이기적 욕망을 극복하고 天理에 근거한 도덕성을 실천하는 것을 말한다. 이기적 욕망은 그 목적이 자신 속에 갇혀서 남을 고려하지 않고 공동체 전체를 돌보지 않기 때문에 '私'라고 일컬어질 수 있다. 퇴계는 '私'를 "마음을 해치는 좀벌레요, 모든 惡의 근본이다."라 규정하고, 이 私를 제거하는 방법으로 "마음을 해치는 적을 제거하고 惡의 뿌리를 뽑아서 순수한 天理로 돌아가는 것"이라 하였다. 또한 그는 "이 天理로 돌아가려면 학문의 功에 깊이 의지하지 않으면 안 되며, 그 공부를 하기가 역시 어려운 일이다."[13]라 하여, 私를 제거하고서 회복시켜야 할 도리를 天理라 밝혔고, 天理를 회복하기 위해서 학문을 통한 노력의 과정을 강조하고 있다. 私-利己心을 제거한다는 것은 한 번 의지를 발하여 되는 것이 아니라 오랜 기간에 걸쳐 자신의 기질을 변화시키고 天理를 드러내어 인격을 성숙시켜 가는 修養의 공부가 요구되는 것이다.

퇴계는 仁을 실천하기 위한 방법으로서 가까운 데서 출발하는 순서를 중시하고 있다. 그 가까운 출발점은 자기 자신에서 출발하는 것이며, 사물에 대한 사랑에 앞서 인간을 사랑하는 것이요, 결국에는 인간에 대한 사랑이 만물에 대한 사랑으로 나아가야 하는 것임을 밝히고 있다.

子貢이 '널리 베풀고 많은 사람들을 구제하는 것'(博施濟衆)을 仁이라고 할

13) 같은 책, 권 7, 3, '戊辰經筵啓箚二', "私者一心之蟊賊, 而萬惡之根本也 … 欲去心賊拔惡根, 以復乎天理之純, 不深藉學問之功不可, 而其爲功亦難."

수 있는지 물었을 때, 孔子는 "仁者는 내가 서고자 하면 남을 세우고, 내가 통달하고자 하면 남을 통달하게 한다."고 대답하였다. 퇴계는 여기서 子貢이 자기 몸의 절실한 곳에서 仁을 찾을 줄 모르고 처음부터 모든 사람을 향한 博愛的 사랑을 너무 요원하고 관계 없는 곳에서 찾고 있다는 문제점이 있음을 지적하였다. 퇴계는 이에 비해 孔子의 대답을 "자신으로 돌아와 仁의 體를 가장 절실한 곳에서 인식하게 한 것"[14]이라 확인한다. 따라서 仁을 실현하는 방법은 일차적으로 가까이 자신에게서 찾아야 하는 것임을 강조하는 것이며, 자신에게서 시작하여 다른 사람을 사랑하는 데까지 나가는 것이다. 공자 자신도 이 대답에 이어서 '가까운 데서 터득하여 미루어 가는 것'(能近取譬)을 仁에 이르는 방법이라 언급하고 있다.[15] 朱子가 '자신을 미루어 남에게까지 나가는 것'(推己及人)으로 해석한 '恕'의 원리도 자신에서 출발하여 타인에로 확장시켜 가는 仁의 핵심적 정신을 내포하고 있는 것이다.

張橫渠는 "仁이란 비록 천지 · 만물과 더불어 일체가 되는 것이지만, 반드시 먼저 자기로부터 근본이 되고 主宰가 되어, 모름지기 만물과 내가 한 이치에서 서로의 관련이 친밀하고 절실하다는 의미와, 가슴에 가득한 측은한 마음이 관철 · 유통되어서 막힘이 없고 고루 미치지 않는 데가 없음을 깨달아서 얻어야 비로소 이것이 仁의 실체이다."고 언급하였다. 여기서 퇴계는 張橫渠의 이 말을 인용하면서, 仁이 자기 마음에 근본하여 惻隱之心이 흘러 넘쳐 마침내 천지 · 만물과 일체가 되는 데까지 가야 하는 방법적 과정을 확인하고 있다. 이와 더불어 그는 "천지만물이 그대로 仁이 된다고 한다면, 仁의 體는 한없이 넓고 멀어서 나의 心身과 더불어 무슨 상관이 있겠는가."[16]라 하여, 仁의 확장과정

---

14) 같은 책, 권 7, 50, '西銘考證講義', "夫子言此, 使其反之於身, 而認得仁體最切實處."

15) 『논어』, '雍也', "夫仁者, 己欲立而立人, 己欲達而達人, 能近取譬, 可謂仁之方也已."

16) 『퇴계집』, 권 7, 50, '西銘考證講義', "今橫渠, 亦以爲仁者, 雖與天地萬物爲一體,

을 무시하고 처음부터 物我一體의 仁을 말하는 것은 墨子의 '사랑에 차별이 없다'(愛無差等)는 兼愛主義나 불교의 '사물을 자기로 삼는 병통'(認物爲己之病)에 빠지는 것임을 경계하고 있다.

孟子도 "어버이를 친애하고서 백성에게 자애롭게 하고, 백성을 자애롭게 하고서 사물을 애중한다."(親親而仁民, 仁民而愛物. 「盡心 上」)고 하여, 어버이를 친애함(親親)에서 백성에게 자애롭게 함(仁民)으로 나아가고, 다시 사물을 애중함(愛物)으로 나아가는 단계적 확장과정을 제시하고 있다. 그 확장의 방향은 자신에게서 출발하여 부모로, 다른 인간으로, 만물로, 곧 가까운 데서 먼 데로 뻗어 나가는 것이요, 이른바 梁啓超가 말하는 유교의 '方法的 差別愛主義'를 보여 주는 것이다. 여기서 한 인간의 마음 속에 사랑이 넘쳐 흐른다는 것은 다른 인간에 대한 사랑으로 실현되는 확장의 시작이며, 나아가 자연과 사물에 대한 사랑으로 뻗어 나아갈 수 있는 토대가 확립되는 것으로 볼 수 있다. 사실상 인간의 이기적 욕망이 분출하여 자연을 파괴하기 이전에 다른 인간에 대한 사랑이 결핍되고 인간생명에 대한 존중의식이 파괴되었던 것이다. 다른 인간에 대한 사랑 내지 인간생명에 대한 존중의식은 생명 있는 사물에로 확장되고 한층 더 나아가 생명 없는 사물에 대한 사랑으로 확장되어 가는 기초로서 확인된다. 파괴된 환경의 회복을 위해서도 인간에 대한 사랑이 재확인되고 실현되는 데서 시작하는 것이라 볼 수 있다.

5. 物我관계의 유기적 일체성과 愛物

인간과 사물은 차이에도 불구하고 근원적인 공통 기반이 있다. 곧 만물은 하

然必先要從自己爲原本爲主宰, 仍須見得物我一理, 相關親切意味, 與夫滿腔子惻隱之心, 貫徹流行, 無有壅閼, 無不周徧處, 方是仁之實體, 若不知此理, 而泛以天地萬物一體爲仁, 則所謂仁體者, 莽莽蕩蕩, 與吾身心有何干預哉."

늘(天地)에 의해 生産되고 培養되는 존재라는 것이다. 하늘은 인간을 포함한 모든 사물을 낳는 존재 근원이 되고, 또한 인간과 모든 生物 · 無生物의 만물을 사랑하여 덮어 주고 살게 해 주는 존재임을 기본 전제로 받아들이고 있다.

『聖學十圖』의 제 2 도로 수록된 張橫渠의 「西銘」에서는 하늘(乾)과 땅(坤)을 父 · 母라 부르고, 인간이 그 가운데 자그마하게 끼어 있는 존재로서 이루어진 세계를 보여 주면서, "天地에 가득 차 있는 것은 나의 몸이요, 天地가 主宰하는 것은 나의 본성이다."(天地之塞, 吾其體, 天地之帥, 吾其性)고 하여, 천지의 理와 氣가 인간의 性과 몸이 되는 것으로서 인간은 천지와 동일한 구성의 전체에 대한 부분이 되는 것이므로, 개체로서의 小我와 전체로서의 大我라는 관계로 일체성을 제시하는 것이다. 따라서 모든 인간은 나에게 형제(同胞)가 되고, 만물은 나와 일족(與)이 되는 物我一體의 세계를 宇宙一家의 친족적 관계로 받아들이고 있다.

퇴계는 張橫渠의 「西銘」의 뜻을 설명하면서, "나와 천지만물의 이치가 본래 하나인 까닭을 미루어 밝힌 것"이라 하여, 理一分殊說에 따라 기질의 다양한 차이에도 불구하고 理에서는 物과 我가 존재근거에서 一體임을 확인하고 있다. 그는 이어서 "仁의 體를 그려 내고 그로써 有我의 私를 깨뜨리고 無我의 公을 크게 열어 주어, 그 완고하기가 돌과 같은 마음으로 하여금 融化하여 환히 트이게 하고, 사물과 나 사이에 간격이 없게 해서, 조그만 私意도 그 사이에 용납함이 없게 하였으니, 천지 만물이 한 집안이 되고 온 나라가 한 사람처럼 되어서, 남의 괴로움과 아픔을 내 몸에 절실히 느끼게 되면 仁道를 얻을 수 있다."[17]고 하여, 「西銘」의 기본정신이 仁을 통해 마음에서 '私' 곧 단절된 '작은 나'(小我 · 有我)를 깨뜨리고 '公' 곧 어울린 '큰 나'(大我 · 無我)를 열어

---

17) 같은 책, 권 7, 49, '西銘考證講義', "橫渠此銘, 反覆推明, 吾與天地萬物, 其理本一之故, 狀出仁體, 因以破有我之私, 廓無我之公, 使其頑然如石之心, 融化洞徹, 物我無間, 一毫私意, 無所容於其間, 可以見天地爲一家, 中國爲一人, 痒痾疾痛, 眞切吾身, 而仁道得矣."

사물과 나 사이에 단절이 없게 함으로써 物我一體를 실현하는 것임을 밝히고 있다. 그것은 나의 마음에 仁을 발휘하여 다른 사람에 대한 사랑으로 나아가고 마침내 만물에 대한 사랑으로 확장시켜 우주가 一家가 되고 나라가 一人이 되는 유기적 일체화를 실현하는 것이다.

퇴계는 「西銘」을 한 마디로 요약하여, "聖學이 仁을 찾는 데(求仁) 있음을 깊이 체득하여야, 이제 天地 · 萬物과 더불어 一體가 된다는 것이 진실로 그러함을 알 수 있다."[18]고 언명하였다. 곧 仁의 실현(求仁)이 깊어져 體仁의 차원에서 확립되는 物我一體의 세계를 제시한 것이다. 그것은 자기 자신에서 직접 발단하고 분별적 인식에 따라서 단계적 확장과 성숙의 과정을 거쳐 一體의 세계를 확립하게 되는 유교전통의 인식방법이다. 바로 이러한 物我관계의 인식을 '體仁的 物我一體'의 각성이라 할 수 있다. 여기서 퇴계는 사물과 나를 혼동하여 '사물을 나로 보는'(認物爲己) 오류를 지적한다. 그것은 존재근거에서나 도덕적 이상에서나 物과 我의 본래적 一體性을 처음부터 확신하고 그 의식 속에 살기를 요구하며, 중간에 발생하게 되는 분별을 허위적인 것으로 보고 거부하는 입장이다. 이러한 입장은 말하자면 '直接的 物我一體'라고 이름 붙일 수 있을 것 같다. 퇴계는 禪이나 老莊에서 흔히 엿볼 수 있는 이러한 '直接的 物我一體'의 인식을 物과 我의 혼동으로 비판하고 있는데, 그것은 物과 我의 혼동에 따른 一體의식에서는 인간의 도덕성과 인격적 성숙이 어려울 것으로 보기 때문이다. 따라서 퇴계에 있어서 物我一體의 세계는 物과 我의 분별이 엄연하게 살아 있으면서 나의 사랑이 흘러 넘쳐 物을 나와 同類 곧 '우리'로 인식하여 一體로 끌어들이는 것이요, 仁의 실현으로 끌어올려진 새로운 物과 我의 관계라 할 수 있다.

퇴계는 깊은 자연 속으로 들어가 살면서 자연 속에서 산다는 것이 자연과 같

18) 같은 책, 권 7, 15, '聖學十圖', "蓋聖學在於求仁, 須深體此意, 方見得與天地萬物爲一體, 眞實如此處, 爲仁之功, 始親切有味."

이 호흡하여 하나가 된다는 것임을 확인하고 있다. 그는 가장 작은 잡초의 풀 한 줄기에서도 우주의 신비가 깃들어 있음을 발견한다.

뜨락에 푸른 풀도 생각은 다 같으니,	庭草思一般,
그 미묘한 뜻을 뉘라서 맞추리오.	誰能契微旨,
河圖 · 洛書 그 속에서 天機를 드러내니,	圖書露天機,
다만 여기에다 마음을 잠겨 보리.	只在潛心耳.
	〈庭草〉

그는 이 詩의 제목인 '뜰에 자란 풀'(庭草)에다 그 자신이 설명을 붙여 "한가한 뜰 가는 풀도 造化가 生生하니, 그 속에 道가 갖추어 있음을 눈으로 봄에, 그 생각조차 향기롭네."(閒庭細草, 造化生生, 目擊道存, 意思如馨)라 하였다. 이처럼 작은 풀 한 줄기에서도 나와 생각이 하나가 되고, 生하고 生하여 造化하는 우주의 진리가 드러나고 있음을 통찰하였던 것이니, 모든 사물을 우주적 질서 속에서 하나가 되고 있음을 인식하는 것이다. 이것이 바로 物我一體說의 우주론적 이해라 할 수 있다.

퇴계가 『聖學十圖』 속에 第 9 圖로 수록한 朱子의 「敬齋箴」에서는 敬을 실천하는 행동의 모습으로 "발걸음은 무겁게 하고 손짓은 공손하게 하며, 땅을 골라 밟고 개미둑에서 굽이 돌아가라. 문을 나가면 큰 손님을 맞듯이 하고 일을 받들면 큰 제사를 받들 듯이 하라."[19]고 제시한다.

여기서 퇴계는 朱子가 말한 바 一擧手一投足에 이르기까지 순간 순간의 행동을 신중하고 공손하게 하는 敬의 삶을 스스로 실천하였으며, 敬으로 動時와 靜時를 관통하고 시작에서 끝까지 관통하기를 역설하였다. 또한 「敬齋箴」에서는 한 마리의 개미도 밟지 않으려고 개미둑을 돌아서 지나가는 생명에 대한 사

---

19) 朱子, '敬齋箴'(『퇴계집』, 권 7, 31, '聖學十圖'), "足容必重, 手容必恭, 擇地而蹈, 折旋蟻封, 出門如賓, 承事如祭."

랑과 畏敬을 보여 주고 있다. 개미를 살아 움직이는 것의 가장 작은 것이라 한다면 모든 살아 움직이는 생명을 존중하고 외경하기를 요구하는 것이다. 더구나 풀 한 포기에서도 우주의 원리를 통찰하는 퇴계의 눈에는 이미 우주가 하나의 생명으로 일체를 이루고 있는 것이라 하겠다.

나아가 孔子의 말씀에서 끌어온 것인데, '문 밖에 나가서 만나는 모든 사람을 큰 손님처럼 공손히 대하고, 자신이 일을 책임 맡아 사람을 부리게 될 때 큰 제사를 받들 듯이 경건하게 일을 처리한다.'는 것은 인간과 사물을 하나의 도구로 삼아 이용하려는 실용적 관심이 아니다. 그것은 모든 존재를 목적으로 인식하여 사랑하고 존중하는 생명에 대한 존중의식을 극대화시킨 것이다. 敬의 실천으로서 이러한 생명존중의식은 인간과 만물의 근원적 일체성을 확인함으로써 사물에 대해 친족적 사랑을 확장시킬 수 있게 한다.

자연-생명의 환경이 파괴되는 것을 막고, 나아가 이를 되살리고자 할 때, 가장 먼저 요구되는 것이 자연-생명에 대한 사랑을 회복하는 것이다. 새로운 과학기술로 환경문제를 해결하고 인간은 끝없이 자연을 이용할 권리를 가진다는 관점은 환경의 문제를 해결할 수 없게 한다. 인간의 필요를 위해 환경을 이용하였고 이제 다시 인간의 필요에 따라 환경을 복구시키면 된다는 생각만으로 환경의 파괴가 중단되기 어렵다. 근본적으로 자연-환경에 대한 인간의 세계관이 바뀌어야 한다. 만물을 신이 인간에게 내려 준 축복이라 하여 인간을 위한 도구로 보는 인간중심주의적 세계관을 극복하지 않고는 환경의 문제 곧 현대문명의 문제가 해결되기 어려울 것이다. 이를 극복하기 위한 세계관으로서 오래 되었지만 새롭게 조명될 필요가 있는 퇴계의 物我觀 곧 '體仁的 物我一體'의 세계관을 주목할 만하다. 나의 사랑이 길러지고 그 사랑이 만물에까지 미쳐서 一體로 조화를 이루는 세계관이 환경문제를 위한 새로운 빛이 될 수 있을 것으로 본다.

6. 포용의 논리와 절제의 미학

인간의 삶이 사람들과 어울려 사회생활을 하고 자연의 사물들과 어울려 환경을 가꾸어 가는 것이라면, 자기자신과 다른 사람이나 사물과의 관계를 어떻게 할 것인가의 문제가 가장 중요하다. 이에 자기의 이기심을 이기고 함께 어울리는 도리인 禮를 회복하는 '克己復禮'의 방법이나, 私를 깨뜨리고 公을 열어 조화를 이루고 화합하는 包容의 윤리가 요구된다. 仁 내지 恕의 실현이 바로 이 포용의 윤리를 위한 근본규범이기도 하다.

퇴계는 마음이 바깥의 사물에 대응할 때 程明道가 「定性書」에서 外物을 밖의 것으로 여기는 것은 잘못이라 하고, 반드시 안과 밖을 다 잊은 다음에야 '定性'(性을 안정시킴)할 수 있다는 주장을 해명하면서, "사물이 비록 만 가지로 달라도 이치는 하나인 것이다. 오직 그 이치가 하나이기 때문에 性에 안과 밖의 구분이 없는 것이다."[20]고 하여, 理一分殊의 원리에 따라 사람과 사물 사이에 理가 같고 性이 같으므로 차이를 넘어서 하나로 일체가 됨을 강조하고 있다. 안과 밖을 다 잊어야 한다는 것은 사물이 바깥에 있는 현상임을 부정하는 것이 아니라, 안과 밖이 없는 하나의 理 곧 性을 따라 눈을 뜨도록 요구하는 것이다.

그는 "군자의 마음이 '탁 트이고 매우 공정할 수 있는'(廓然大公) 근거는 성품을 온전히 하고 內·外의 구분을 없게 하는 데 있으며, '사물이 오면 순응할 수 있는'(物來順應) 근거는 '한결같이 그 이치에 따르고 彼·此의 구분을 없게 하는 데 있다."[21]고 하여, 안과 밖의 구분을 벗어난 군자의 마음씀을 설명

---

20) 같은 책, 권 13, 16, '答李達李天機', "定性書乃極言以外物爲外之非, 而必內外兩忘, 然後可以定性, 何也, 物雖萬殊, 理則一也, 惟其理之一, 故性無內外之分."

21) 같은 곳, "君子之心, 所以能廓然而大公者, 以能全其性, 而無內外也, 所以能物來而順應者, 以一循其理, 而無彼此也."

하고 있다. 그것은 마음이 하나의 理 곧 하나의 性을 확인하여 內 · 外나 彼 · 此의 구분을 벗어남으로써 私를 깨뜨리고 公의 一體를 확립하는 것이요, 公의 一體가 확립될 때에 나와 외물 사이에 안과 밖의 분별에서 오는 갈등을 극복하고 主와 客이 하나가 되어 모든 사물을 그 이치에 따라 순순하게 받아들일 수 있다는 것이다.

이어서 퇴계는 하나의 理를 통해 物과 我의 一體를 찾아가는 길을 밝혀 가면서, 인간이 外物을 받아들이는 태도가 잘못된 경우를 두 가지로 들고 있다. 먼저 '物이 밖이라는 것만 알고 理에 彼 · 此의 구분이 없다는 것을 모르는' 경우를 "理와 事를 두 가지로 삼는 것"이라 하여, 불가함을 지적한다. 다음은 '物이 밖이 아닌 것만을 인정하고 理로써 준칙을 삼지 않은' 경우를 "속에 주인이 없어서 物이 마침내 빼앗을 것"이라 하여 역시 불가함을 지적한다.[22] 따라서 올바른 物 · 我관계는 단절과 분리를 넘어서 理가 하나요, 性이 하나라는 인식에 입각하여 物 · 我의 一體를 확인하는 것이다. 곧 "군자는 오직 性에 안 · 밖이 없음을 알아 사물에 응할 때 한결같이 理에 맞기 때문에 비록 한결같이 外物을 접하더라도 사물이 내게 害가 되지 않는다."[23]고 하여, 항상 外物과 접하면서도 외물의 유혹을 받거나 빠져 들어 성품을 해치지 않고, 理를 따라 받아들임으로써 마음이 맑고 고요하여 성품을 온전히 이룰 수 있는 것으로 보고 있다.

草廬 吳澄이 사물의 자극에 따라 마음에 동요가 일어나는 것을 부정적으로 보아, "사물이 외부에서 접촉하거든 막아서 그것이 내면에 간여치 않도록 하라."고 한 말에 대해, 퇴계는 '邪를 막는다'(閑邪存誠, 『주역』, 「乾」)는 말은 가능하지만, 사물이 외부에서 접촉하면 막아야 한다는 것은 禪의 寂滅에 젖은

22) 같은 곳, "苟徒知物之爲外, 而不知理無彼此, 是分理與事爲二致, 固不可, 若只認物爲非外, 而不以理爲準, 則是中無主, 而物卒奪之, 亦不可."

23) 같은 곳, "惟君子知性之無內外, 而應物一於理, 故雖一接外物, 而物不能爲吾害, 澄然無事而性定矣."

것이라 하여, 단호하게 거부하고 있다.[24] 이런 의미에서 그는 司馬光이 '格物'의 格을 '막는다'(扞禦)는 뜻으로 해석한 것이 잘못된 것임을 지적하였다.[25] 따라서 그는 外物을 거부하여 마음 속으로 침잠하는 것이 아니라, 外物을 나의 心性과 대립하지 않는 理의 근거에서 순순하게 받아들여서 조화를 이루는 방법을 확립하고자 하였던 것이다.

退溪가 栗谷에게 "敬이란 主一無適하는 것이니 만약 사물이 한꺼번에 닥치면 어떻게 응접하겠는가?"라고 질문하자 율곡이 "主一無適하는 것은 敬의 要法이요, 對應酬酌하는 것은 敬의 活法이니, 만약 사물에 대하여 낱낱이 窮理하여 각각 그 당연한 법칙을 안다면, 그때 그때 사물에 응접하는 것이 마치 거울이 물건을 비추되 그 중심은 흔들리지 않는 것과 같아서 동서로 응답하지만 마음의 본체는 본래 그대로일 것이다."고 대답하였는데, 이에 대해 퇴계는 그 뜻이 매우 좋다고 동의하면서, "오직 이 이치는 알기 어려운 것이 아니라 행하기가 어려운 것이며, 또 행하기가 어려운 것이 아니라 참으로 힘을 쌓아 오래 할 수 있는 것이 더욱 어렵다."[26] 하여, 수양을 통한 인격의 역량을 길러 지속적으로 실천할 수 있는 것이 어렵고 중요함을 강조하고 있다. 이처럼 퇴계는 萬事·萬物에 대응할 때 안과 밖으로 분별 대립시키지 않고, 이치를 따라 거울이 만상을 비추듯이 그대로 받아들이는 것을 敬의 실행으로 인정하였던 것이다.

밖으로 格物의 공부를 하거나 應事接物하는 생활 속에서 이치를 따라 物·我를 일관하게 하는 것은 퇴계의 道學이 추구하는 가장 중요한 목표의 하나라

---

24) 『퇴계집』, 권 12, 42, '答崔見叔', "心經吳草廬, '物接乎外, 閑之而不干乎內' 一語 … 豈非禪寂耶."

25) 같은 책, 권 14, 22, '答李叔獻 別紙', "溫公旣誤解格物之格爲扞禦之義."

26) 『율곡집』, 권 9, 2-3, '上退溪先生 別紙', "主一無適, 敬之要法, 酬酌萬變, 敬之活法, 若於事物上, 一一窮理, 而各知其當然之則, 則臨時應接, 如鏡照物, 不動其中, 東應西答, 而心體自如 … (퇴계)又答 … 惟此理非知難而行難, 非行難而能眞積力久爲尤難."

할 수 있다. 따라서 오늘날 우리가 당면한 자연의 파괴와 환경오염의 문제도 자연으로서의 사물을 인간과 단절시켜 대상화하고 도구화하는 데서 발생하는 것이라면 그 극복의 실마리도 인간과 사물의 일체성을 각성하는 새로운 자연관 · 생명관의 재인식에서 출발할 수 있을 것으로 보인다. 퇴계의 理哲學은 理를 통해 物 · 我관계의 一體性을 확인하고 양자의 調和를 이룸으로써, 인간이 자연을 이웃으로 따뜻하게 포용할 수 있는 논리를 확보할 수 있을 것으로 본다.

인간이 자연의 사물을 이웃으로 포용하기 위해서는 자신의 욕망을 절제함으로써 사물을 그 자체로 사랑하고 어울릴 수 있는 태도가 필요하다. 그는 학문연마와 일생생활에서도 욕망의 절제가 중요함을 강조하였다. 특히 그는 南彦經에게 "그대가 전날 학문을 하는 데 있어서, 窮理는 너무 幽深하고 玄妙한 데 빠졌으며, 力行은 긍지를 갖고 긴급히 서두르는 것을 면치 못했으니, 억지로 찾고 助長하여 병의 근원이 이미 생겼다."고 하여, 과도한 학문적 천착에서 마음의 병이 생겼음을 진단하고, 그 처방으로서 마음의 병을 치료하는 방법으로 여섯 가지 조목을 친절하게 충고하고 있다.[27]

① "세간의 곤궁하고 현달함과 得失과 榮辱과 利害를 모두 생각 밖에 두어 마음에 걸림이 되지 않게 하고, 이 마음을 힘써 터득하라."

② "일상생활에서 酬酌을 적게 하고 嗜慾을 절제하여, 마음을 비우고 한가롭고 편안하고 유쾌하게 하면서 근심을 풀어 버리라."

③ "圖書나 화초의 玩賞과 시내의 물고기나 산간의 새를 보는 즐거움과 같은 것들에 이르러서는, 진실로 뜻을 즐겁게 하고 정감에 맞을 수 있는 것들이니 항상 접하기를 싫어하지 말라."

④ "心氣로 하여금 항상 순탄한 경계 속에 있게 하면서, 울화가 치밀어 성을 내지 않게 하라."

⑤ "讀書할 때는 마음을 수고롭게 하는 데까지 이르지 말고, 많이 보는 것은 절

27) 『퇴계집』, 권 14, 2-3, '答南時甫 別幅'.

대로 금물이니, 다만 뜻에 따라 그 의미를 기뻐하라."

⑥ "窮理는 모름지기 일상생활의 평이하고 명백한 곳에 나아가 간파하여 익숙케 하고, 자기가 아는 것에 푹 젖어야(優遊涵泳) 한다. 오직 뜻을 두지도 않고 안 두지도 않는 사이에 잘 살피고 관리하여 마음 속에 잊지 말아서, 쌓인 것이 오래 되면 저절로 融하여 터득함이 있을 것이니, 또한 집착하고 얽매여서 속히 증험하기를 취해서도 안 된다."

이 여섯 조목을 세 가지로 묶어 보면, 퇴계는 무엇보다 우선 세속적인 利害·得失에서 벗어나고 일상생활도 지나치게 번거롭지 않도록 하고, 마음이 外物에 이끌려 피로하게 하지 않게 하여, 한가로운 가운데 마음의 중심을 확보하도록 요구한다. 그것은 번쇄한 세속적 관심과 욕심을 절제함으로써 마음의 平靜을 잃지 않게 하는 것이다. 다음으로 서적이나 자연의 사물을 완상하여 정서를 시원하게 펴 줄 것을 권장하고 있다. 번잡한 생각을 줄이고 자연 속에서 정서를 유쾌하게 하여 마음을 활달하고 건강하게 유지하도록 강조하는 것이다. 이렇게 마음을 항상 한가롭고 순탄하게 하면 울화가 터져 나오는 일이 없을 것이다. 그 다음으로 讀書와 窮理의 학문연마도 많이 읽거나 천착하기를 금하고, 의미를 깨닫는 마음의 기쁨을 중요시하며, 평이한 가운데 익숙하게 하여 마음을 언제나 자유롭게 하도록 요구한다. 그것은 한 마디로 욕심을 절제하여 마음을 지치게 하지 말고 자연 속에서 정서를 기르고 깨달음의 기쁨으로 마음을 자유롭고 건강하게 할 것을 역설한 것이다. 여기에 퇴계의 心法은 절제의 아름다움과 자연 속에서 독서하는 기쁨이 깃들어 있음을 확인할 수 있다.

퇴계는 南彦經의 새로운 생활모습에 대해, "명승지를 두루 찾아다녔으니 답답하고 울적하던 심사가 씻은 듯이 사라졌을 것이요, 또한 사당을 지키는 조용한 직책을 맡고 있어 글을 읽는 데 맛이 있을 것이다."[28]고 하여 이러한 절제된 삶의 건강함과 즐거움을 보여 주고 있다. 자연 속에 노닐면서 얻게 되는, 번

28) 같은 책, 권 14, 10, '答南時甫', "探歷旣富, 滯煩頓快, 祠隱靜謐, 讀書有味."

민을 씻고 상쾌한 마음을 지적하고, 한가로운 직책을 맡아 고요히 독서하는 마음의 기쁨을 삶의 참다운 모습으로 그려 내었다.

퇴계의 사상을 통해 仁의 德이 확충되어 만물과 일체를 이루어 포용하며 자연-생명을 사랑하는 삶은 오늘의 파괴된 자연과 환경을 다시 가꾸고 살려 낼 수 있는 논리로 재해석되어야 할 것이며, 욕심을 절제하는 생활의 소박하고 한가로운 아름다움을 일깨워서 과도한 생산과 소비로 과도하게 파괴된 자연을 보호하고 되살려 내는 삶에 대한 가치관의 전환이 요구된다. 자연 속에 어울리고 자연과 일체가 되어 새로운 기쁨과 활력을 얻음으로써 우리의 마음을 충족하게 하고 삶을 풍요롭게 하는 삶을 우리 시대의 환경문제를 해결하는 하나의 준거로 삼아야 할 것이다.

1997년 6월5일 서울 올림픽공원 체조경기장에서 열린 세계환경의 기념식에서 채택된 「환경윤리에 관한 서울선언문」의 前文에서는 "지구환경의 위기는 인간의 무절제한 욕망과 과도한 물질주의의 추구에서 그 뿌리를 찾을 수 있다."고 지적하고, "환경위기를 극복하기 위한 새로운 패러다임은 자연과 인간, 그리고 인간과 인간에 대한 '온생명 체계' (Whole-life System)의 생태론적 관점에 바탕을 두어야 한다."고 언명하고 있다. 여기서 '자연과 인간, 인간과 인간에 대한 온생명 체계'의 패러다임은 바로 퇴계의 '體仁的 萬物一體' 사상과 매우 근접한 상통성을 지닌 것으로 볼 수 있다. 또한 이 선언문에서는 4조의 원칙을 제시하면서 그 첫째 원칙인 '물질만능주의의 극복과 정신문화의 창달'을 설명하면서, "동 · 서양 문화권의 전통적 가치관과 다양한 종교사상을 현대적 맥락에서 재해석하고 그 지혜와 경험을 우리 삶의 한 부분으로 융화시키려는 노력이 그 어느 때보다 중요하다."[29]고 하여, 전통사상의 재해석을 통한 지혜

29) 1997년 '환경윤리에 관한 서울선언문'에서는 이를 실천하기 위해, ① 물질만능주의의 극복과 정신문화의 창달, ② 환경정의의 촉구, ③ 과학기술의 환경친화성 증진, ④ 책임증진과 협력극대화라는 네 가지 원칙을 제시하고 있다. 환경문제를 해결하기 위해 가치관의 전환과 윤리적 각성을 요구하고 있는 사실은, 환경문제의

와 경험을 받아들여야 한다는 적절한 주장을 펴고 있다. 바로 여기에서 퇴계의 物我觀과 體仁의 生命의식이 기여할 수 있는 가능성을 다시 확인할 수 있다. 사실상 퇴계의 物我觀이 오늘의 환경문제에 대한 구체적인 방법적 접근은 아니지만, 이를 위해 더 깊은 통찰력과 더 폭넓은 사유방법을 제공할 수 있는 세계관이라는 점에서 주목할 필요가 있는 것이다.

해결을 위해 우리 시대의 문제의식과 전통의 道學이념이 접근할 수 있는 가능성을 보여 준다.

제 12 장 퇴계 수양론의 구조와 실천

1. 성리설과 수양론의 연관성

퇴계의 학문정신은 性理說의 이론적 정밀성에 사로잡혀 있는 것이 아니라 인격적 완성을 추구하는 修養論으로 열려 있기 때문에, 인간의 心性을 살아 움직이는 실지에서 이해한다는 데에 가장 중요한 특성이 있다. 곧 그의 학문적 관심은 理 · 氣의 형이상학적 존재론을 발판으로 心 · 性의 인간내면의 존재양상을 해명하는 것을 지향하고 있으며, 理氣 · 心性의 性理說을 토대로 心性의 실체를 보존하고 배양하는 存心 · 養性의 修養論을 통한 인격의 성취에 초점을 맞추고 있는 것이다. 따라서 퇴계의 사상을 균형 있게 이해하기 위해서는 性理說과 修養論의 두 학문영역을 분리시키지 않고, 양자 사이에 소통과 조화가 이루어지도록 접근할 필요가 있다.

『論語』(「雍也」)의 '居敬'과 『周易』(「說卦傳」)의 '窮理' 내지 『中庸』에서 말하는 '尊德性'과 '道問學'의 두 과제는 바로 性理學과 修養論의 균형을 이루는 것이 유교의 경전적 본래 정신임을 말해 준다. 따라서 性理說이 心性의 理氣論的 근거를 해명하고 있다면, 修養論은 心性의 보존과 배양을 통하여 인격의 향상을 추구하는 실천방법을 계발하는 데 주력하는 것이다. 다시 말하면 性理說이 마음[心]의 본체론적 근원을 분석하는 것이라면, 修養論은 마음의 응용적 훈련이라 할 수 있다. 따라서 이 둘은 體用一源의 불가분적 관계를 이루고 있으며, 동일한 마음〔心〕을 서로 다른 방향에서 접근하는 것이므로 양자의 상호 보완적 역할을 주목하여야 할 것이다.

곧 性理說에서 마음을 성품〔性〕 및 감정〔情〕과의 관계에 나타나는 理 · 氣의 근원과 작용현상의 측면에서 구명하는데 비하여, 修養論에서는 마음이 人欲(人欲之私)과 天理(性命之正)라는 두 가치근거에 따라 발동하여 나오는 人心과 道心이라는 두 가지 양상을 분별하며, 天理(性命)의 정대함을 실현하는 것으로 수양의 출발점과 목적지로 삼는다. 동시에 修養論은 마음을 수양하는 것이다. 따라서 가장 먼저 수양을 위한 바탕과 기준이 되는 善한 마음 곧 마음의 본래적인 양상으로서 良心 · 本心 등을 확인하고 있다. 다음으로 수양의 구체적 과정에서는 마음의 보존방법으로서 操心 · 存心 등이 제시되고, 나아가 마음을 간직하고 배양하여 성취한 경지로서 不動心 · 從心 등의 단계를 밝히고 있다. 여기서 修養을 통해 성취하는 마음의 배양단계는 바로 인격의 성장과정을 보여 주는 것이므로, 修養論은 마음을 배양하는 실천방법과 성장단계에 관한 인식으로서 도학적 인격론을 보여 주는 것이기도 하다. 따라서 퇴계의 수양론은 한 마디로 敬을 통한 마음의 집중과 각성을 실현함으로써, 인격을 성숙시키고 인간을 완성시키는 방법이라 할 수 있다.

2. 수양론의 두 축: 心과 敬

1) 心의 개념

北溪 陳淳은 "마음은 한 몸의 主宰이다."(心者, 一身之主宰也)고 하고, "敬은 한 마음의 主宰요, 萬事의 근본이다."(敬者, 一心之主宰, 萬事之根本)고 하여, 敬이 마음을 주재하고 마음이 몸을 주재하는 관계의 질서를 제시하였다. 여기서 敬은 마음과 분리되어 마음 바깥에 따로 존재하는 것이 아니다. 敬은

마음이 스스로 자신을 통제하여 응집시키는 힘이라 할 수 있다. 이러한 敬은 인간의 마음을 거두어들이고 통제하는 마음 자체의 求心點이며, 마음을 최고의 상태로 각성시키고 통일시키는 중심축으로 이해할 수 있다. 마음을 '一身의 主宰'라 할 때 '一身'이란 마음과 신체가 결합된 인간존재의 통체를 가리키는 것이다. 또한 마음이 한 몸(一身)을 主宰한다는 것은 '혼연한 大體로서 一身 속에서 自在하는 것'이라 언급하여, 一心이 一身 속에서 혼연하게 일체가 되어 自在롭게 활동하는 大體로 제시함으로써, 大體인 마음이 小體인 신체와 구별되면서도 신체를 떠나 있지 않는 것임을 확인한다.

그러나 퇴계는 마음이 一身 속에 있음을 지적하면서도, 마음이 一身에 갇혀 있는 것이 아님을 밝힘으로써, 마음과 육신의 차이를 뚜렷이 부각시켜 주고 있다. 그는 마음의 개념이 方寸이라는 공간개념을 주로 해서 말하는 것임을 전제로 하면서도, "마음의 體와 用은 가슴에 가득 차고 우주에 두루 미친다."(其體其用, 滿腔子而彌六合)고 언명함으로써, 마음의 응용이 무한함을 活看하도록 역설하였다. 이처럼 그는, 마음의 體는 인간의 신체를 벗어나지 않는 것임을 전제로 하여, 신체가 일정한 크기의 공간과 일정한 기간의 시간 속에 한정되어 있는 것인데 비해 마음의 用은 시간과 공간의 제약을 받지 않고 우주 속에 자유롭게 활동하는 것임을 밝힘으로써 마음과 신체의 차이를 대비시켜 주고 있다.

또한 마음은 寂然不動하여 발동하지 않은〔未發〕 體와 感而遂通하여 이미 발동한〔已發〕 用으로 구별되고 있다. 곧 마음에서 未發의 體가 성품(性)이요, 已發의 用이 감정(情)이다. 여기서 一身을 주재한다는 것은 바로 마음이 寂然不動한 未發의 상태에서나 感而遂通하는 已發에서나 곧 靜時와 動時에서 항상 一身을 주재하는 것임을 말한다.

程復心의 「心學圖」에서는 마음을 '虛靈'·'知覺'과 '神明'의 3개념으로 규정하고 있다. 여기서 '虛靈'은 비어 있으면서 신령스러운 마음의 본체를 말한 것이고, '知覺'은 사물을 인식하는 마음의 작용을 말한 것이다. 따라서 '虛靈'

과 '知覺'은 마음에서 體 · 用 관계를 이루고 있다. 퇴계는 마음의 본체인 '虛靈'에서도 '虛'는 理요, '靈'은 理 · 氣의 결합이라 제시한다. '虛'는 마음의 본체로서 理의 소리도 없고 냄새도 없는 虛함을 가리킨 것이며, '靈'은 마음의 본체에 이미 지각능력이 있는 것으로 理와 氣의 결합인 마음에서 氣의 측면이지만 氣만으로 지각능력의 靈함이 있을 수 없기 때문에 靈에는 理와 氣가 결합되어 있는 것이라 한다. 나아가 '神明'은 모든 이치를 갖추고 있는 마음의 본체와 모든 사물에 대응하는 마음의 작용을 통합한 전체를 가리키는 것이다. 퇴계는 '神'개념을 '陰 · 陽 두 氣의 良能'이라거나 '陰 · 陽이 헤아릴 수 없는 것'이라 하여 神을 氣로 보는 정의를 거부하고, 朱子가 '神은 理가 氣를 타고 출입하는 것'(神是理之乘氣以出入者)이라 정의한 데 따라, 그는 '神明'의 神도 '理가 氣를 타고 출입하는 것'이라고 보았다. 따라서 '神明'은 理와 氣의 통합이요, 氣로만 볼 수 없음을 확인하고 있다.

2) 敬의 개념

敬이 '한 마음'(一心)을 주재하는 것은 마음 바깥에서 마음을 대상으로 삼아 지배하는 것이 아니라, 마음이 스스로 자기통제를 하는 중심을 의미한다. 퇴계는 李德弘에게 보낸 답장에서, 敬은 고요하여 움직이지 않는 마음의 본체와 감응하여 소통하는 마음의 작용을 포함하며, 고요할 때와 활동할 때를 관통하여 한 마음을 주재하는 것이라 밝히고 있다. 곧 마음이 발동하기 이전에 고요할 때 '嚴肅'한 것이 敬의 體가 되고, 마음이 발동한 이후 활동할 때 '整齊'하는 것이 敬의 用이라 본 것이다.

그는 한 마음의 主宰로서 敬의 역할을 고요할 때와 활동할 때에 따라 '마음을 붙잡고 간직하는' 操存(靜時)과 '생각과 행위를 살펴서 반성하는' 省察(動時)의 두 양상으로 제시하고 있다. 곧 그는 盧守愼에게 보낸 답장에서 "고요할 때는 操存함으로써 虛靈하여 작용이 없는 본체의 자리에 어둡지 않고, 활동할 때는 省察함으로써 움직임이 미미한 조짐이 운행하는 작용의 때에 뒤섞이지 않는다."(靜而操存, 不昧於虛靈不用之處, 動而省察, 不雜於幾微運行之時)고 하여, 敬이 고요할 때나 활동할 때(動·靜)를 일관하여 마음을 主宰하는 것임을 확인한다. 여기서 고요할 때 操存(혹은 存養)하는 것이 마음의 주체를 각성시키고 배양하는 역할이라면, 활동할 때 省察하는 것은 마음의 활동에 따른 正·邪와 得·失과 是·非와 善·惡을 분별하여 반성하고 살피는 것이다.

3. 敬의 실천방법

敬은 학문과 수양의 원리나 법칙에 머물지 않고, 학문과 수양의 구체적 실천방법이라는 사실이 퇴계의 수양론에서 더욱 분명하게 나타난다.

敬의 기본적 실천방법으로는 程伊川이 말한 '하나를 주장으로 삼아 다른 것에 분산하지 않는다.'는 主一無適과, '몸가짐을 단정하고 가지런히 하며 마음을 엄숙하게 한다.'는 整齊嚴肅의 과제가 있고, 또한 和靖 尹淳이 말한 '그 마음을 수렴한다.'는 其心收斂의 방법과 上蔡 謝良佐가 언급한 '항상 깨어 있게 하는 방법'인 常惺惺法을 들 수 있다. 여기서 主一無適은 마음의 집중된 상태를 말하고, 其心收斂과 常惺惺法은 마음이 각성된 상태를 가리키며, 整齊嚴肅은 마음과 거동의 안팎으로 함께 드러나는 태도를 보여 주는 것이다.

또한 敬의 실천방법으로서 動時·靜時에 따라 戒懼와 體察의 방법이 대비되고 있으며, 특히 敬의 실천기반으로서 求放心이 중시되고, 敬을 통한 성품의 涵養이 강조되고 있다.

먼저 戒懼와 體察의 방법으로서, 경계하고 두려워하는 '戒懼'(戒愼恐懼)는 마음이 아직 발동하지 않은 상태인 고요할 때의 공부요, '體察'(精察)은 이미 발동한 다음으로 활동할 때의 공부로서 대비되고 있다. 敬은 고요할 때와 활동할 때를 관통하여 중단됨이 없는 것이다. 여기서 고요할 때가 마음의 본체로서 중시된 결과로 마음이 아직 발동하지 않은 상태에 아무 것도 의식 속에 두지 않을 것을 강조하여, '마음에 아무 것도 두지 않는다.'는 수양론의 격언이 있다. 그는 사람들이 이 격언을 잘못 해석하여, 사물이 마음에 해를 끼치는 것으로 알고, 사물을 싫어하여 잊고자 하거나, 움직임을 싫어하고 고요함을 즐거워하는 태도에 대해 老子나 佛教에서 추구하는 수양법이라 비판하였다. 곧 유교의 수양법에서는 고요할 때와 활동할 때가 일관되어야 하는 것임을 강조하는 것이다.

또한 퇴계는 수양방법의 기본과제로서 '求放心'의 문제를 관심 깊게 논의하고 있다. 그는 마음을 '만사의 근본'으로, 성품을 '萬善의 근원'으로 정의함으로써, 先儒들의 학문이 반드시 '흩어진 마음을 거두어들이는 일'과 '덕성을 기르는 일'로서 收放心과 養德性의 두 가지를 가장 먼저 착수하는 곳으로 삼았음을 강조하였다. 또한 그는 心·性의 수양공부로서 收放心과 養德性의 실천을 위해서는 안으로 主一無適하고 戒愼恐懼함으로써 마음을 집중하고 각성시키는 내면적 수양방법에 머무는 것이 아님을 주목한다. 곧 밖으로 나타나는 행위와 사유를 制裁함으로써 안으로 마음을 기르는 방법으로서, 밖으로부터 안으로 들어가는 수양방법이 더욱 긴요하고 절실한 것으로 강조하였다. 이처럼 밖에서 마음을 制裁하는 수양법의 실천을 위해서는 '三省'·'三貴'·'四勿'을 비롯하여 '九容'·'九思' 등을 들고 있다.[1] "발은 무겁게 하고 손은 공손하게 하라 …." 하거나, "보는 데는 밝게 보기를 생각하고 듣는 데는 밝게 듣기를 생각하라 …."는 등의 일들은 바로 사물을 응접하는 자리에 나아가 말한 것이지

---

1) 三省(『논어』, 「學而」): "爲人謀而不忠乎, 與朋友交而不信乎, 傳不習乎."
三貴(『논어』, 「泰伯」): "動容貌斯遠暴慢矣, 正顔色斯近信矣, 出辭氣斯遠鄙倍矣."
四勿(『논어』, 「顔淵」): "非禮勿視, 非禮勿聽, 非禮勿言, 非禮勿動."
九容(『예기』, 「玉藻」): "足容重·手容恭·目容端·口容止·聲容靜·頭容直·氣容肅·立容德·色容莊."
九思(『논어』, 「季氏」): "視思明·聽思聰·色思溫·貌思恭·言思忠·事思敬·疑思問·忿思難·見得思義."

만 동시에 마음을 함양하는 공부가 되는 것임을 확인하였다. 이처럼 퇴계는 마음의 수양을 위해 안에서 다스리는 방법만이 아니라 바깥의 행동과 태도를 다스려 마음을 수습하는 방법을 중시하고 있는 사실이 주목할 만하다.

또한 성품을 기르는 '涵養'의 방법으로서, 그는 敬을 실천함으로써 속으로는 깊고 두텁게 성품을 涵養하고, 겉으로는 사람과 일에 應接할 때에 가볍게 지나치지 않을 것을 강조하여 속과 겉으로 敬의 실천이 일관하기를 요구한다. 이처럼 안팎으로 敬의 실천을 계속해 가서 익숙하게 하면, 그 효과로서 스스로 자신을 잃음이 없게 되고, 사람과 대응하여 절도에 맞게 되는 表裏의 일치가 이루어지는 사실을 제시하고 있다. 중심에서 주체를 확립하고 밖으로 모든 현상에 대응하면서 조화를 잃지 않는 것은 곧 表裏一致하는 敬의 효과를 제시해 주는 것이기도 하다. 여기서 그는 "평소에 일이 없을 때는 성품의 本原을 涵養하는 자리이며, 바깥으로는 생각하는 것처럼 정중하게 하고 마음 속으로는 하나를 주장하는 것은 깨어 있는 때이다."(平居無事, 是涵養本原地頭, 外儼若思, 中心主一, 惺惺然時也)고 언급함으로써, 敬이 겉과 속을 일관시키는 것임을 제시하고 있다. 곧 행동으로 나타나는 겉과 생각이 일어나는 마음 속은 서로 작용함으로써 일관하는 관계이므로 敬의 수양법에서는 겉과 속의 어느 한 쪽에만 치우치지 않는 점에서 유교적 수양론의 기본특징이 드러난다.

나아가 敬의 실천은 일회적으로 성취되는 형식적 구조에 그치는 것이 아니다. 단절이 없이 반복된 노력(眞積力久)을 통하여 점점 익숙하게 되어 가는 과정의 중요성이 강조되고 있으며, 마침내 본체와 응용이 융화되고 순수한 상태가 되는 극치의 단계를 제시한다.

퇴계는 '엄숙하게 涵養함을 근본으로 삼고, 깊이 침잠하여 研索함을 학문으로 삼을 것'(一以莊敬涵養爲本, 沈潛研索爲學)을 敬의 실천방법으로 강조함으로써, 이 道理가 한 순간도 자신으로부터 떨어지지 않는 곳에서 몸과 마음으로 친절하게 體認할 것을 요구한다. 여기서 한 걸음 나아가 그는 이 수양법을 실천하는 지속적 과정으로서 "그 사이에서 노닐고 젖어서 점차 쌓아 오래 가다

보면, 홀연히 녹고 깨끗해지게 된다."(得以優游涵泳於其間, 庶積漸悠久之餘, 忽然有融釋脫灑處)고 하며, 이러한 경지를 '참소식'(眞消息)이라 밝히고 있다. 이처럼 敬이 몸과 마음을 단속하여 흩어지지 않게 하는 데서 시작하여, 마침내 도리와 일치하여 온전한 자유로움을 누리는 경지 속에서 완성되는 것을 수양의 실천방법과 형성과정으로 제시하고 있음을 본다.

4. 修養의 실천에 따른 기본문제

1) 氣質과 人欲의 통제

퇴계의 修養論은 心과 敬이라는 두 축으로 이루어져 있다. 여기서 心은 수양이 이루어지는 바탕이라면 敬은 수양을 실천하는 방법이라 구별해 볼 수 있다. 그러나 心과 敬은 하나의 心이 한편으로 修養의 객체로서 다스려지고 간직되는 마음으로 인식될 수도 있고, 다른 한편으로 마음을 주재하며 붙잡고 간직하고 거두어들이고 바로잡는 修養의 주체로서 인식되기도 하는데 따른 구분일 뿐이다. 따라서 그의 心性修養論으로서 心學[2)]은 敬으로 마음을 주재하기도 하고 마음이 스스로 수양을 이룬 상태를 보여 주기도 한다.

퇴계는 마음을 본체와 작용의 양면을 포괄하는 전체로서 해명하고 있다. 전체로 말하면 인간의 마음은 太極이요 人極이다. 여기서 마음의 理는 안과 밖(內外) 내지 사물과 나(物我)를 넘어서는 것으로서 '마음의 본체'(心體)를 가리킨다. 그러나 동시에 理와 氣의 결합으로 이루어진 마음에서는 氣質의 차이에 따라 존재양상이 다른 층위로 나타난다. 곧 먹고 마실 줄은 알지만 利害를 모르는 '禽獸'와 利害는 알지만 義理를 모르는 '衆人'과 義理를 정밀하게 아

2) '心學'이란 용어는 퇴계의 경우와 같은 道學의 입장에서는 心性修養論을 의미하는 것이요, 王陽明의 경우에서는 心卽理說에 근거한 心本體論을 의미함으로써, 서로 다른 의미를 가리키는 용어로 쓰이고 있다.

는 '君子'의 차이를 제시한다.

또한 그는 이 마음이 天命으로서의 성품을 내포하고 있음을 지적한다. 여기서 마음에 내재한 天命은 바로 '인간과 사물이 하늘로부터 부여받은 직분이요 도리'(人物所受之職分道理)라고 정의한다. 따라서 이 직분을 수행하는 것이 곧 修養(修爲)임을 천명하고, 직분을 부여받은 자로서 수양을 하지 않는 것은 天命을 행하지 않는 것이라 역설하고 있다.

나아가 그는 마음의 수양에서 程子가 말한 '자신을 허물하고 문책함'(罪己責躬)이 착한 단서를 여는 것임을 인정함으로써 罪責의식이 수양의 출발점에 의미 있음을 인정하였다. 그러나 그는 이러한 罪責의식에 사로잡히지 말고, 한 걸음 나아가 天理와 융화되어 흔적이 없는 데까지 가야만 마음이 올바름을 이루게 되는 것이라 언명하고 있다. 그것은 수양의 단계가 자신을 罪責하는 도덕적 자의식의 단계를 넘어서서 마음이 天理와 하나가 되는 天人合一의 신비적 차원까지 이끌어 올리기를 요구하는 것으로 太極 내지 理로서 파악되는 마음의 본체를 온전하게 실현하는 경지를 제시하는 것이다.

또한 그는 마음을 體 · 用구조로 파악하고, 理 · 氣와 性 · 情이 결합되어 있는 것이라 전제함으로써, 마음의 발동에 따라 나타나는 善과 惡의 이기론적 성격을 규정한다. 그는 鄭惟一에게 답하면서, "理가 드러나고 氣가 순응하는 것이 善이요, 氣가 가려서 理가 숨은 것이 惡이다."(理顯而氣順則善, 氣揜而理隱則惡耳)고 하여, 善은 理가 드러나는 것으로 惡은 氣에 의해 理가 은폐된 것으로 정의하고 있다. 곧 心體의 理를 실현함으로써 氣質이 여기에 따르게 하는 것이 善을 드러내는 修養論의 원리요 그 도덕적 성격임을 보여 준다.

퇴계의 修養論에서 실천방법의 중심개념인 '敬'은 일이 있을 때나 없을 때나(有事 · 無事), 생각이 일어날 때나 일어나지 않을 때나(有意 · 無意), 활동할 때나 고요할 때나(動 · 靜) 관통하여 실현되어야 하는 것으로 파악된다. 이러한 主敬의 실천효과로서 생각이 아직 싹트기 전의 고요할 때에는 '마음의 본체가 텅 비고 밝아서 본성이 깊고 순수하다.'(心體虛明, 本領深純) 하고, 생각이 이미 발동한 이후의 활동할 때에는 '義理가 환히 드러나고 物欲이 물러나 따른다.'(義理昭著, 物欲退聽) 하여, 動 · 靜에 걸쳐 敬이 실현된 모습을 보여주고 있다. 이를 달리 말하면 "고요할 때는 天理의 本然함에 푹 젖고, 활동할 때는 人欲을 싹트는 기미에서 끊는다."(靜而涵天理之本然, 動而決人欲於幾微)고 하여, 敬의 수양공부가 天理를 體認하고 人欲을 통제하는 일이요, 다시 말하면 遏人欲 · 存天理의 공부임을 재확인하고 있다.

2) 마음의 병과 치료방법

퇴계는 수양의 실천과정에서 건강한 정상적인 표준의 양상만이 아니라 마음의 氣質的 요소에 따르는 病症을 정밀하게 분석하고 있다. 그는 南彦經에게 학문과 수양과정에서 마음에 발생하는 병통으로 '이치를 살피는 데 투철하지 못해 허공을 뚫어 억지로 찾으려 하는'(察理未透, 而鑿空以强探) 병통과 '마음을 잡는 데 방법을 잃어서 싹을 뽑아 자라도록 돕는'(操心昧方, 而揠苗以助長) 두 가지 기본 양상을 지적하였다. 곧 마음이 理를 바르게 인식하지 못하고 공허한 관념을 천착하는 데 따른 병폐와 마음을 수양하는 방법과 절차가 순서를 잃어서 도리어 마음을 어지럽히고 무너뜨리는 결과를 낳는 병폐를 지적한 것으로서, 修養의 과정에 나아가야 할 방법을 제시해 주는 일과 아울러 주의해야 할 병통을 경계해 주는 친절함을 보여 주는 것이다.

퇴계는 수양의 과정에서 敬의 올바른 실현을 상실한 데 따라 발생하게 되는 다양한 病症을 자신의 경험과 관련하여 구체적으로 진단하고 그 치료방법을 친절하게 제시하고 있다. 특히 그는 金富倫에게 思索이 자세하고 察識이 정밀하더라도 敬의 실천방법을 진실하게 깨닫고 실행하지 못하면, 자신이 노력하는 자리와 聖賢이 말씀하고 행하는 것이 서로 어긋나고 의심스러워지게 되는 것임을 지적한다. 이에 따라 앞에는 틈이 벌어져 헛되이 비교하고 의심하는 번거로움이 있으니 명백하게 의거하여 곧바로 넘어서 앞으로 나아갈 의사가 없게 되는 병통이 생기는 것임을 지적하였다. 이어서 그는 학문하는 큰 근본을

敬에서 터득하지 못하면 비록 사소한 공부가 있다 하더라도 끝내 곤란이 모여들고 노력에 효과가 없어서 혹은 老莊이나 佛敎로 넘어가기도 하는 사실을 경계하였다. 여기서 퇴계는 金富倫에게 朱子가 제자에게 한 말을 빌어 마음에 온갖 구상과 언어를 접어 두고 다만 '마음을 붙잡아 두면 간직된다'(操則存)는 한 구절을 염두에 두는 것을 그 병통에 대한 藥으로 제시하고 있다.[3)]

퇴계가 마음의 병통으로 가장 깊이 경계하고 있는 것으로 마음이 분산되고 조급한 병과 고요함에 빠지는 병이 있다. 그는 '마음이 분산되고 동요되는' 증세에 대해서는 敬을 지키는 것이 병을 치료하는 약이 됨을 밝히고 있으며, 행동하자 곧 잘못을 저지르는 '조급하고 경망스러운 병'은 朱子의 견해를 따라 敬을 실천하지 않는 병으로서 마음이 사물을 主宰할 수 없는 데서 발생하는 것이라 진단하고, 이 병에 대해 '마음을 일치시켜 분산되지 않게 할 것'을 藥으로 처방한다. 또한 그는 '마음이 부산스럽게 달리고 제멋대로 날아오르는' 증세에 대해서는 자신에게도 이러한 증세가 있음을 고백하면서, 이러한 경우에는 강력하게 붙잡거나 급박하게 억제하려 들면 도리어 병을 생기게 할 것이라 경계한다. 이에 따라 '생각을 너그럽게 하고, 편안하고 한가롭게 하여 푹 젖어들게 하며, 깨어 있는 마음의 주인이 되어, 항상 맡아서 관리함을 잃지 않게 하도록'(寬著意思, 優游涵泳, 而惺惺主人, 常不失照管) 처방하고 있다. 이러한 敬의 실천에서는 번잡함을 벗어나기 위해서 일을 싫어하고 고요함을 좋아하는 데 빠지면 禪佛敎나 老莊에 기울어지는 것으로 경계하고 있다.

그는 '생각이 많은'(多思索) 해독이 배우는 이의 공통적 근심이라 지적하고, 마음이 번잡하고 소란하며 편안하지 못하는 경우에는 正養하는 공부가 이 병을 치료할 수 있을 것이라 제시하였다. 여기서 正養하는 공부는 '고요함'(靜)의 방법이 공자·맹자를 비롯하여 周濂溪·程子와 龜山 楊時의 門下 및 朱子에 의해 면면히 제시되어 왔음을 지적하고 있다. 그러나 고요함이 한번 지

3) 『退溪集』, 권 28, 26, '答金惇敍'.

나치면 禪에 들어가는 것이므로, 고요함보다 敬을 강조하게 된 것이라 한다. 그것은 고요함을 주장함(主靜)이 잘못된 것이 아니라, 널리 배우면서 간략하게 행하는(博約) 번거러움을 싫어하여 활동함이 없이 고요함만 주장하는 것이 잘못된 것임을 지적하는 것이다.

마음의 병은 기본적으로 고요함이나 활동의 어느 한쪽에 빠지는 병이라 할 수 있다. 그는 '일이 없을 때' 마음을 간직하는 방법이 한편에서는 '항상 깨어 있으면서 생각을 제거하고자 하는 것' 으로서, 이것은 고요함에 빠져 활동함이 없고자 하는 병통이요, 다른 한편에서는 '생각을 한 번도 그치고자 하지 않는 것' 으로서, 이것은 활동함에 치우쳐 고요할 때가 없는 병통이라 하여, 활동함과 고요함이 분리되어 한 쪽에 치우치는 공부의 병폐를 지적한 것이다. 바로 이러한 태도는 朱子가 말한 '항상 잠들어 깨지 않거나, 항상 행하며 그치지 않는 병' (常寐無覺, 常行不輟之病)이라 하여, 그 옳지 않음을 지적한다.

또 하나 마음의 중요한 병통은 마음 속에 생각이 얽혀서 풀리지 않는 현상이다. 퇴계는 착한 생각이나 마땅한 일이라도 마음 속에서 풀리지 않고 오래 머물러 있으면 한 덩어리의 사사로운 생각(私意)이 되는 것이라 파악한다. 따라서 반드시 天理로 흔적 없이 융화시켜야 마음이 바르게 될 수 있는 것이다. 그러나 일이 마음 속에 남아서 방해가 된다 하여 일을 싫어하고 잊으려 하며 활동을 싫어하여 고요함에 빠져 있으면, 老莊과 佛教의 무리만 아니라 儒學者도 털끝만큼의 착오가 있으면 망각과 고요함의 병에 빠지게 되는 것임을 지적하여 절실히 경계하고 있다.

또한 그는 敬의 기본적 실천방법으로서, 하나를 주장하는 '主一' 과 사물의 변화에 대응하는 '主事' 를 일이 없을 때의 방법과 일이 있을 때의 방법으로 대비시키고 있다. 朱子는 呂祖儉에게 답한 편지에서 "'主一' 은 '專一' 을 의미하는 것으로, 일이 없으면 담담하여 편안하고 고요하며 활동으로 달려나가지 않으며, 일이 있으면 그 일에 따라 변화에 대응하고 다른 일에로 나가지는 않는다. 이른바 '主事' 는 主一하는 근거이다. … 만약 얽매임이 있으면 도리어 私

意가 되니, 비록 專一하여 버리지 않는 듯하더라도 이미 얽매임이 있다면 반드시 일이 이미 지나갔는데도 마음이 잊지 못하기도 하고, 몸이 여기에 있는데도 마음은 저기에 있는 것이니, 이는 '산란하여 멋대로 함'(支離畔援)이 되어 主一無適과 상반되게 된다."[4]고 언급하였다. 따라서 퇴계는 敬의 '主一'을 실현하는 방법으로서 하나의 마음이 만 가지 일을 거느릴 수 있으니, "마음이 主宰하여 專一하면 생각하기를 기다리지 않더라도 능히 일에 따라 절도에 맞게 할 수 있다." 하여, 主一이 한 가지 일만 하는 것이 아님을 확인하고 있다. 따라서 그는 "한 가지 일을 바야흐로 생각하면 다른 일에는 겨를이 없다."고 하는 것은 도리어 그 일에 얽매이는 바가 되어, 사사로운 생각이 될 것이요, 또한 '산란하여 멋대로 하는' 병통을 이룰 것이라 지적하였다. 그만큼 퇴계는 敬의 主一을 실천하는 것이 마음의 主宰를 확립하는 것이요, 한 가지 생각이나 대상에 사로잡혀 있는 것이 아님을 분명하게 밝히고 있는 것이다.

나아가 퇴계는 수양의 기본방법 사이에 갈등이 일어나는 현상을 주목하고 있다. 그는 '이치의 탐구'(窮理)와 '敬의 실천'(居敬)이라는 두 가지 공부방법이 서로 방해되는 현상에 대해, 이는 敬의 실천이 미숙하기 때문이라 진단하고 있다. 이에 대해 그는 지속적으로 힘써 敬을 실천해 가면 과일이 익어 맛이 들듯 서로가 방해되지 않고 조화를 이루고 일치하게 될 것임을 확인한다. 그러나 이러한 실천의 지속적인 축적이 없으면 마치 씨 뿌리지 않고 김매지 않은 채밭에서 곡식이 익기를 기다리는 것처럼 공허한 데 떨어질 것임을 경계한다. 이처럼 퇴계는 敬의 확고한 실천과 그 실천의 원숙함이 바로 마음에서 일어나는 온갖 병통을 치료할 수 있는 기본방법임을 역설하고 있는 것이다.

---

4) 『朱熹集 4』(권 47), '答呂子約', 2275쪽, "主一只是專一, 蓋無事則湛然安靜而不鶩於動, 有事則隨事應變而不及乎他. 是所謂主事者, 乃所以爲主一者也. … 若是有所係戀, 却是私意. 雖似專一不舍, 然旣有係戀, 則必有事已過而心未忘, 身在此而心在彼者. 此其支離畔援, 與主一無適非但不同, 直是相反."

5. 퇴계의 수양론적 특성

퇴계는 수양론적 중심개념인 마음과 敬의 해석에서 理·氣와 體·用 및 動·靜의 상관관계를 밝힘으로써, 修養論과 性理學이 서로 깊이 연관되어 있음을 보여 주고 있다. 그는 이 양자의 연관성을 통해 道學체계에서 性理學은 修養論을 지향하고, 수양론은 성리학에 근거하고 있는 體用구조를 지니는 것으로 드러내 주고 있다. 이런 의미에서 退溪의 성리학적 핵심과제였던 四七·理氣論과 그의 수양론으로서 敬의 실천방법이 어떻게 연결되고 있는지를 더욱 깊이 밝혀 내는 것이 앞으로 해명하여야 할 과제로 제기된다. 실제로 퇴계는 자신의 수양론에서 중심적 개념으로 등장하였던 人心·道心의 문제를 四七論과 연결시켜 해석해 온 것이 사실이지만, 수양론 전체와의 연관구조를 해명하는 것은 퇴계사상의 전체적 성격을 이해하고 구명하는 데 중요한 의미가 있다고 하겠다. 이를 좀더 확대시켜 보면 퇴계의 수양론은 그의 道學的 문제의식 전반에 침투되어 있는 것이며, 그의 학문적 중추로 자리잡고 있는 것이라 볼 수 있다.

또한 퇴계는 敬을 고요할 때와 활동할 때에 걸쳐 통합적으로 인식하기 때문에 고요할 때의 '마음의 본체'(心體)를 天理와 일치시켜 강조하면서도, 이 天理를 근거로 활동할 때에 '마음의 작용'에 나타나는 人欲을 조절함으로써, 사물에 구체적으로 대응하고 사무를 처리하는 일을 중시하고 있다. 그것은 수양론이 단순히 내면의 心性을 연마하는 일에 한정되는 것이 아니라 일상생활과 사회적 직무수행까지도 수양을 통한 성취된 인격으로 담당할 것을 요구하는 것이다. 여기서 그는 일상생활 속의 행동과 태도의 통제를 통하여 내면의 심성을 바로잡는 수양공부의 측면도 중시하고 있다. 곧 마음 안에서 밖으로 나오는 수양법과 밖에서 마음 안으로 들어가는 수양법이 양면적으로 제시되고 있다. 이에 따라 그는 활동력이 없는 靜的 수양법이 아니라 적극적으로 활동하는 데 적용되는 動的 수양법을 강조함으로써, 老莊의 '無爲'나 佛敎의 '寂滅'에서 보여 주는 수양법을 자신의 도학적 수양법으로부터 차별화하고 있다.

나아가 퇴계는 한편으로 수양방법의 표준과 그 목표로서 바람직한 모범을 제시하면서, 다른 한편으로 수양방법의 잘못된 인식이나 실천방법에 따른 폐단과 병통을 구체적으로 제시하고 있다. 곧 수양방법의 긍정적 방향과 부정적 방향을 함께 드러내 줌으로써, 실질적으로 실천에 유용한 지침을 제공하고 있는 것이다. 퇴계는 惡의 개념에 대한 이해에서, "본래는 惡이 아니라, 단지 지나치거나 못 미치는 것이다."(惡者, 本非惡, 但過與不及) 라는 朱子의 말을 인용하면서, 善과 惡을 다른 세계가 아니라 하나의 마음에 존재하는 가능성으로 보고 있다. 따라서 현실 속에 항상 일어날 수 있는 가능성으로서 잘못된 길인 惡을 통찰하여 경계하지 않은 채, 올바른 방법만을 제시하는 것으로는 수양의 실효를 거두기 어려움을 간파했던 것이다. 그만큼 퇴계의 수양론은 수양을 위한 이론에 그치는 것이 아니라 수양의 이론과 실행이 하나로 통합되어 있는 수양론이라는 점을 그 특성의 하나로 보아야 할 것이다.

제 13 장 퇴계의 가정관과 인간관계의 규범

1. 가정관의 문제

儒學을 가장 간결하게 정의하여 '인간의 自已修練을 통한 사회적 질서의 실현방법' (修已治人之道)이라 할 수 있다. 이 때에 한 개체로서의 자기존재와 사회적 인간관계의 질서라는 두 영역이 제기되는데, 이 두 영역을 결합시켜 주고 媒介시켜 주는 또 하나의 영역이 있다면 그것이 바로 가정이다.[1] 따라서 유교적 인격의 형성이 바로 가정에서 비롯하고 한 인간이 사회에로 나서는 關門이 바로 가정에서 말미암는다. 유학자로서 退溪 李滉 선생의 그 인격과 학문의 배양은 가정에 뿌리를 두고 있으며, 그 활동과 교육의 출발점도 가정에서 찾을 수 있다는 것을 확인할 수 있다.

가정은 인간이 소속하여 있는 여러 공동체 가운데 가장 규모가 작은 것이지만 누구나 각자의 가정을 갖고 있는 것이기에 가장 기본적인 공동체이다. 또한 이 공동체는 血緣으로 맺어져 가장 강한 結束力을 지니고 있다. 퇴계 선생의

1) 『大學』의 八條目을 압축하여 修身 · 齊家 · 治國 · 平天下를 들면서, 修身은 明明德(곧 修已)에 속하고 齊家 · 治國 · 平天下를 親民(곧 治人)에 속하는 조목으로 보고 있지만, 齊家를 修已와 治人의 媒介영역으로 볼 필요가 있다. 가정은 실질적으로 자기존재의 근본이며 사회적 인간관계의 模型이라 할 수 있기 때문이다.

인간과 학문을 이해하기 위해 접근할 수 있는 여러 가지 길이 있지만 그가 살았던 자신의 가정과 그가 추구하였던 가정의 이상을 통하여 접근하는 길은 특별히 인간적이면서 구체적 실감을 지닌 것이기에 깊은 의미가 있다고 하겠다.

퇴계의 家庭觀을 이해한다는 문제는 다만 그의 극히 개별적인 문제로 머무르는 것이 아니다. 오히려 그의 가정에 대한 이해는 유교사회의 일반적인 가정관의 모범이 될 수 있고, 그의 가정생활에 나타난 여러 가지 사실들은 실제로 하나의 의미 깊은 실천규범으로 영향을 끼치고 있다. 따라서 그의 가정관은 개인적 생활의 사실적인 측면에만 머무르는 것이 아니라 유교적 가정관의 일반적 범주에 따라 분석적으로 이해될 필요가 있다. 이러한 요구에 따라 이 장에서는 먼저 가정의 의미에 관한 유교전통의 일반적 이해를 체계화시켜 제시하고자 한다. 이처럼 일반론적인 이해를 전제로 하여 퇴계의 가정에 대한 경험과 인식이 지닌 특징을 좀더 뚜렷이 확인할 수 있게 될 것이다.

가정의 문제는 무엇보다 먼저 인간관계로서 인식되는 것이 필요하다. 인간관계는 가장 구체적이면서도 형식의 구별이 뚜렷하게 이루어진다. 그리고 가정에서의 인간관계는 기본적으로 도덕성을 강조하는 것이 유교의 입장이며, 퇴계도 이를 철저히 관철하고 있다. 가정의 도덕규범적 양식은 사실상 유교적 도덕규범체계의 기초를 이루고 있는 것이다. 이러한 인간관계와 그 도덕규범은 실제의 생활 속에서 다양하고 구체적으로 실현되고 있다. 바로 이 가정생활은 모든 가정에서 각각의 법도를 형성하고 질서를 이루는 유교적 세계의 매우 생동적인 현장이다. 퇴계 자신의 구체적 생활양상은 일반적 도덕규범과 상응하면서도 독특한 호소력을 갖는 유교적 가치의 구현방법이라는 점에 유의할 필요가 있다.

성리학이라는 가장 추상적이고 관념적인 이론의 학문세계를 家庭이라는 가장 구체적이고 경험적인 현실에서 조명해 보는 것은 매우 의미 있는 방법이요, 학문적 경험이 될 수 있다. 더구나 儒學의 기본정신은 道와 人間이 떠나 있는 것이 아니요, 이 道는 일상생활 속에 있다는 것을 강조하는 사실에 비춰 보거나,[2] 성리학의 기본명제에서처럼 '理와 氣는 서로 떠날 수 없다.'(理氣不相離)의 의미에서도 퇴계의 가정관은 동시에 眞理觀에 연결되고 있는 것임을 이해할 수 있다. 이런 의미에서 퇴계는 매우 고답적인 성리학의 이론을 천착하는 形而上學者인 동시에 가장 일상적인 삶의 인간적 존재임을 뚜렷이 드러내며, 이를 통하여 퇴계의 학문과 인간을 균형 있게 해명하는 데 기여하고자 하는 데에 이 글의 기본적인 의도가 깃들어 있다고 하겠다.

2. 가정의 유교적 의미

1) 우주론적 의미

유교의 우주발생론적 이해에서는 가정을 모든 사회적 관계에 앞서서 존재하는 것으로 제시한다. 『周易』「序卦傳」에서는 天地-萬物-男女-夫婦-父子-君臣-上下-禮義의 차례로 우주와 만물 및 문화의 발생순서를 언급하였다.[3] 여기서 천지 · 만물의 자연적 우주에 이어서 남녀의 생물적 인간존재가 출현하고 그 다음으로 夫婦 · 父子의 가족적 단계가 나타나며, 가정이 존재한 뒤에 君臣 · 上下의 사회적 단계와 禮義의 문화적 단계가 발생한다는 것이다. 이러한 발생과정의 인식은 가정이 자연적 존재에서 인간적 존재에로 내려온 다음 최초의 단계임을 의미한다. 그것은 유교가 가정을 발생적으로 국가에 선행시키며 따라서 사회와 문화의 모든 발생적 근거 곧 뿌리를 가정에서 찾고 있다는 것을

2) 鄭夢周는 "儒敎人의 道는 모두 나날이 쓰는 평범하고 일상적인 것이다. 먹고 마시는 일이나 남녀가 만나는 예절은 모든 사람에 같은 것이요, 여기에 지극한 이치가 있다."고 하여 道의 日常性을 강조하고 있다(『圃隱集』, 續錄 卷 1, '經筵啓辭', "儒者之道, 皆日用平常之事, 飮食男女, 人所同也, 至理存焉.").

3) 『周易』 '序卦 上' 1, "有天地然後有萬物, 有萬物然後有男女, 有男女然後有夫婦, 有夫婦然後有父子, 有父子然後有君臣, 有君臣然後有上下, 有上下然後禮義有所錯."

말한다.

또한 가정의 가장 기본적 구성요소로서 夫婦는 바로 생물적 인간존재인 남녀의 결합이다. 이 사실에서 가정은 자연적 생명이 최초의 사회적 공동체를 구성한 것임을 말해 준다. 이에 따라 자연적 우주의 구조는 가정의 가족적 관계와 일치시켜 이해하게 된다. 곧 天과 地는 父와 母에 상응시켜 天父 · 地母로 일컬어진다. 『周易』의 乾卦도 天이요 父이며, 坤卦는 地요 母를 상징하고 있다. 그것은 우주를 가족적 관계로 이해하는 것이며, 가정을 우주적 질서와 일치시켜 이해하는 것이다. 張橫渠의 「西銘」은 이러한 우주가족관의 전형적 입장을 보여 주고 있다.

> "하늘(乾)을 아비(父)라 하고 땅(坤)을 어미(母)라 일컫는다. … 백성은 나의 동포요, 만물은 나와 더불어 있으며, 임금(大君)은 내 부모의 큰 아들(宗子)이다."

유교적 우주론에서 天 · 地는 만물을 낳고 기르는 능력과 역할을 맡고 있다.[4] 천지의 우주론적 생성과 부모의 생물적 출산 · 양육이 동질적인 것으로 類比되고 있는 데서 부모의 우주론적 의미가 부여된다. 이에 따라 도덕적으로 인간이 천지를 떠나서 존재할 수 없는 것과 마찬가지로 부모를 떠나서 존재할 수 없음을 확인한다. 여기서 도덕규범의 가장 기본적 형식으로 지적되는 人倫의 조목은 바로 天倫으로 인정되고 있다.

우주론의 기본적 전개방법은 태극의 궁극적 통일성으로부터 陰陽의 두 형식이 분리되어 상호 작용함으로써 만물과 인간을 생성하는 것으로 제시된다.[5] 여기서 天地도 天은 陽이요 地는 陰으로 분별되며 나아가 男 · 女 또는 夫 · 婦

4) 『周易』 '繫辭 下', "天地之大德曰生." '咸卦 · 彖辭', "天地感而萬物化生." 『中庸』, "贊天地之化育" 등의 언급에서 天地의 化生萬物하는 능력을 확인할 수 있다.

5) 周濂溪의 '太極圖說'에서 "乾道成男, 坤道成女, 二氣交感化生萬物, 萬物生生而變化無窮焉."이라 하여 陰陽의 化生萬物함을 언명하고 있다.

및 父 · 母가 음양론에 의해 파악되고 있다. 이에 따라 가족의 기본구성요소로서 부부나 부모의 상호 관계나 역할의 성격도 陰陽의 우주론적 의미에 따라 이해되는 것이 사실이다.[6] 이처럼 가정은 우주의 구조와 기능을 간직하고 있는 小宇宙의 성격을 뚜렷하게 보여 준다.

가정이 우주론적인 의미를 지니고 있다는 사실은 바로 하나의 통일된 우주로서 완결된 세계라는 것을 의미한다. 따라서 가정은 개인들의 집합으로서 인간의 의지에 따라 결합과 분해가 자유로운 인위적 조직이 아니요, 한 개인에게는 태어나기 전부터 주어진 필연적인 세계로서 인간존재의 실현을 위해서도 필수적인 조직이라 할 수 있다.

2) 사회적 의미

父子가 있은 다음에 君臣이 있게 되고, 그 다음에 上下가 있게 된다는 발생론적 순서에 따르면 가정에서의 관계에 근거하여 사회적인 君臣관계 및 上下관계가 발생하게 되는 것으로 이해된다. 따라서 유교적 의미에서는 가정이 사회의 근본이요 가정이 없는 사회(혹은 국가)를 생각할 수 없다. 『大學』의 條目에서도 齊家한 다음에 治國하는 것이 기초에서 쌓아 올라간 바른 순서이다. 더구나 8조목의 순서를 有機的인 발생과정의 本末관계 곧 근본(뿌리) · 枝末(가지) 관계로 이해하는 입장에서는 국가나 사회의 생명은 가정에 뿌리를 두고 있는 것이라 할 수 있다.[7]

가정과 사회(국가)의 관계는 유교적 사회체계에서는 同心圓的 관계로 파악

6) 陰陽의 待對的 관계나 尊卑的 位階 및 動靜的 作用들이 夫婦 · 父母에 적용되고 있으며 天地와 人間의 관계를 가정에서의 부모와 자녀관계로 인식하고 있는 것도 볼 수 있다.

7) 『大學』 '經 1 章' 에서 "物有本末, 事有終始, 知所先後, 則近道矣." 와 "其本亂而末治者否矣, 其所厚者薄而其所薄者厚, 未之有也." 의 구절은 本末論의 입장을 명백하게 보여 주고 있다.

해 볼 수 있다. 個體로서 자신을 圓의 중심으로 삼고 가정 · 이웃(鄕黨) · 國家 · 天下에로 同心圓의 확대과정을 보게 된다. 여기서 가정은 우주론적 구조를 내포하고 있으면서 동시에 모든 규모의 사회에 기본구성원리를 제공해 주는 것으로 이해된다. 곧 가정에 兄弟 사이는 이웃의 長幼관계로 적용되고 나의 부모에 준하여 남의 부모를 대접하도록 요구한다. 실제로 우리 나라의 전통관습에서는 이웃에서 만나는 사람에게 가정 안의 친족적 호칭을 적용시키고 있다.

국가의 규모에서도 그 기본구성원리를 가정으로 이해하기도 한다. 임금(大君)을 큰아들(宗子)에 견주는 것은 國家一家觀이라 할 수 있다. 天地를 인류의 부모로 보면 世界一家觀도 가능해진다.[8] 宗法체계의 피라미드형의 조직은 家統을 보여 주는 것이면서 국가의 통치질서를 보여 주는 것이기도 하다. 이에 따라 가정의 부모와 국가의 군왕을 상응시켜서 아비를 家君이라 하고 임금을 君夫라 일컫기도 한다. 국부 · 국모라 일컫는 것도 통치자에 대한 가족적 호칭이다. 임금과 지방 수령이 맡은 통치행위를 가장이 가족을 교화하고 양육하는 행위와 동질적인 것으로 이해하여 임금과 수령을 '백성의 부모'(民之父母)라 한다. 여기서 師弟관계의 교육적 기능이 가정이나 국가에 요구되면서, 가정 · 국가 · 학교의 동질성을 인식하여 君 · 師 · 父가 一體임을 지적하기도 한다.

유교전통의 가족제도는 大家族제도로서 기본단위의 核家族이 확대된 형식이며, 이 가족규모의 가정은 친족의 더욱 넓은 범위로 연결되어 있다. 親族도 '一家'라는 명칭으로, 공통의 家庭, 하나의 가족으로 擴大가족의식을 보여 주고 있다. 친족은 또 같은 血族(同姓同本)인 宗族을 넘어서 外家(母黨)와 妻家(妻黨)을 포함하는 一族二黨을 의미하기도 한다.[9] 여기서 가족의 범위는 祖上

8) 康有爲는 '天子'(하늘의 아들)란 天下의 모든 사람이 다 天子이지만 그 宗子로서 統治者를 天子라 일컫는다고 하여 祭天儀禮가 一人의 天子에만 독점될 것이 아니라 千萬人의 모든 天子에게 허용되어야 한다고 주장하였다.

9) 금장태, 『유교사상과 한국사회』, 성대대동문화연구원, 1987, 166-170쪽 참조.

의 祖上으로 올라갈수록 더욱 많은 자손들을 포함하게 된다. 우리는 單一民族 의식이 강하여 모든 국민이 같은 神話的 始祖의 후손이라는 同胞의식을 형성하고 있다. 여기서 가정과 사회(국가)는 동질적 조직의 다양한 규모로 볼 수 있으며, 국가는 확대된 가정이요, 가정은 축소된 국가로 이해될 수 있다. 그것은 유교적 가정이 單子的 가정이 아니요 擴張的 가정으로서 모든 사회구조의 기초를 이루는 것임을 말해 준다.

3) 도덕적 의미

한 가정에서 가족관계를 부모와 자녀의 上下관계와 형제 사이의 左右관계로 나누어 볼 수 있다. 부모가 자녀에게 慈愛를 베풀거나 자녀가 부모에게 孝誠을 드리는 상하관계가 가정의 도덕적 기초를 이루고 있다. 곧 慈愛나 孝誠이 親愛의 양상이고, 親愛는 가정을 결속시키는 감정적 기초이면서 도덕적 조건이 된다. 親愛는 가족 사이의 누구에게도 적용되는 일반적 원리이다. 夫婦나 父子나 兄弟가 모두 親愛로 맺어져 있다. 그러면서 부부 사이에는 친애를 넘어서 하나의 도덕적 조건이 요구된다. 곧 서로의 위치와 역할이 구별되고 서로를 공경하는 덕목이다. 여기에 부모의 위치와 역할도 자녀에 대하여 차이를 보이게 된다. 곧 父嚴 · 母慈의 역할은 慈愛의 다양한 표현으로 이해될 수 있다. 엄격함도 자애의 父性的 표현으로 받아들여진다. 형제 사이의 友愛도 兄友 · 弟恭의 차이로 나타난다. 兄의 水平的 友愛에 대한 아우의 응답은 恭敬의 垂直的 형식을 띠고 있다.

유교도덕규범의 근본형식인 五倫에서 父子有親 · 夫婦有別은 가족 윤리의 기본조건이며 長幼有序는 가족에서 兄弟 사이나 사회의 이웃 사이에 공통으로 적용된다.[10] 가족의 발생과정에서는 夫婦가 가장 先行하는 것이므로 夫婦有別

10) 孟子는 三達尊(일반적 존귀함)으로서 爵(벼슬) · 齒(나이) · 德(인품)을 들고 朝廷에서는 爵이 우선하며, 鄕黨에서는 齒가 우선한다 하니 나이에 따른 長幼는 지역공동체로서 이웃에 적용됨을 보여 준다(『孟子』 '公孫丑 下' 2).

의 원리에서 보면, 有別은 相親에 모순되는 것이 아니라 도덕적으로 더욱 高揚시켜 주고 있음을 본다. 親愛의 원리가 結合을 지향하는 것이라면 결합을 다시 분리함으로써 친애의 항구적 지속성을 확보하는 역할을 한다. 부부는 근원적으로 다른 血統의 異性이 만난 것이지만 자연적 현실로 결합력을 가졌기에 도덕적으로 분별을 강조함으로써 균형을 이룰 수 있다. 이에 비해 부모와 자식은 血緣的으로 연속된 일체이지만 자연현상으로 분리되어 나오는 것이므로 단절화가 일어나게 된다. 여기에 도덕적 親和力을 부여함으로써 분리와 결합의 균형을 확보하는 것이라 할 수 있다. 유교의 도덕체계는 인간의 자연적 생명을 전제로 도덕을 통한 균형의 추구에 목적을 둔다면, 가정은 각각의 개별적 존재가 지닌 독립성과 상호 결합적 요구의 균형과 조화를 이상으로 하는 것이라 할 수 있다.

가정과 사회 사이의 연속성 내지 확장적 관계에 대해서도 도덕규범의 적절한 적응이 이루어진다. 孝 · 悌 · 慈의 가족적 도덕규범은 사회에서 노인과 유아 및 長者에 적용된다.[11] 나의 가정에서 섬겨지는 노인(父母)과 남의 가정에 속한 노인(父母)의 일치화를 시켜 가는 것이 가정의 확장적 인식이며 동시에 가정적 도덕규범의 확장적 적용이라 할 수 있다. 이러한 도덕규범의 확장에 따라 효자는 그 규범으로 임금을 섬길 수 있으며, 弟者는 悌의 규범으로 長者(윗사람)를 섬길 수 있으며, 慈者는 그 규범으로 백성 대중을 섬길 수 있게 된다.[12] "孝者의 가정에서 忠臣이 나온다."는 의식도 바로 국가윤리가 가정윤리에서 胚胎되는 것임을 말해 준다. 한 마디로 유교적 세계의 두 영역인 개인과 사회는 가정의 단계에 통합되어 있으며 가정에서 개인이 배양되고 사회 · 국가

---

11) 『大學』 '傳10章', "所謂平天下在治其國者, 上老老而民興孝, 上長長而民興弟, 上恤孤而民不倍, 是以君子有絜矩之道也." 『孟子』 '梁惠王 上' 7, "老吾老以及人之老, 幼吾幼以及人之幼."

12) 丁若鏞(『大學公義』, 卷·1, 12)은 三綱領의 條目圖를 제시하면서, '明明德'의 조목으로 孝 · 悌 · 慈와 事君 · 事長 · 事衆의 연관성을 밝히고 있다.

가 확산되어 나오는 것이라 할 수 있다.

3. 가정과 인간관계의 규범

1) 부자관계

퇴계는 68세 때(1568, 宣祖 2년) 올린 유명한 상소문인 「戊辰六條疏」에서 임금 선조에게 정치에 필요한 6條目을 제시하고 있다. 그 제 1 조는 '繼統을 존중하여 仁과 孝를 온전히 할 것'(重繼統以全仁孝)이요, 제 2 조는 '헐뜯어 이간시킴을 막아 兩宮을 친하게 할 것'(杜讒間以親兩宮)이다. 6條에서 첫 2조목을 家法의 문제로 제시한 사실은 국가통치에서 君王의 家法이 차지하는 비중을 명확하게 보여 주고 있다.[13] 이 2조목은 국가의 治道로 제시된 것이지만 가정과 국가의 연관성에서 본다면 개인의 생활에서도 가법이 선행적으로 강조될 수 있음을 말해 준다.

제 1 조의 '繼統을 존중하여 仁과 孝를 온전히 할 것'이라는 조목은 국가에서 君位의 一統性은 父가 傳授하고 子가 繼承하는 것임을 강조하며 本生家와 養家의 두 부모가 있을 때에는 本生家의 은혜가 중대하지만 養家의 繼統이 하늘에 두 해(太陽)가 없듯이 唯一의 繼統으로 가장 높여져야 할 것임을 강조한다.[14] 가정에 繼統의 單一性을 요구하는 것은 바로 統緖(繼統)가 유교이념의

13) 「戊辰六條疏」(『退溪集』, 권 6)의 6條는 ① 家統의 확립(重繼統以全仁孝), ② 讒間을 막음(杜讒間以親兩宮), ③ 學問(聖學)에 힘씀(敦聖學以立治本), ④ 道統(道術)의 闡明(明道術以正人心), ⑤ 大臣의 信任과 臺諫의 聽用(推腹心以通耳目), ⑥ 修養과 省察(誠修省以承天愛)으로, 다시 요약하면 ①, ②는 家法, ③은 學業, ④는 道統, ⑤는 行政, ⑥은 自省을 뜻하는 것이라 할 수 있다. 治道의 6조 가운데 ①, ②조의 家法이 얼마나 큰 비중을 갖는지 잘 나타나 있다.

14) 『退溪集』, 권 6, '戊辰六條疏', "天無二日, 民無二王, 家無二尊, 喪不二斬, 古之聖人非不知本生之恩重且大, 而制爲禮法, 使爲人後者爲之子, 旣曰爲之子, 則仁孝之

정통성으로서 정당성의 기준이 되고 있기 때문이다. 국가의 왕위는 정통성에 의해 정당화될 수 있으므로 大統(王統 · 國統)이 강조되고, 가정에서는 父子의 繼統으로서 家統이 강조되며, 학교에서는 학문의 정통성과 학맥의 統緖를 중요시하여 學統을 존중하며, 유교이념의 정통성으로서는 道統이 강조되고 있다. 이러한 統緖의 존중은 가정이 유교사회의 핵심단위이면서 그 자체로 완결된 세계임을 확인시켜 준다. 統緖는 宗法制의 봉건적 고대전통일 뿐 아니라 宋代 道學의 이념적 특징을 이루는 요소임을 주목할 필요가 있다. 또한 統緖의 단선적 계승은 하늘의 태양이 유일존재인 것처럼 최고기준의 통일성을 의미하는 것이다. 이에 따라 퇴계는 가정에서 本生부모와 양부모가 있을 때 자연적 심정의 친애감이 본생부모에 기울어지는 것을 인정하지만 形而上的 원리의 당위성이 양부모를 唯一의 繼統으로 강조함으로써 가법의 확립을 추구하고 있다. 기준의 단일화 또는 統緖의 확립은 한 조직이 분열이나 갈등에 빠지는 것을 막아 주는 효율적인 기능이 있는 것이 사실이다.

제 2 조에서 '헐뜯어 이간시킴을 막아 兩宮을 親하게 할 것'이라 한 것은 군왕 자신과 부모인 王大妃 사이에 親愛를 확보하기 위해서는 양쪽을 모시는 환관과 여자들이 이간질하는 것을 막아야 한다는 것이다. 왕실의 家法으로서 부자관계의 친밀함이 治道에 기초가 되는 것으로 본다. 이 원칙은 王家가 아닌 私家의 가정에서도 적용될 수 있다. 부모와 자녀 사이에는 왕가처럼 심하지는 않더라도 親和를 방해하여 이간시키는 경우가 있을 수 있다. 양자가 딸린 사람이 부모를 봉양하고 孝親하는 데 방해를 받을 수 있는 것이다. 퇴계는 부자관계의 親和를 모든 다른 인간관계에 앞서서 확보하여야 할 최우선 과제로 삼고 있으며, 특히 이 친화에 장애요소가 되는 것을 경계하게 한다.

퇴계는 "임금이 하늘에 대하는 관계는 자식이 어버이를 대하는 것과 같다."라고 하고, "어버이 섬기는 마음을 미루어서 하늘 섬기는 도리를 다하

道當專於所後, 而本生之恩反不得與之竝立焉."

라."[15]고 권고하였다. 여기서 부모는 하늘에 견주어질 만큼 자녀에게 절대적인 권위임을 드러내어 준다. 이러한 부자관계의 인식에서 자녀가 부모에 대해 행하여야하는 행동규범으로 孝親과 順命이 확립될 수 있다. 천인관계와 부자관계의 구조를 일관시켜 이해함으로써 부자관계가 가정의 기준적인 관계요, 동시에 인간관계의 근원적 형식임을 보여 준다.

2) 부부관계

퇴계는 제자 李咸亨(字, 平叔; 號, 天山)이 부부 사이가 불화한 사실을 알고 이함형이 찾아왔을 때 한 통의 편지를 써 주어 부부의 도리를 타일렀다. 여기서 그는 경전에서 부부의 도리를 언급한 구절들을 인용하고 있다. 곧 "夫婦가 있은 다음 父子가 있다."(『周易』, 「序卦 下」)와 "君子의 道는 夫婦로부터 시작한다."(『詩經』, 「小雅 · 常棣」; 『中庸』 15장에서 引用)의 3구절이다. 이처럼 부부는 모든 인간관계의 근본으로 확인된다. 따라서 『大學』의 本末厚薄論에 따라서 근본이 되는 부부의 관계를 厚하게 하도록 요구한다. 퇴계는 "사람됨이 薄하고 보면 어찌 부모를 섬길 수 있으며, 어찌 형제와 종족과 마을에 處할 수 있으며, 어찌 임금을 섬기고 대중을 부리는 근본을 알리요."[16]라 하였다. 이것은 부모 · 형제 · 종족 · 마을 · 임금 · 대중의 가정 · 이웃 · 국가 · 사회의 모든 인간관계는 부부 사이를 두디이하는 데서 출발한다는 인식을 보여 주는 것이다 本末論的 체계에서 가장 근본의 자리를 부부로 삼는 것은 부부가 가정의 기초단위이며, 동시에 職務를 나누어 모든 家事를 돌보고 처리하는 주체이기 때문이다. 부자관계가 가정의 질서에 기준이 되며 줄기를 이루는 것이라면, 부부관계는 가정의 성립에 기초가 되며 뿌리를 이루는 것이라 대조시켜 볼 수 있다. 퇴계는 가정 안에서 부자관계와 부부관계의 두 가지 핵심을 어느 쪽에만

15) 같은 곳, "君之於天, 猶子之於親, … 推事親之心, 以盡事天之道."

16) 『退溪集』, 권 37, '與李平叔', "爲人旣薄, 何以事父母, 何以處兄弟宗族州里, 何以爲事君使衆之本乎."

치우치지 않고 균형 있게 강조하며 각각의 상관관계를 해명해 준다. 부자의 관계가 하늘과 인간관계처럼 수직적 절대성의 질서라면, 부부의 관계는 인간존재의 구성요소로, 방법적으로는 천인관계에 앞서서 인간의 자기균형을 확보하여야 하는 수평적 조화성의 조건임을 드러내고 있다.

퇴계는 孫子 安道에게 혼례에서 醮禮辭를 들어서 부부의 관계가 얼마나 기초적이고 소중한지를 지적하고 있다. "부부라는 것은 인륜의 처음이며 만복의 근원이니, 아무리 지극히 친하고 가까워도 역시 지극히 바르게 하고 삼가는 자리이다."라고 언명하였다.[17] 人倫의 5條目 곧 五倫 가운데서 '부부유별'이 세 번째 순서에 놓여 있지만 시초로서의 의미가 있음을 주목한 것이다. 또한 인생에 누리는 모든 福祿은 부부가 함께 짓고 함께 누리는 것이라는 의미에서 복의 근원으로 이해된다. 부부는 모든 규범의 시작이요, 따라서 모든 福樂의 근원이라 할 수 있다. 그러나 바로 이 시작과 근원이 잘못되면 모든 어긋남과 재앙을 초래할 수도 있다. 따라서 시작은 삼가야 하는 엄숙한 자리로 이해된다. "집안을 바르게 하려면 마땅히 그 시초부터 삼가야 하는 것이니, 천번 만번 경계하기를 바란다."고 손자 안도가 혼례한 다음날 당부하고 있다.[18] 부부는 자연히 감정으로 지극히 친밀할 수 있는 관계이지만 그 관계를 지극히 바르게 하고 삼가야 한다고 강조한 것은, 부부의 관계가 감정적 단계에 맡겨질 수 없으며, 가정과 사회의 모든 인간 삶에 시작과 근원의 자리로서 경건하고 엄숙한 의미를 지니고 있음을 소중히 하기 때문이다.

3) 형제 · 친족관계

퇴계는 1554년 醴泉에 갔을 때 어느 먼 일가의 가난한 과부 한 사람이 매우 딱한 사정을 호소해 왔을 때 군수에게 부탁하여 도와 주었던 일이 있었다. 이

---

17) 『退溪集』, 권 40, '與安道孫', "夫婦, 人倫之始, 萬福之原, 雖至親至密, 而亦至正至謹之也."

18) 같은 곳, "欲正其家, 當謹其始, 千萬戒之."

때 퇴계는 公私의 의리에 비추어 관청에 사사로운 일로 부탁하는 것을 기피하면서도 "내게 있어서는 비록 먼 일가라 하지만 先祖로 보자면 똑같은 자손이니, 내 어찌 길 가는 사람 보듯 하랴."[19]고 생각하여 도와 주었다고 한다. 먼 친족을 대하여 자기를 기준으로 보아 멀다고 여기지 않고 先祖의 입장에서 보아 똑같은 자손이라는 의식은 친족관계에 대한 의식에 두 기준을 적용시키는 二重性을 보여 준다. 친족관계를 자신을 기준으로 寸數로써 원근을 구별하는 것은 親疎의 차별원리이다. 그런데 퇴계는 先祖를 기준으로 하여 같은 뿌리에서 나온 가지처럼 근본의 一體원리를 동시에 적용시키고 있다. 그것은 인간관계에 보편적인 두 원리로서 和合과 分別의 이중성을 적용시키고 있는 것이라 하겠다. 禮樂의 기능도 禮가 分別의 질서를 추구하면 樂이 화합의 조화를 추구함으로써 상호 보완적 역할을 하는 것에 통하는 것이다. 曾子가 "喪禮를 지성껏 하고 祭祀를 정성껏 하면 백성의 心德이 저절로 두텁게 되어 가리라."[20]라고 한 것도 조상을 추모하는 정성이 있으면 먼 친족도 일체감을 회복할 수 있다는 의미를 내포하고 있다. 이처럼 친족관계의 유대와 결합을 가능하게 하는 매개로서 先祖의 존재를 주목할 필요가 있다. 사실상 선조와 후손 곧 祖孫관계가 정립되면 친족관계는 두터운 유대감을 회복할 수 있게 된다.

형제는 한 부모로부터 태어나 같은 氣를 받았으므로 가장 친밀한 관계이다. 장횡거가 「西銘」에서 "백성은 나의 동포이다."(民吾同胞)라고 한 언급에 대해 퇴계는 동포의 뜻을 형제로 밝히고 있다.[21] 여기서 형제는 같은 부모에게서 태어났지만 조상으로 올라갈수록 형제가 넓어진다. 마침내 온 백성을 형제로 확인하는 동포의식은 형제가 인간 사이를 일체화시키는 기본형식임을 보여 준다. 가정에서는 형제가 같은 부모의 자녀이지만 세계에서는 백성이 다 함께 하

19) 『退溪先生言行錄』(이하 『言行錄』으로 略記함), 권 5, '雜記', "彼之於我, 雖曰疎遠, 以先祖視之, 一般子孫也, 豈敢視若路人."

20) 『論語』 '學而', "愼終追遠, 民德歸厚矣."

21) 『退溪集』, 권 7, '西銘考證講義', "兄弟謂同胞."

늘과 땅을 부모로 하는 형제의 관계이다. 퇴계는 "무릇 천하에 나이 많은 사람은 모두 내 一家의 어른인데, 내 어찌 형을 섬기는 마음으로 미루어 그를 섬기지 않을 수 있겠는가."[22]라 하여 가정의 형제관계를 사회와 나아가 천하에서 모든 인간 사이의 관계로 확장하고 있다. 가정이 폐쇄된 血緣의 단위에 머무르는 것이 아니다. 오히려 가정의 인간관계는 세계의 모든 인간관계를 형성하는 기반이 되는 것이라 파악되는 것이다. 그것은 가정의 개방성을 주목하는 것이며, 가정의 인간관계도 닫힌 인간관계가 아니라 열린 인간관계임을 말해 준다. 퇴계는 가정의 인간관계에서 특히 형제관계가 이웃과 모든 인류의 유대관계에 기본형식이 되는 것으로 강조하고 있다. 이 형제관계는 같은 부모에서 나온 同氣로서 同質性 곧 평등성을 지니면서도 연령의 高下에 따라 長幼有序의 垂直性을 지닌 이중적 복합성을 지닌 것으로 이해될 수 있다.

4. 가정의 규범적 실현

1) 親和의 원리

가정의 기본적 규범은 和睦이라 할 수 있다. 퇴계는 가정의 화목을 위해 가족 사이의 친화에 깊은 관심을 보였다. 부모와 자식 사이는 인륜으로 親愛를 요구하지만 실제로는 재물의 소유에서나 居處의 분리로 친화가 감쇄할 수 있게 된다. 퇴계는 아들 寯(준)에게 준 편지에서, "아비와 자식 사이에 밥솥을 달리하는 것은 본래 아름다운 일이 아니다."고 하여 동거가 옳음을 지적하고, 나아가 "이제 한 곳에 살면서 재물을 달리하는 것보다는, 따로이 살면서도 재물을 함께 하는 뜻을 잃지 않는 것이 낫지 않겠는가."[23]라 하여 부득이 따로

22) 『言行錄』, 권 2, '處鄉', "凡天下高年之人, 皆吾一家之長也, 吾安得不推吾事兄之心而事之乎."

23) 같은 책, '居家'.

살더라도 부자가 재물을 따로 가져서는 안 된다고 타이른다. 재물의 소유가 각각으로 분리되면 부자 사이에도 거리가 생겨 친화가 감쇄하는 것임을 경계하는 것이다. 가정의 친화를 이루기 위해서는 각자의 소유욕을 억제하고 재물을 공유하여야 한다는 입장은 물질이 인간관계의 도덕성에 중요한 영향을 미칠 수 있다는 데 주목한 것이다.

부부의 사이에 대해서도 正妻를 박대하는 사람을 책망하면서, "모름지기 서로 道로써 대하여 부부의 禮를 잃지 않는 것이 옳다."고 하였다.[24] 부부의 친화는 애정으로만 보장되는 것이 아니고 禮法으로 공경하여야 한다. "세상 사람들은 모두 예의로써 서로 공경하는 것을 다 잊어버리고, 곧 함부로 허물없이 가까이 하여, 드디어 조롱하고 업신여겨서 못하는 짓이 없게 되는 것은 모두 서로 손님같이 공경하지 않는 데서 나오게 되는 것이다."[25] 가정에서 가족 사이의 친화는 감정의 단계를 넘어 예법에 따라 공경하는 윤리적 단계에서 찾고 있다. 부부의 친화도 '서로 손님같이 공경함'에서 실현될 수 있는 것으로 확인한다. 부부가 琴瑟같이 화합함을 노래한 詩(『詩經』, 「小雅 · 相棣」)에 대해서도 공자는 "부모가 기꺼워하게 될 것이다."라고 評하여 夫婦親和의 윤리성을 강조하고 있다.

퇴계는 형제 사이에도 잘못이 있을 때 단지 말로만 꾸짖으면 사이가 멀어지게 될 것임을 경계한다. "성의를 다해서 깨우치게 해야만 비로소 의리가 상함이 없을 것이다."[26]라고 말하여 형제간의 친화를 중요시하며, 공자도 선비의 品格으로 "형제간은 화목하여 기뻐하여야 한다"(兄弟怡怡, 『論語』, 「子路」)고 하였음을 유념하고 있다.

---

24) 같은 곳, "世俗有薄待正妻者, 伉儷之誼, 豈宜如此, 須處之有道, 勿失夫婦之禮, 可也."

25) 『退溪集』, 권 40, '與安道孫', "世人都忘禮敬, 遽相狎昵, 遂致侮慢凌蔑, 無所不至者, 皆生於不相賓敬之故."

26) 『言行錄』, 권 2, '居家'.

가정의 친화는 인정과 예법이 어울린 것으로, 人情이 문란하기 쉬움이나 예법이 형식화하기 쉬움을 넘어선, 가정의 기본원리를 이룬다. 퇴계는 가정의 친화에 기준이 되는 경전적 제시를 『周易』「家人卦」의 뜻에서 찾고, 또한 『小學』「明倫」의 교훈에서 찾고 있다.[27] 「家人卦」의 彖辭에서는, "家人은 여자가 안에 자리를 올바로 하고, 남자가 밖에 자리를 올바로 하는 것이다. 남녀가 올바름은 하늘과 땅의 큰 뜻이다. 家人에 엄한 임금이 있다 함은 부모를 말하는 것이다. 부모는 부모노릇을 하고, 자식은 자식노릇을 하고, 형은 형노릇을 하고, 아우는 아우노릇을 하고, 남편은 남편노릇을 하고, 부인은 부인노릇을 하여 家道가 바로 잡히면 天下가 안정된다."[28]고 하였다. 가정의 구성원들이 각자의 역할을 도리에 맞게 할 때에 가정이 바르게 되고 친화를 이루는 것으로 본다. 『소학』의 「명륜」에서도 五倫을 조목별로 친절하게 해명하지만, 가족관계가 도리에 맞아야 바르게 됨을 밝힌다. 여기서 가정의 정감적 친애와 예법적 조화가 결합되는 친화의 규범이 지닌 윤리적 의미의 인격성과 형식성을 실감할 수 있다. 가정의 친화는 나아가 모든 인간관계에서 仁愛의 규범으로 나타난다고 하겠다.[29]

2) 孝悌와 恭敬

부모는 자애롭고 자식은 효성스러운 父子慈孝의 도리와, 형은 우애 있고 아우는 공경하는 兄友弟恭의 도리는 가정윤리의 기본조건으로 인륜의 핵심적 조

27) 『退溪集』, 권 6, '戊辰六條疏'.

28) 『周易』, '家人', "彖曰, 家人女正位乎內, 男正位乎外, 男女正, 天地之大義也. 家人有嚴君焉, 父母之謂也. 夫婦, 子子, 兄兄, 弟弟, 夫夫, 婦婦, 而家道正, 正家而天下定矣."

29) 『孟子』「盡心 上」에서는 어버이에는 친밀(親)하고, 백성들에는 인자(仁)하고, 생물은 아껴(愛) 준다고 親·仁·愛를 구별하고 있으나 이들은 서로 통하고 있는 擴散과정으로 이해할 수 있다.

목을 이루고 있다. 퇴계는 "부모가 그 자식을 사랑하는 것을 慈라 이르고, 자식이 그 부모를 잘 섬기는 것을 孝라 이른다. 孝와 慈의 도리는 하늘의 본성에서 나온 것으로 모든 善의 으뜸이니, 그 은혜가 지극히 깊고, 그 윤리가 지극히 무겁고, 그 情이 가장 절실한 것이다."[30]고 지적하였다. 孝慈의 인륜이 곧 하늘에서 나온 天倫이라는 궁극적 근거를 확인해 준다. 이 인륜(곧 천륜)을 실현하여야 하는 것이 當爲이지만 현실에서는 온전히 실현되지 못하는 일이 자주 일어난다. "어떤 이는 孝道가 이지러짐이 있고 慈愛하는 天性이 또한 없어지는 데 이르며, 심한 자는 지극히 가까운 친척이 변해서 이리가 되어 사랑하지 못한다."[31] 퇴계는 父子 사이에 孝慈의 도리가 결손되면서 일어나는 문제점에 대해 예리하게 인식하고 있다. 이러한 인륜을 파괴하는 요인을 본성에서 찾는 것이 아니라 외부에서 찾기 때문에 외부의 장애요인을 깊이 경계한다. 부모와 자식 사이를 이간하는 병통으로서 소인과 여자를 들고 있다.[32] 이러한 방해요인을 제거하기 위한 방법으로 家法이 엄중하게 요구된다. 여기서 孝慈의 온전한 실현과 가법의 확립을 위하여서 자신의 능동적인 정성스러운 노력을 전제로 하게 된다.

제자 李咸亨에게 부부의 도리를 깨우쳐 주는 편지에서도, 퇴계는 구체적으로 부부의 불화가 일어나는 경우로서, 그 부인에서는 ① 성질이 악하여 교화하기 어려운 자(性惡難化者) ② 모습이 못 생기고 지혜롭지 못한 자(嫫醜不慧者), 남편에서는 ① 방종하여 행실이 없는 자(狂縱無行者), ② 좋아하고 싫어하는 것이 정상을 벗어난 자(好惡乖常者) 등이 있음을 분석하였다.[33] 그 네 가

30) 『退溪集』 권 6, '戊辰六條疏', "孝慈之道, 出於天性而首於衆善, 其恩至深, 其倫至重, 其情最切."

31) 같은 곳, "或至於孝道有缺, 慈天亦虧, 其有甚者, 則至親化爲豺狼而莫之恤."

32) 같은 곳, "必也交構互嫌, 主昏倫悖, 而後得以騁其術害其讒, 而得大利, 此小人女子之通患也."

33) 『退溪集』, 권 37, '與李平叔'.

지 경우 가운데서 부인이 '성질이 악하여 교화하기 어려운 자'의 경우는 소박당하는 죄를 자초한 것이지만 나머지는 남편이 반성하여 스스로 후하게 하고 힘써 善處하면 부부의 道를 잃지 않을 것이라 한다. 그리고 '성질이 악하여 교화하기 어려운 자'의 경우에서도 '크게 悖逆하여 인륜에 죄를 지은 자'(大段悖逆, 得罪名敎者)가 아니라면 마땅히 적절하게 대처하여 離節하는 데 이르지 않게 하는 것이 옳다고 지적한다. 퇴계는 부부 사이의 불화를 해결하기 위해서도 남편으로서 '반성하여 스스로 후하게 하고 힘써 善處하는' 공경의 도리를 극진히 하도록 요구하고 있다. 부부의 친화를 지키기 위해 불화의 난관에서 공경으로 부부의 도리를 지켜 가는 데에 공경의 규범이 확인된다. 부부가 서로 공경하기를 극진히 하여 마치 서로 손님을 대하는 듯 하는 것은 공경하지 않고서 부부의 친화가 지속될 수 없음을 말해 주는 것이다.

형제 사이에도 서로 정성으로 공경하여 우애와 공경의 悌友를 이루면 부모에 대한 효성과 더불어 이 孝悌가 仁의 和樂함을 이루는 방법적 기초가 되는 것으로 볼 수 있다.[34]

3) 儉約의 원칙

퇴계는 임금에게 治道의 한 가지로서 "儉約을 숭상하고 사치를 금지함으로써 公과 私의 財力을 넉넉하게 하는 것은 태만히 할 수 없는 일이다."(「戊辰六條疏」)라 하여 검약을 통한 국가재정의 여유를 강조하고 있다. 이 검약은 그의 家法에서 매우 엄격하게 지켜졌다. 弟子 李德弘의 기록에 따르면 퇴계의 가정 살림은 安貧樂道의 생활이다. "농사짓는 잔일에도 일찍이 때를 놓치는 일이 없으며 수입에 따라 지출을 하여 뜻밖의 일에 대비하였다. 그러나 집은 본래 가난해서 가끔 끼니를 잇지 못하고, 온 집안은 쓸쓸하여 비바람을 가리지 못하였으니, 남들은 견디기 어려워할 것이나 넉넉한 듯이 여겼다."[35] 검소하고 청

---

34) 『論語』, '學而', "孝悌也者, 其爲仁之本與."

빈한 생활은 부귀를 바라는 세속적 욕망과는 상반된 것이 사실이다. 권세와 부귀의 호사스러움보다 자연 속에서 소박한 생활에 대한 추구는 그의 성품을 이루고 있다고 하겠다. 제자 金誠一이 그의 모습을 자세하게 보여 준다.

> "선생은 검소한 것을 숭상하였다. 세숫대야는 질그릇을 썼고, 앉는 데는 부들자리(蒲席)를 썼다. 베옷과 실띠에 짚신과 막대기를 썼는데, 생활이 담백하였다. 퇴계〔개울 이름〕 위의 집은 겨우 10여 架로서 심한 추위나 더위나 비에 남들은 견디기 어려워할 것이나 넉넉한 듯이 거처하였다. 한 번은 영천군수 許時가 지나가다가 선생을 뵙고는, '이렇게 비좁고 누추한데 어떻게 견디십니까?' 라고 하니, 선생은 천천히, '오랫 동안 습관이 되어 곤란한 것을 모릅니다.' 라고 대답하였다."(『言行錄』, 「居家」)

이처럼 퇴계는 검소하고 청빈한 생활에 안주하였으며 그것은 단지 빈곤하기 때문만도 아니요 순박하고 검소함을 숭상하는 의식을 지녔기 때문이다. 玩樂齋를 지을 때도 자신은 작게 지으려 했으나 모르는 사이에 목수가 높고 크게 지은 것이 마음에 부끄럽고 한스럽다고 하기도 하였다(『言行錄』, 「居家」). 그는 隱逸의 高士風으로 世間의 榮利에서 떠나 있었다. 자제들에게도 貧寒함을 개의치 말고 도리에 따라 살아갈 것을 요구하고 있다. "가난하고 궁색한 것은 선비의 보통 일이다. 어찌 개의하랴. 너의 아비도 평생에 이 일 때문에 남의 웃음거리가 된 일이 많았다. 오직 굳게 참고 순하게 대처하여 자신을 닦아 하늘의 뜻을 기다리는 것이 옳다."[36] 자제를 가르치는 말에서도 빈한한 데 사로잡히지 않는 선비의 길을 제시하고 있다. 선비로서 빈궁을 日常事로 삼고 있는 한 儉約의 德目은 가정경제의 필수적 조건이다. 따라서 집안에 재물이 많고 사치한 것은 장래에 환난을 불러올 수 있는 것이라 경계한다. "거친 밥을 먹고 물 마시고 팔을 베고 누웠어도 즐거움이 그 가운데 있다."(『論語』, 「述而」)는

---

35) 『言行錄』, 권 2, '居家'.

36) 같은 곳, '家訓'.

공자의 말처럼 소탈한 생활이 선비의 살림이라 할 것이다. "술을 시켜 오니 촌술이 맛이 좋고 / 생선을 끓이니 냇가 나물이 향기롭네 / 한 끼 萬錢어치 먹는 사람들 / 뒤집힐 때 환난 헤아릴 수 없는 것과 어떠하리."[37] 강변의 어부생활이 사치스런 생활에 비교해 소박하고 태평스러움을 찬탄하는 퇴계의 시구에서도 검약이 가정생활의 자연스럽고 건전한 미덕임을 절실하게 드러내 주고 있다.

5. 가정생활의 실천모범

1) 居家의 片貌

弟子 鄭維一의 기록에 따르면 퇴계는 居家에서 "家法이 甚嚴하고 집안은 화목하였으며, 형을 섬기기를 아버지 섬기듯 하고, 궁색한 친족을 구조하는 데 힘을 다했다."(『言行錄』, 「居家」)하고, 李德弘의 기록에서는, "집안 사람 사이에서는 엄숙하게 임하고 자애롭게 기르며, 하인들에게는 은혜로써 어루만지고 위엄으로써 제어하며, 안팎과 위아래에는 의복·음식을 제각기 분수에 맞게 하였고 자제들과 아이·어른은 가르치고 경계함을 각각 그 材質에 따라 하였다."(『言行錄』, 「居家」)고 하여, 퇴계가 가정을 다스리는 법도와 품격을 보여준다. 한 가정에는 여자가 거처하는 안〔內〕이 있고 남자가 거처하는 밖〔外〕이 있으며, 어른과 아이들이 있고, 하인들이 있다. 이들 각각에 맞는 법도의 분수가 정해져서 서로 다투는 일이 없게 하여야 가정이 균평하여진다. 그 분수를 지킴에는 엄격하지만 자애롭고 은혜로와 모든 구성원들이 친밀한 마음으로 결속되어야 가정이 화평하여진다. 자제들을 가르치는 일은 기르는 일에 못지않

37) 『退溪續集』, 권 1, '寄題四樂亭·漁', "喚酒村酤美, 烹鮮澗芼香, 何如萬錢客, 覆餗禍難量."

게 부모로서 중요한 일이다. 그러나 자신의 자녀에게 과도한 욕심을 내어 최상의 목표를 요구하지 않았다 한다. 각각의 자품과 재질에 맞게 성취하도록 하는 가르침은 진실하게 가족의 한 사람을 그 자체의 인격으로 존중해 주는 것이다. 퇴계의 어머니도 "그의 뜻하는 바가 높고 깨끗해서 세상과 합하지 않는 것을 살피고, 일찍이 '너의 벼슬은 州나 縣이 마땅하니 높은 벼슬에 나가지 말아라. 세상이 너를 용납하지 않을까 두렵다.' 고 하였다."(『言行錄』, 「居家」)고 한다. 이 모친의 가르침이 바로 자녀교육의 매우 귀중한 원칙을 제시해 준 것이다.

퇴계는 어려서 부친을 잃고 다섯 형들도 차례로 세상을 떠나서 다섯째 형인 澄(察訪公)이 생존하여 아버지 섬기듯 하였다 한다. "혹시 察訪公이 집으로 찾아오면, 문 밖에까지 나가 맞아들이면서 한 자리에 차례로 앉으며 부드럽고 조심하는 모양이 밖으로 풍기기 때문에 바라보는 사람으로 하여금 孝悌의 마음이 생기게 하였다."(『言行錄』, 「居家」) 퇴계는 자신의 생일에도 자기가 모친이 살아계신 동안에 그렇게 하지 못하였다 하여 자제들이 술잔을 올리는 것도 못하게 할 만큼 효성에 성실하였다. 친족에도 정의를 돈독히 하여 물건이 생기면 나누어 쓰는 데 힘썼다. "친척집에 吉凶의 일이 있어서 慶弔할 일이 생겼을 때, 가까우면 반드시 몸소 가고, 멀면 반드시 사람을 시켜 禮를 表하되 늙어서도 그만두지 않았다."(『言行錄』, 「處鄕」)고 하는 데에서도 그가 얼마나 친족 사이를 예의로 두터이 하는지를 알 수 있다.

퇴계는 21세 때 맞이하였던 許氏 婦人을 대하여 서로 공경하기를 손님처럼 하였다 하고(『言行錄』, 「律身」), 허씨 부인이 일찍 죽자 30세 때 권씨 부인을 後娶로 맞았는데 그 때에 부부의 인륜을 지키기 위해 수십 년 동안 심한 번민을 겪으면서 이겨 내었음을 말하고 있다.[38] 퇴계는 부부의 도리를 일반적 규범

---

38) 『退溪集』 권 37, '與李平叔', "滉曾再娶, 而一値不幸之甚, 然而於此處心不敢自薄黽勉善處者, 死數十年, 其間極有心煩慮亂, 不敢撓憫者, 然豈可循情而慢大倫, 以貽偏親之憂乎."

으로서 제시하는 것이 아니라 자신의 절실한 경험에서 간곡하게 충고함으로써, 부부가 불화하였던 제자 이함형을 깨닫게 하여 화평을 되찾게 하였다 한다.[39]

퇴계는 선비요, 학자로서 학문에 전념하였으며, 그의 생활은 항상 고요하고 단정하게 정돈되었으며 정결한 품격을 지켰다. "거처하는 곳은 조용하고 정돈되었으며, 책상은 반드시 말끔하게 치우고 벽장에 책은 가지런히 순서대로 되어 있었다."(『言行錄』, 「起居語默之節」) "평상시에는 날이 새기 전에 일어나서 침구를 정돈하고, 세수하고 머리 빗고 의관을 바로 하고는, 날마다 『小學』의 글대로 했다."(같은 곳) 퇴계의 居動이 지닌 節度는 그 자체로 가정의 법도가 되며 자제의 교육이 되고 있다. 또한 가정을 다스리는 일은 그대로 나라를 다스리는 법도가 될 수 있는 것이다. 엄격하고 온화하며 단정하고 근면함은 실천을 통해 가장 힘있게 전달된다고 하겠다.

2) 奉祭祀와 接賓客

효도는 "어버이 살아서는 禮로 섬기고, 돌아가서는 禮로 장사지내고, 祭祀를 함에는 禮로 하는 것이다."(『論語』, 「爲政」)라고 한 공자의 말씀처럼, 禮에 따라 제사를 정성껏 받드는 것은 효자의 기본임무다. 김성일은 스승 퇴계의 제사에 대한 범절과 정성을 이렇게 기록하고 있다. 支子로서도 제사에 정성을 다하고 제사를 위해 준비하는 것은 효성의 실천이다.

> "節祀나 時享에는, 아무리 춥고 더운 때라도 병이 아니면 반드시 친히 신주〔櫝〕를 받들고 가며, 남에게 대신 시키지 않았다. 혹시 한 철에만 나는 물건이나 맛이

39) '與李平叔' 書는 李咸亨이 퇴계를 찾아 뵙고 돌아갈 때 퇴계가 그에게 주었는데 그 겉봉에 '도중에 비밀히 열어보라'(道次密啓)의 4字가 적혀 있었다 한다. 李咸亨이 깨닫고 夫婦의 도리를 닦으니 퇴계가 돌아간 뒤 이함형의 부인이 퇴계를 위해 心喪三年의 服을 입었다 한다(金槻, 『李書百選』, 권 4, '與李平叔').

특이한 물건을 얻으면 말리거나 혹은 절여 두었다가, 節祀나 時享 때에 제상에 올렸으니, 대개 선생은 支子로서 家廟에 薦獻禮를 행하지 못하기 때문에 이렇게 하였다."(『言行錄』, 「奉先」)

"제삿날에는 술이나 고기를 들지 않았고, 비록 제사에 참여하지 않더라도 사랑에서 엄숙히 지내면서 날을 마치었다."(같은 곳)

"선생은 제사를 마치고 床을 걷고 또 시간이 지났으나, 神位를 향하여 앉았다."(같은 곳)

제사에 드리는 정성은 齊戒를 경건한 마음으로 하며 신 앞에서 공경하는 마음을 다하는 것이다.

퇴계의 종가에는 자식이 없으므로 宗家가 비게 되자 다른 곳에 사는 형의 아들 완을 타일러 제사를 받들도록 하고, 종가를 돌보아 주었다. 한 집안은 종자와 支子의 집합이므로 제사를 통해 한 집안이 서로 돕고 가풍을 지키는 일에 힘을 기울였던 것을 볼 수 있다.

퇴계는 향촌에서 모임은 나이를 귀하게 여기는 점을 들어 귀천을 가리지 말고 다만 나이에 따라 좌석을 정하는 것이 옳다고 주장하였다.[40] 당시 사회가 신분주의로 강화되어 가지만 그는 옛 도리에 따른 질서를 추구하였던 것이다. 찾아오는 객을 접대하는 일은 사대부의 가정에 큰 행사이다. 퇴계는 접빈객하는 태도로서 "17인 제자를 대접하기를 친구 대접하듯 하여, 비록 젊은 사람이라도 그를 가리켜 '너' 라고 부르지 않았다. 손님을 맞이할 때는 예의절차를 지켜 공경을 다하고, 자리에 앉은 뒤에는 먼저 그 부형의 안부를 물었다."(『言行錄』, 「交際」)고 한다. 공경하는 태도는 모든 사람과의 만남에서 적용되는 원칙으로 받아들이고 있다. 정유일이 지은 「言行通述」에서는 "손님이 오면 귀천을 묻지 않고 인정과 정성을 다하였다."(『言行錄』, 「附錄」)고 하였다. 그러나 노소귀천을 구별하지 않고 누구에게나 공경할 것이냐는 제자 이덕홍의 질문에

40) 註 10) 참조.

경우에 따라 다를 수 있는 것을 인정하면서도 "미리부터 업신여겨 거만한 마음을 가지는 것도 옳지 않다."(『言行錄』, 「交際」)고 경계하였다. 빈객을 접대하는 행동은 바로 그 가정의 법도로서 예절을 실현하는 것이다. 언동에서 사양하고 공경하는 하나하나가 주인의 德性으로 발현된다. 빈객에 대해서 퇴계의 너그럽고 온화하며 공경스러운 행동은 그의 깊은 德에서 넘쳐 나오는 것으로 修身에서 齊家를 넘어 모든 인간에로 퍼지는 과정의 일단이라 할 수 있다.

3) 衣食과 家事

가정은 사람의 일상생활에서 가장 기본적 조건으로 의 · 식 · 주의 문제를 공급하고 운영한다. 유교의 道 자체가 日用平常의 문제인 衣 · 食을 통하여 발현되는 것이다.[41] 음식과 의복이 모두 가정에서 부인의 손으로 만들어지는 것이지만 그 가정의 凡節에 기본이 되는 것이므로 주목되어야 한다.

퇴계는 음식을 무척 검소하게 들었던 것 같다. "음식의 절도는 끼니마다 세 가지 반찬을 넘지 않았고, 여름에는 다만 乾脯가 있을 뿐이었다."(『言行錄』, 「飮食衣服之節」). 李德弘이 陶山에서 퇴계와 함께 식사하였을 때는 가지 · 무우 · 미역의 세 가지 반찬이 있었다 한다. 이렇게 담백한 素饌은 맛이 없어 먹기도 어려울 지경이었던 것 같다. 서울에 거처할 때 左議政 權轍이 찾아와 식사를 하였는데, 젓가락도 못 대고 돌아가서는 "지금까지 입과 몸을 잘못 길러서 이렇게 되었으니 매우 부끄러운 일이다."고 하였다 한다.[42] 일찍이 공자도 그 자신이 "분발하여 먹는 것도 잊었다."(發憤忘食)하셨고, "군자는 배불리 먹기를 구하지 않는다."(君子食無求飽)라고 말씀하셨던 것은 선비가 거친 음식

---

41) 鄭夢周는 "儒敎人의 道는 모두 日用平常의 일이다. 먹고 마시며 남녀가 만나는 일은 누구나 같지만 지극한 이치가 여기에 있다."고 언급하여 卑近한 日常性이 道의 발현자리임을 지적하였다.

42) 『言行錄』, 권 3, '飮食衣服之節', "先生若啖珍味, 少無難意, 權公竟不能下箸, 退謂人曰, 從前誤養口體到此, 甚可愧也."

을 먹는 것은 욕망을 추구하지 않는 것으로 이해할 수 있다. 퇴계는 살림이 빈한하였으니 잘 먹기 어려웠다 할 수 있고, 또 食性이 肉食을 싫어하여 素饌을 즐겨 할 수도 있다. 그러나 사실상 그가 재물을 쌓아 두지 않고 나누어 주기를 좋아한 데서도 알 수 있듯이 단지 빈곤 때문이 아니라 검약하는 생활태도를 家法으로 하였기 때문이라 할 수 있다. 그는 술을 마셔도 취하는 데 이르지 않았고, 손님을 대접할 때도 양에 따라 권하며 성의에 알맞게 하였다. 여기서도 그의 음주는 절도에 맞추어서 어지럽지 않게 하기를 힘쓰는, 그의 절제하는 자세를 보여 주고 있다.

퇴계는 선비로서 가사를 돌보는 것이 아니라 학문하는 것이 주업이라 강조한다. "학문에 뜻을 오로지 하고 가사를 돌보는 것이 막막하였다."[43]고 하는 것도 선비가 가사에 무관심한 것이 하나의 미덕임을 의미한다. 퇴계는 아들을 타이르면서도, "살림살이는 사람으로서 하지 않을 수 없는 것이다. 그러므로 나도 평생에 그 일을 비록 멀리하고 서툴게는 했지만, 그렇다고 어떻게 전혀 하지 않을 수야 있겠느냐. 다만 안으로는 글을 오로지 하면서 밖으로 살림살이를 해 가면 선비의 모습을 떨어뜨리지 않아서 해로움이 없을 것이다."(『言行錄』, 「家訓」)라 하여 가사와 학문의 병행을 인정하고 있다. 이렇게 학문에 뜻을 두고서 가사를 부득이 유지하는 것은 淸貧을 常事로 삼는 선비의 가정경제이다.

6. 선비家庭의 의미

퇴계는 선비요 儒學者의 한 모범적 인물로서, 그의 가정에 관한 이해와 가정생활을 통하여 선비가정의 특성을 엿볼 수 있을 것이다. 선비는 유교사회의 기

---

43) 『退溪集』, 권 46, '成均進士朴君 配淑人禮安金氏墓誌銘', "進士君, 素守恬泊, 惟專意文學, 視家事漠然."

준이 되는 인격이요 계층이기도 하다.[44] 따라서 선비의 가정은 바로 帝王의 가정이나 庶民의 가정에서도 지켜야 할 유교적 규범의 모범을 추구하고 있는 것이다. 퇴계를 통하여 유교적 가정의 典型으로서 선비가정의 특성을 여섯 가지로 나누어 제시해 보고자 한다.

첫째, 가정은 하나의 완결된 宇宙이다. 가정에는 하늘(父)도 있고 땅(母)도 있고, 과거(先祖)도 있고 미래(後孫)도 있다. 인간이 태어나는 것도 가정이요, 죽는 곳도 가정이다. 大宇宙에 대하여 個人을 小宇宙라 하는 것처럼 가정도 하나의 宇宙를 이루는 것이라 할 수 있다. 인간의 모든 삶이 가정 안에서만 이루어질 수 있다면 가정은 하나의 완결된 우주인 것이다. 퇴계가 벼슬을 버리고 물러나기를 좋아하였다는 사실에도 그는 朝廷에서 官爵을 누리기보다는 고향 禮安의 가정에 돌아와 자신의 학문을 연마하고자 하였다.

둘째, 가정은 인간의 도덕성이 배양되는 텃밭이다. 인간은 나면서 부모의 慈愛를 받으며 孝心을 기르고 어른을 공경하며 형제 사이에 우애를 익힌다. 夫婦가 공경하여 家法의 기초로 닦는다. 이러한 인간의 성품에 근거한 도덕성이 가정에서 씨가 뿌려지고 자라고 열매 맺는다. 가정이 없다면 夫婦 사이도, 父子 사이도, 兄弟 사이도 존재할 수 없다. 따라서 가정은 孝悌가 싹트며, 仁·義·禮·智가 발현되는 토대이다. 퇴계가 부부의 도리를 근본으로 하고 부자의 도리를 기준으로 하여 가정의 법도를 확보하고자 하는 것은 바로 가정이 유교적 인격의 도덕성을 배양시켜 주는 것을 중요시하였기 때문이다.

셋째, 가정은 유교적 인격의 修道場이다. 가정에서 發芽된 도덕성은 가정에서 연마되어야 한다. 도덕성을 갖춘 인격은 저절로 얻어지는 것이 아니라 인간의 주체적 노력을 필요로 한다. 음식·의복은 물론이요 행동하고 말하는 하나

44) 선비(士)를 인격적 의미에서 士君子라 하고 신분계층적 의미에서 士大夫라 하여 구분해 볼 수 있다(琴章泰, 『儒敎思想과 韓國社會』, 성균관대 대동문화연구원, 1987, 95쪽 참조).

하나가 예법에 맞게 실행되며, 그 예법은 和平한 가운데 구현된다. 평소에 거처하면서 앉음새나 침구정돈이나 담소하는 모든 언어동작이 가정에서의 수도행위가 된다. 修道는 단지 苦行이 아니라 생활 속에서 몸에 배어들어 저절로 예법에 맞고 조화를 이루도록 체득하는 것이라 할 수 있다. 부부 사이에도 서로 賓客처럼 조심스럽고 공경하는 등의 가정생활은 유교적 수도의 과정이기도 한 것이다.

넷째, 가정은 일생을 걸쳐 마쳐야 하는 학교이다. 胎敎를 거쳐 말을 하기 시작하면 대답하는 것부터 부모에게 교육을 받게 된다. 書冊을 배우지 않더라도 모든 言語動作을 부모의 감독과 교육 아래서 연마한다. 아버지는 엄격하게 가르치고 어머니는 자애롭게 가르치지만 부모의 교육은 부모가 생존하는 동안 계속된다. 그리고 자신이 자녀를 두면서부터는 자녀에 대한 스승이 되어야 한다. 퇴계는 평생 母敎를 잊지 않고 마음에 지녔으며, 자손들의 행동은 물론 관직생활하는 도리까지 자상하게 시키고 있다.

다섯째, 가정은 하나의 규모 있는 국가이다. 국가가 가정의 구성원리를 포함하고 있듯이 가정은 국가의 구성원리를 갖는다. 부모는 가정에서 임금이다. 家君이라 한다. 나라의 君父처럼 家君도 가정에 대한 최고의 권위와 책임을 갖는다. 규모 있게 경제적으로 운용하여야 하고, 가정의 법도를 세워서 지켜야 하며, 지속적으로 계승해 가야 한다. 선비에게는 가정과 국가가 동격으로 이해된다고 할 것이다. 퇴계는 "선비가 머무르면 가정을 바르게 하여 풍속의 본보기가 되고, 나아가면 국가를 바로잡아 시대를 구제한다."[45]고 하였다. 가정은 머무르는 때의 국가요, 국가는 나아갔을 때의 가정이라 할 수 있다.

여섯째, 가정은 조상신을 모시는 신성한 神殿이다. 祖上神은 士大夫家에서는 家廟에 모셔진다. 제사 때 迎神하여 제사를 드릴 뿐 아니라 생존할 때처럼 항상 조상신을 잊지 않고 예법과 정성을 극진하게 한다. 새롭고 좋은 음식을

---

45) 『退溪集』, 권 42, '迎鳳書院記', "脩士, 處則正家而表俗, 出則匡國而濟時."

만나면 조상에게 드리기 위해 간직해 두며, 가정 안의 크고 작은 일을 조상신에 告한다. 가정에는 死後의 先祖와 살아 있는 後孫이 함께 살고 있는 곳이다. 聖과 俗이 가정에서 함께 어울려 조화를 이루고 있다.

퇴계의 가정관은 한 마디로 유교전통의 선비적 가정의 모범을 보여 주는 것으로, 그 자신이 가정 속에서 恭敬과 親和와 勤儉을 몸소 실천함으로써 드러내 주고 있는 것이라 하겠다.

〔부록〕 퇴계철학 연구의 현황과 문제

1. 문제의 성격

한국사상의 전통 속에서 조선시대의 道學은 기본줄기에 해당하고, 조선시대 道學의 철학영역인 성리학의 정립에서 퇴계학이 차지하는 비중은 절대적이라 할 수 있다. 宋代 道學이 조선왕조의 창업(1392)과 더불어 국가의 정통이념으로 받아들여졌으나, 이 道學이 철학적으로 한국화한 것은 200년이 지나 퇴계 이황(1501-70)의 출현을 기다려야 했다. 조선시대 도학은 퇴계에 이르러 비로소 독자적인 하나의 학파를 형성하게 되었고, 자신의 철학적 쟁점을 본격적으로 개척하여 심화할 수 있었으며, 광범하게 확산시키고 새로운 수준을 형성할 수 있었던 것이다.

퇴계의 사상과 이를 계승한 퇴계학파의 학문으로서 퇴계학은 한국유교사상의 전통 속에 파생한 여러 다양한 학파들의 先河를 열었으며, 한국사상의 영혼을 불어넣는 깊은 철학적 세계를 개척하였다. 퇴계의 시대 이후로 韓末 · 近代에 이르기까지의 3백년 이상을 더욱 풍성한 결실을 맺으며 발전하여 왔던 것이 사실이다. 그러나 근대 이후 국권을 상실당하는 역사적 시련을 겪고 전통문화를 파괴당하는 근대화과정의 사상적 단절을 겪으면서, 전통의 道學정신은 역사를 이끌어 가던 힘이 쇠잔해지고 말았다. 더구나 한 시대가 서구문화에 매몰되면서 퇴계학은 우리의 관심과 이해로부터 깊은 망각의 늪에 빠졌던 것이다.

그러나 한 민족의 전통은 쉽게 사라지지 않으며 미래의 더 높은 발전을 위한 자원으로 활용되는 시대를 맞고 있다. 이에 따라 지난 20년 사이에 퇴계학은 혹은 전통사상으로서 혹은 새로운 시대의 정신적 자원으로서 새로운 관심을 조명받게 되고 활발한 연구가 다시금 일어나는 또 하나의 역사적 전환기를 맞게 된 것이다. 오늘의 시점이 지닌 의미는 바로 한동안 진보와 성장의 장애로 배제되었던 전통사상이 이제는 새로운 시대의 창조적 기반이요 동력으로 주목을 받고 있다는 사실에 있다.

퇴계학의 현대적 부활과 새로운 이해의 깊이와 넓이를 추구하는 과정에서 1980년대까지의 연구성과에 대한 전체적 조망과, 이에 따른 성찰 및 전망을 시도하고자 하는 것이다.

2. 퇴계학의 철학적 연구영역

지금까지 축적된 퇴계학 연구의 성과는 철학적 영역 안에서도 다양한 양상을 드러내고 있으나, 크게 보면 사상전통의 연구로서 철학사적 관심과 철학적 문제의 이론적 연구로서 현대적 관심으로 구분될 수 있을 것이다. 퇴계학의 철학적 연구가 이러한 두 가지 큰 관심의 방향에 따라 어떠한 연구영역을 개척하고 있는지를 파악하는 것은 퇴계학의 전반적 규모와 범위를 이해하는 데 필수적인 과제라 할 수 있다.

첫째, 철학사-사상사적 관심은 한국철학사-한국사상사의 유산으로서 사상사의 연속성과 상호 연관 속에서 퇴계학의 철학적 문제들을 연구한다. 한국철학사의 일환으로 퇴계학의 연구는 퇴계 자신의 철학사적 해명과 퇴계의 철학사상을 계승하는 퇴계학파의 철학사적 해명으로 구분할 필요가 있다.

① 퇴계의 시대에서 퇴계철학의 연구: 퇴계가 살던 역사적 상황 속에서 퇴계 자신의 사상에 대해 철학적 주제와 저술을 중심으로 많은 연구성과가 제출되고 있다. 이러한 퇴계사상의 철학사적 연구에는 그의 철학적 문제를 다루고 있는 저술에 대한 문헌고증적 연구를 포함하여, 주요 철학적 개념의 형성배경과 퇴계의 개념적 특성 및 다른 성리학자들과의 개념에 대한 비교연구 등이 주류를 이루고 있다.

구체적으로 퇴계의 철학적 저술에 대한 문헌고증적 연구로는 『心經』·『近思錄』·『朱子語類』 등의 문헌이 퇴계철학에 미친 영향과 『啓蒙傳疑』·『朱子書節要』·『宋季元明理學通錄』 등의 저술에서 나타난 퇴계의 철학적 견해를 파악하는 것이다. 또한 개념적 이해에서는 朱熹를 비롯한 宋明代 중국성리학자의 개념과 비교연구하면서 그 일치점에 대한 분석과 독창성에 대한 관심을 볼 수 있다. 또한 퇴계의 철학적 개념을 형성하는 과정에서 奇大升을 비롯한 당대 조선의 성리학자들과 이론적 쟁점을 비교연구함으로써 개념의 논리적 엄밀성이 검토된다.

② 퇴계학의 사상사적 계승에 관한 연구: 한국철학사-사상사 속에서 퇴계학은 풍부한 철학적 토론과 심화과정을 수반하고 있다. 먼저 퇴계의 성리학적 이론이 그를 계승하는 영남학파 및 그의 성리설과 뚜렷한 차이를 지닌 국내의 기호학파에 영향을 미치거나 논쟁을 불러일으킴으로써 한국철학사-사상사의 내용을 형성한다. 또한 퇴계철학이 일본 등 국외에 전파되어 폭넓은 영향력을 끼쳤던 사실이 활발한 연구의 대상이 되고 있다.

퇴계학의 논의는 한국사상사 속에서 道學-성리학의 범위에만 머물지 않는다. 퇴계학은 李瀷·丁若鏞 등의 실학파에서도 논의되고 있으며, 퇴계 자신이 왕양명의 철학을 비판한 것과 연관하여 양명학과 연관된 영향이나 쟁점에 대한 연구가 가능하다.

둘째, 현대적 관심에서 퇴계학을 고전으로만 남겨 두지 않고 오늘의 현실에서 새롭게 음미하거나, 우리 시대의 동서철학이론을 통해 새롭게 해석하려는 시도가 활발하게 진행되고 있다.

③ 퇴계사상의 현대철학적 이론을 통한 연구: 새로운 시대의 철학적 언어와 방법을 통한 퇴계철학의 이해를 위해 해석학 · 철학적 인간학 · 실존철학 · 과정철학 · 유물론 등의 서양철학체계로서 재해석하는 연구가 시도되고 있다. 또한 퇴계사상을 특정한 서양의 현대철학에 의한 해석이 아니더라도, 퇴계사상이 내포하고 있는 여러 주제를 놓고 사회 · 역사 · 교육 · 문학 · 종교 · 예술 등 현대의 서구적 학문분야에서 퇴계사상의 형성배경 및 퇴계사상의 응용가능성에 관한 연구가 추진되고 있다.

④ 퇴계의 철학이론을 현대의 동서철학자의 이론과 비교연구: 서양의 현대철학 유파로서가 아니라, 토마스 아퀴나스 · 칸트 · 헤겔 · 하이데거 · 화이트헤드 등 특정한 서양철학자의 철학이론과 삶의 자세를 퇴계의 철학과 생애에 비교하는 연구는 퇴계학의 이해를 풍성하게 하는 데 크게 기여하고 있다. 특히 현대사회의 병리로 심각하게 성찰되는 기계화 · 비인간화의 현상에 대한 처방과 인간회복의 논리로서 해석되는 등 퇴계사상이 활용될 수 있는 가능성의 모색이 일어나고 있음을 본다.

3. 퇴계학 연구의 회고

1) 퇴계학 이해의 萌芽(1900-45)

20세기에 들어와 일본의 국권침략시기와 일제강점기 이후 근대적 학문방법이 일반화되면서, 퇴계학의 문제는 새로운 관심을 불러일으키고 있다. 이 시기의 퇴계의 사상과 저술에 관한 연구는 한국유학의 대표적 유산으로서 계몽적 소개에 치중되어 있다. 또한 韓國儒學史의 通史的 서술 속에서도 퇴계학 연구의 萌芽를 찾아볼 수 있게 되었다. 곧 『西北學會月報』 · 『開闢』 등 계몽운동 내지 민족종교운동의 잡지와 『朝鮮』(조선총독부발행) 등 日帝의 官學者들에 의

해 단편적인 교양물로 소개하기 시작하였다. 당시에 발표되었던 논문들로서 주목할 만한 몇 편의 제목을 열거하면 다음과 같다.[1)]

'退溪선생의 學이 行于日本者 久矣'(『서북학회월보』 12, 서북학회,1909)
'東方理學의 宗祖인 李退溪先生'(『開闢』 15, 開闢社, 1921)
'退溪선생의 宇宙觀과 人生觀'(『開闢』 16, 開闢社, 1921)
李丙燾, '李退溪傳'(『新民』 29, 新民社, 1927)
松田甲, '李退溪의 학설을 연수한 薩摩의 大儒 赤崎海門'(『朝鮮』 137, 1926)
松田甲, '李退溪의 편찬 自省錄과 朱子書節要'(『朝鮮』 163, 1928)
松田甲, '陶山書院에 藏한 村上玉水의 李退溪書抄'(『朝鮮』 174, 1929)
松田甲, '李退溪의 學流를 顧하고'(『朝鮮』 177-8, 1930)

일제강점기에 주로 발표된 논문은 민족계몽운동의 입장과 日制官學의 입장으로 대별될 수 있고, 퇴계사상의 단순한 소개를 넘어선 것으로서는 퇴계사상이 일본유학에 미친 영향의 문제에 상당한 관심을 보이고 있다. 일본사상에 미친 퇴계의 영향에 대한 관심도 민족운동의 입장에서는 민족문화의 우월성을 확인하는 입장에서 제기되고, 일제관학의 입장에서는 한일의 유대의식을 고취하기 위한 의도에서 제기된 것으로 볼 수 있다. 특히 일제 관학자 松田甲은 퇴계학에 관해 10편 이상의 논문을 발표하였으며, 퇴계학의 일본전파와 퇴계저술의 문헌연구 및 퇴계학파에 대한 인식등 다양한 관심을 제기함으로써 주목을 끌고 있다.

이 시기에 계몽운동의 일환으로 國學(國故學)운동이 일어나면서, 朝鮮古書刊行會에서 『退溪集』(1917)을 간행한 것은 퇴계학의 근대적 출발점으로서 중요한 계기가 되었다고 볼 수 있다. 또한 애국계몽사상가인 張志淵의 『朝鮮儒

1) 퇴계학 연구논문과 저술의 자료는 '退溪學研究論著目錄', 『退溪學研究』 제3집(단국대학교 퇴계학연구소, 1989) 및 『退溪學研究論攷提要』(퇴계학연구원, 1981)에 주로 의거하였음.

敎淵源』(1917, 1922)은 한국유학사에 최초로 통사적인 체계를 제시하였으며, 여기서 퇴계학의 전개과정과 성격을 예리하게 규정하고 있다. 장지연 이후로 한국유학사를 본격적인 사상사의 관심에서 저술한 것은 역사학자 李丙燾의 『資料韓國儒學史草稿』(1937, 1959)이다. 그는 퇴계학을 '학파 및 당파 분열시대의 유학' 속에서 다루고 있다. 뒤이어 玄相允의 『朝鮮儒學史』(1945, 1949)가 잇달아 나오면서, 퇴계의 성리설의 기본입장과 그 쟁점을 한국유학사 속에서 개략적으로 소개하여 퇴계사상의 이해를 확산시키는 기틀이 제공되었다.

이러한 한국유학사의 통사적 이해 속에서 가장 큰 비중으로 부각된 것은 퇴계학의 성리학적 쟁점인 四端七情論爭의 문제라 하겠다. 성리학의 논쟁이 퇴계철학의 핵심문제로 강조된 것은 퇴계학의 문제가 철학적 개념논쟁에 초점이 맞추어진 것으로 볼 수 있다. 그것은 퇴계철학의 특정한 문제에 지나친 역점을 둠으로써, 퇴계철학이 지니고 있는 다양한 관심을 균형 있게 계발하는 데까지 이르지 못하고 있음을 의미한다. 퇴계학의 연구가 철학에만 초점이 맞추어지는 것도 문제가 있거니와, 性理說의 문제에만 집착하는 것은 퇴계학의 종합적인 전체상을 발견하는 데 상당히 불충분한 점을 남겨 놓고 있다.

2) 퇴계학 연구의 성장(1946-71)

해방 이후 서양문물을 급속하게 도입하는 근대화과정은 전통의 폐단을 극복하고자 하면서 서구편향적이고 전통파괴적인 성향을 드러내고 있었다. 이러한 反傳統的 歐美化를 지향하는 근대화과정에서 전통사상의 연구는 추운 그늘에 놓이게 되었지만, 그러나 이 시기에 전통사상에 대한 관심이 점차 새롭게 싹트기 시작하였다. 이에 따라 1960년대부터 한국유학사 내지 한국사상사의 대표적 인물로서 퇴계사상의 연구가 소수의 학자들에 의해 점차 활기를 띠기 시작하는 것을 볼 수 있다.

초기에 전통사상의 연구에 종사한 학자들로는 朴鍾鴻 · 劉明鍾 · 金敬琢 · 裵宗鎬 · 尹絲淳 · 柳正東 등 동양철학의 전문학자들로서 하나의 학문분야를 개척하는 선구자로서 퇴계철학 내지 퇴계학에 대한 중심문제를 해명하는 데 괄목할 업적을 남기고 있다. 또한 이 시기에서는 퇴계학을 주제로 한 석사논문들도 다수 나오기 시작한다. 이 시기의 연구성과로 주목할 만한 것을 들면 다음과 같다.

朴鍾鴻, '우리 師表 李退溪先生', 『지방행정』 75-77, 1959-60.
劉明鍾, '退溪의 異學觀과 그 영향', 『고병간화갑기념』, 1960.
朴鍾鴻, '李退溪의 聖學十圖', 『사상계』 136, 1964.
金敬琢, '退·高의 四七論辨', 『아세아연구』 18, 1965.
蔡茂松, '退·栗二家理氣說之內容', 『아세아연구』, 1969.
尹絲淳, '退溪의 太極生兩儀觀', 『아세아연구』 35, 1969.
宋 稶, '이황 自筆校正本 朱子語類의 가치와 그의 학문방법론', 『역사학보』 47, 1970.
李丙燾, 『李退溪와 그의 學說』, 한국학연구총서, 1971.
尹絲淳, '退溪에 있어서 當爲문제', 『새교육』 23-2, 1971.
尹絲淳, '退溪의 心性觀에 관한 연구', 『아세아연구』 41, 1971.
劉明鍾, '퇴계사상의 현대적 해석', 『세대』 92, 1971.
柳正東, '퇴계선생의 格物致知考', 『조용욱고희논총』, 1971.
丁淳睦, '退溪교육사상의 현대적 의의', 『새교육』 23-2, 1971.

위의 연구성과를 보면 계몽적인 단계를 넘어서 성리실을 비롯한 철학적 문제들에 대한 본격적인 연구로서, 잡지에 소개된 교양적인 논문도 있지만 그 단계를 넘어서 학술논문집에 수록된 무게 있는 논문들이 상당수 나타나기 시작하는 것을 볼 수 있다. 이 시기에 퇴계학에 관한 연구에 종사한 인물들은 당시와 그 다음 세대에서 한국철학분야의 주도적 얼굴들이기도 하다.

특히 '退高四七論辨'(김경탁)·'退溪의 太極生兩儀觀'과 '退溪의 心性觀에 관한 연구'(윤사순)·'退溪의 格物致知考'(유정동)·'退溪사상의 현대적 해석'(유명종) 등은 퇴계 성리학의 핵심문제를 제기함으로써 다음 세대에서 지속적으로 논의되는 문제의 실마리를 풀어 주고 있다. 李丙燾의 『李退溪와 그의 學說』은 이 시기에 국내에서 나온 퇴계학 연구의 단행본으로 주목된다.

그 밖에도 퇴계철학을 주제로 한 석사논문으로는 鄭鍾復(1958), 尹絲淳(1964)의 四七理氣論연구, 張贊翊(1965)과 金彰均(1970)의 교육사상연구, 金容傑(1966)의 敬사상연구, 辛在乙(1971)의 Karl Rogers이론과의 비교 등이 잇달아 나옴으로써, 퇴계학 연구의 확산과 발전에 중요한 지표를 제시하고 있다.

나아가 이 시기에도 한국과 일본의 학자들에 의해 퇴계사상이 일본에 미친 영향에 대한 연구가 지속적으로 이루어지고 있다.

阿部吉雄, '일본근세초기의 儒學과 朝鮮', 『人文科學紀要』 7-2, 55.
阿部吉雄, '林羅山의 儒學과 朝鮮', 『朝鮮學報』 10, 56.
今中寬司, '일본근세유학에 미친 李朝儒學의 영향', 『韓來文化의 後榮』, 1962.
金熙明, '李退溪와 일본의 정신문화', 『漢陽』 3-6, 1964.
丁淳睦, '李退溪의 교육사상이 근세 일본교육에 미친 영향', 『師大학보』 5, 1967.
閔泰植, '퇴계의 晦菴書節要와 일본의 근대文教에 끼친 영향', 『중국학보』 9, 1968.
崔畋洪, '퇴계의 仁愛사상과 일본教育勅語', 『새교육』 23-2, 1971.

이들에 의해 퇴계사상이 일본유학 및 교육에 미친 영향의 연구가 활발하게 이루어진 것은 퇴계학이 한국의 전통사상에 머물러 있는 것이 아니라 이웃 나라에로 전파되었던 퇴계학의 국제성에 대한 인식을 촉발하고 있다는 점에서 중요한 의미를 지니는 것이라 하겠다. 특히 일본학자 阿部吉雄의 연구는 퇴계의 일본유학에 미친 영향을 넘어서 한국유학과 일본유학의 전반적 관계에 대한 이해를 확장하였고, 丁淳睦은 퇴계사상의 교육사상적 성격과 현대적 활용의 가능성을 탐색하는 데 중요한 영역을 개척하였다.

이 시기의 연구과제는 철학적 쟁점을 본격적으로 분석하고 있다. 퇴계·율곡의 성리학적 쟁점을 비롯한 비교연구, 『朱子書節要』를 비롯한 문헌학적 검토, 교육사상의 문제를 중심으로 한 교육학, 현대화의 모색 등 다양한 학문영역과 방법을 끌어들이고 있다는 점에서도 중요한 진전을 보여 주고 있다.

3) 퇴계학 연구의 발전(1972-90)

1970년은 退溪의 死後 400周忌를 맞는 해이다. 이를 계기로 학술회의가 개최되고, 그 결과로서 기획된 논문집으로서 『退溪學硏究』가 1972년 '퇴계선생 4백주기 기념사업회'에서 간행되면서, '退溪學'이라는 명칭이 공식적으로 성립하기에 이르렀다. 이 시기에서 퇴계학 연구는 종전의 연구성과에 비교하면 비약적인 발전을 이루었다고 할 수 있다. 『退溪學硏究』(1972)에 수록된 철학 분야의 논문목록은 다음과 같다.

朴鍾鴻, '퇴계의 시대적 배경'
李相殷, '퇴계의 학문과 사상'
李乙浩, '퇴계선생과 奇高峯'
柳正東, '퇴계선생의 敬에 관한 윤리적 고찰'
李完栽, '퇴계선생의 학문적 방법'
全斗河, '퇴계의 存在論'
李東俊, '퇴계 敬사상의 철학적 고찰'
尹絲淳, '퇴계의 價値觀'

『退溪學硏究』에 실린 10편의 논문관계 속에서 문학과 역사 분야의 각 1편을 제외하고 8편이 철학분야의 논문이라는 사실은 퇴계학에서 철학분야의 비중이 얼마나 크게 인식되고 있는지를 선명하게 보여 주는 것이다.

여기에 실린 논문들의 주제를 보면 朴鍾鴻은 퇴계철학을 역사적 상황과 학문의 동향에 연관시켜 해명하고 있으며, 李相殷은 '敬義夾持'와 '知行竝進'의 논리에 기초하여 「天命圖說」을 중심으로 퇴계의 학문체계를 파악하고 있다. 또한 李完栽는 '窮理와 居敬'의 두 기본방법을 중심으로 퇴계의 학문방법(爲學論)을 정밀하게 분석하였다. 李相殷과 李完栽의 논문은 퇴계철학의 기본체계와 방법을 핵심적으로 제시함으로써 퇴계학 연구의 기초를 확보하는 데 크게 기여한 것이라 볼 수 있을 것이다.

또한 李乙浩의 退溪 · 高峯 성리설(四七論)의 비교연구와 柳正東 · 李東俊에

의한 敬사상의 연구는 퇴계철학의 두 핵심개념을 제기한 것이며, 나아가 全斗河의 存在論과 尹絲淳의 價値觀에 의한 퇴계철학의 연구는 현대철학분야에서 퇴계철학을 해명하려는 시도이다. 이처럼 『退溪學硏究』는 철학분야에서 퇴계학 연구의 새로운 里程標를 제시하는 것이요, 이를 계기로 퇴계학 연구는 새로운 시기에 접어들었다고 할 수 있다.

특히 1972년에는 退溪學硏究院이 창립되고, 그 이듬해부터 季刊으로 『退溪學報』가 간행되어 1990년 3월까지 65輯이 발간되면서 퇴계사상에 연관된 논문들이 많은 학자들에 의해 둑이 터지듯 쏟아져 나오게 하는 못자리가 되었다.

『退溪學報』의 창간호(1973년 10월 발행)에 실린 朴鍾鴻의 '創刊辭'에서는 퇴계학 연구의 분발을 요구하는 두 가지 요청이 있음을 지적하고 있다. 그 하나는 연구의 낙후성에 대한 자각이다. 사실상 퇴계학 연구에 있어서 우리 학계의 관심과 수준이 일본이나 대만에도 미치지 못하는 황폐한 현실은 안타까운 일이 아닐 수 없다.

> "우리 자신보다도 오히려 이웃 나라에서 더 많이, 그리고 깊은 관심을 가지고 연구를 하여, 이미 훌륭한 업적들이 계속 발표되고 있다. 고맙기에 앞서 등에 땀이 흐르도록 부끄럽기 이를 데 없는 노릇이다. 이대로 가다가는 우리의 퇴계학 연구를 일본이나 대만에 가서 해야만 될 날이 멀지 않을 것만 같다."

다른 하나는 퇴계학이 현대사회와 세계가 당면한 난관을 해결하는 데 의미있는 대답을 제공할 수 있다는 인식이다.

> "학문이라면 서양의 과학기술부터 생각하게 된 오늘의 세상이지만, 그와 동시에 인간의 소외와 자멸을 막기 위하여서도 본연의 인간성으로 돌아와 평화공존의 길을 찾아야 할 시점에 부딪치고 있다. 그런데 인류의 이 난제해결에 있어서 퇴계 선생의 爲學정신이 뜻 깊은 시사를 제공할 것만은 틀림없다. 이 점에서 퇴계학 연구는 동양에서뿐만 아니라 세계만방에 널리 보급시켜 마땅하다고 하겠다."

이러한 인식은 퇴계학 연구의 당면과제로서 연구수준의 심화와 확산을 추구하며, 동시에 현대적 해석을 통한 한국철학으로서 퇴계학을 세계화하자는 야심을 내포하고 있다. 그것은 곧 당시 한국의 철학계에 잠재된 퇴계학 연구의 열정과 사명감을 표현하는 것이기도 하다.

한편 이 시기에는 국내에서도 퇴계학 연구에 관심이 확산되어 퇴계학을 연구하기 위한 도서관이 각 대학에 설립되기 시작하였다. 가장 먼저 1973년 경북대학에 퇴계학연구소가 설립된 것을 비롯하여, 최근에는 단국대(1987), 안동대(1989)에 잇달아 퇴계학연구소가 설립되어, 연구활동과 더불어 학술논문집을 간행하고 있다. 慶北大學의 퇴계학연구소는 1989년 12월까지 학술논문집으로 『한국의 철학』을 17호까지 발행하여 퇴계학을 비롯한 한국철학의 연구성과를 축적하고 있으며, 檀國大學 퇴계학연구소는 1989년 11월까지 학술논문집 『퇴계학연구』 3집을 간행하면서 퇴계학 연구에 집중된 논문을 수록하고 있다. 안동대학 퇴계학연구소도 1989년에 『퇴계학』 창간호를 간행하여 퇴계학 연구를 중심으로 영남유학에 관한 논문을 수록하였다. 퇴계학 연구를 위한 전문학술논문집이 여러 종류가 발행되면서 퇴계학 연구는 획기적인 성장과 연구수준에서도 놀라운 발전을 이루었다는 점에서 이들 논문집의 기여는 높이 평가할 만하다.

그 밖에도 영남지역에서 퇴계사상에 관한 연구논문이 활발하게 제출되고 있다. 곧 유교문화연구회와 퇴계학부산연구회는 『유교문화』를 1983년 창간하여 1988년 6집의 간행에 이르기까지 퇴계학과 유학 전반에 걸친 논문들을 싣고 있다. 또한 경상북도는 1973년에 『퇴계학연구』를 발행하여 퇴계학분야의 논문들을 수록하였고, 1988년 12월 『퇴계학연구』 8집을 간행하기까지 퇴계학 연구의 단행본 저술이나 치밀한 연구에 기초한 譯註도 출간해 왔다.

『퇴계학보』는 발간 초기부터 일본학자의 참여로 퇴계사상이 일본유학에 미친 영향이 발표되었고, 1977년에 시작하여 1990년 13차에 이르기까지 '퇴계학 국제학술회의'가 연례적으로 개최되면서 일본 · 대만 · 중국 및 歐美의 학자들까지 참여하여 퇴계사상 연구의 국제적 확산이 이루어지고 있다는 사실은 퇴계학의 발전과정에서 중요한 의미를 지닌다.

또한 이 시기에는 퇴계의 철학사상을 본격적으로 연구한 단행본 저술과 박사학위논문들이 상당수 출간됨으로써 퇴계학 연구의 중요한 업적을 축적하고 있다. 그 중요한 저술들을 들어보면 다음과 같다.

李相殷, 『퇴계의 생애와 학문』, 1973.
柳正東, 『퇴계의 생애와 사상』, 1974.
全斗河, 『퇴계사상연구—퇴계의 관점에서 본 헤겔철학』, 1974.
丁淳睦, 『퇴계敎學사상연구—인간교육학적 고찰』, 1978.
韓明洙, 『퇴계의 敎學사상』, 1979.
尹絲淳, 『퇴계철학의 연구』, 1980.
蔡茂松, 『退栗성리학의 비교연구—退栗의 사상입장을 중심으로』, 1982.
李鍾述, 『退溪栗谷철학의 비교연구 1』, 1985.
金秉圭, 『退溪사상과 정의』, 1986.
全斗河, 『李退溪철학—그 심층연구 및 이론』, 1987.
劉明鍾, 『退溪와 栗谷의 철학』, 1987.
尹天根, 『퇴계철학을 어떻게 볼 것인가』, 1987.
權五鳳, 『退溪의 燕居와 思想形成』, 1989.

국내에서 퇴계철학의 단행본 저술과 퇴계의 철학적 저술에 대한 譯註가 갈수록 많이 출간되는 것과 병행하여, 국외에서도 일본 · 중국 · 미국 등의 외국인에 의한 퇴계철학 연구의 단행본 저술이 간행되고 있다. 그 저술목록을 다음에 제시한다.

高橋進 , 『李退溪와 敬의 철학』, 일본, 1985.
友枝龍太郎, 『李退溪 — 그의 생애와 사상』, 일본, 1985.
Michael C. Kalton, *Ten Diagrams on Sage Learning*(譯註), 미국, 1988.
張立文, 『退溪書節要』(譯註), 중국, 1989.

이 시기에는 퇴계의 철학사상에 관한 전 분야라 할만큼 다양한 주제로 연구가 이루어졌다. 量的으로 한국사상의 다른 분야와 비교한다면 과포화상태라 할 만큼 방대한 분량의 업적이 이루어졌을 뿐만 아니라, 性理學의 분야에 있어서는 동일한 주제로 반복된 논문이 발표되면서 質的 깊이에서도 현저한 진전을 이루었다고 하겠다.

4. 퇴계학 연구의 전망

1) 성찰과 새로운 방향

'퇴계학 연구논저목록' (『퇴계학연구』 제 3 집, 단국대 퇴계학연구소, 1989)은 47쪽에 걸친 퇴계학 연구의 방대한 성과를 보여 주고 있다. 만약 그 절반을 퇴계의 철학사상에 관한 업적이라 보더라도(사실은 더 많은 비중이 철학사상의 연구이다) 국내에서 한 인물과 한 학파의 철학사상을 연구한 업적으로서는 유례 없이 많은 분량이다. 그러나 이 양적 방대성이 퇴계학 연구의 전체적인 규형을 보장해 주고, 확고한 기초 위에서 발전한 것을 의미한다고 보기 어려운 것이 현실이다.

첫째, 이 논문들의 절대 다수는 퇴계 자신의 철학에 관한 연구에 집중되어 있다. 이러한 사실은 퇴계학의 사상사적 전개와 변천에 관한 폭넓은 인식이 결핍되고 있음을 말해 주는 것으로 볼 수 있다. 퇴계의 위치가 되계학의 원천이요, 기초인 것은 사실이지만, 퇴계학은 한 인물의 철학으로 머무르기 어려운, 4백년 이상 계승되고 확산되어 온 철학전통이다. 마치 강물의 원천이 가장 순수하고 의미 깊은 것임을 인정하더라도 엄청난 이질성을 포용하면서 전승되어 온 전통을 떠나서 온전한 강을 인식할 수 없는 것과 같다.

퇴계의 철학이 퇴계학파 안에서도 다양하게 해석되고 발전되어 왔으며, 그 해석을 통하여 퇴계철학-퇴계학은 풍성해진 것이 사실이다. 퇴계철학의 해석에는 心개념의 문제에 있어서도 전통적 해석인 心合理氣說과 李震相의 퇴계해석인 心卽理說 사이에는 엄청난 괴리가 있고, 이에 따른 많은 논쟁이 제시되어 왔었다. 더구나 퇴계의 心性理氣說에 반대하는 栗谷학파의 무수한 논의와 절충적인 입장에 있는 제3의 견해 사이에는 무수한 다양성이 제기되어 왔다. 단지 朱子 및 奇高峯과 李栗谷의 성리설에 대한 비교연구에만 머물 수 없는 무수한 질문들이 한국철학사 속에서 제기되어 왔던 것이 사실이다. 따라서 퇴계철학은 이들의 다양한 이론들과 대비되고, 그 변화과정의 논리를 이해하지 않으면 매우 한정된 범위에 머무를 수밖에 없는 위험이 가로 놓여 있다.

최근에 '朴在聲 및 19세기'(渡部學, 1977) · '星湖'(李楠永, 1978) · '羅整菴과 王陽明'(友枝龍太郎, 1981) · '稻葉默齋'(山崎道夫, 1982) · '듀이'(崔簾烈, 1983) · '칸트'(高橋進, 1988) · '明代朱子學'(步近智, 1988) · '李延平'(佐藤仁, 1989) 등과 퇴계학의 비교연구는 퇴계학의 범위를 확장시키기 위한 시도로 받아들일 수 있다.

둘째, 퇴계철학의 이해에는 아직도 理氣 · 四七 · 敬 등 몇 가지 한정된 개념을 제외하면 다른 많은 개념들에 대한 이해가 불충분한 것으로 보인다. 퇴계 자신의 철학체계도 무수한 개념들의 조직을 통하여 구성되고 있다. 더구나 퇴계학파의 전개과정에는 많은 새로운 개념들이 논란의 초점으로 떠올랐고, 다양한 이론들이 도입되고 창출되었던 사실도 주목될 필요가 있다. 義와 理, 道와 德, 天과 人, 知와 行 등 많은 유교사상의 고전적 개념에 대한 이해는 물론이요, 死生 · 欲望 · 意志 · 自由 · 自然 · 歷史 · 時間 등 오늘의 관심에서 요구되는 더욱 많은 문제에 대한 해답을 퇴계철학에서 끌어 낼 필요가 있다.

이러한 문제의 확대가 앞으로 퇴계철학의 연구과정에서 활발하게 제기됨으로써 퇴계학의 새로운 단계로의 발전이 가능할 것으로 생각된다. 실제로 퇴계철학이 우리 시대에도 의미 있는 철학적 보편성을 확보하기 위해서는 문제의 무한한 확대 가능성을 퇴계 자신과 그의 학파의 철학사상 속에서 확인할 수 있어야 할 것이다.

최근의 연구에 敬을 지향하는 '義理學'(丁淳睦, 1975) · '異端批判'(劉明鍾, 1977) · '理想主意'(尹絲淳, 1978) · '憂患意識'(安炳周, 1980) · '斥佛論'(宋昌漢, 1983) · '天'(尹聖範, 1980) · '종교성'(朴性焙, 1984, 尹絲淳, 1985) 등의 문제들이 새롭게 제기되고 있는 것은 퇴계학의 장래에 밝은 가능성을 보여 주고 있다.

셋째, 퇴계철학에 적용할 수 있는 학문분야의 확대가 필요하다. 지금까지 퇴계철학의 연구분야는 성리학 · 수양론 · 교육사상 등을 중심으로 천착되어 왔다. 그러나 아직까지 퇴계철학의 연구분야는 매우 한정되어 있는 것으로 보인다. 퇴계철학의 이해를 심화하는 데는 우선 전통적인 학문영역으로서 四書를 비롯하여 易 · 詩 · 書 · 春秋 등 經學의 연구를 크게 확장시킬 것이 절실하게 요구된다. 經學은 사실상 유학의 모든 분야와 마찬가지로 성리학에서도 필수적인 기초를 이루고 있다. 또한 퇴계 자신과 퇴계학파에서 활발하게 논의되고 연구되었던 禮學은 거의 미개척 분야가 되고 있다. 최근에 經學의 분야에서 퇴계의 經書註解를 다룬 宋兢燮(1980)의 논문과 禮學분야로서 周何(1978), 崔根德(1989), 權五鳳(1989)의 논문은 이 분야에 개척적인 논문으로 앞으로의 연구방향을 지시해 주는 것이라 하겠다.

또한 퇴계의 철학사상은 이론철학에 머무는 것이 아니라 그 시대의 정치 · 경제 · 사회 문제에 대답하고 있는 것이므로 퇴계학의 經世論 영역에 대한 연구와 이에 대한 철학적 조명이 필요하다. 퇴계의 文學에 대해서도 문학의 영역에서 다루어질 수 있지만, 詩를 통한 철학적 인식의 함축적 표현은 철학적 이해에서 이루어져야 할 필요가 있다. 최근 朴忠錫(1978), 全樂熙(1980)에 의한 퇴계 정치사상의 연구는 중요한 시사를 주는 것이라 하겠다.

나아가 현대적 서구철학의 분야도 퇴계학 연구에 지속적으로 도입할 필요가 있다. 해석학 · 분석철학 등의 방법과 종교철학 · 예술철학의 영역들이 퇴계철학연구에 도입될 필요가 있다. 이를 위해서는 서양철학의 기초 위에서 퇴계철학의 연구를 폭넓게 유도하여 연구인력을 배양하는 것이 필요하다. 이처럼 퇴계학의 다양한 영역과 철학적 이론과의 연관성에 대한 연구도 아직은 원활하지 못한 형편이다. 이러한 연구의 편중현상은 앞으로 퇴계학 연구의 방향에 필수적으로 보완 · 확장되어야 할 과제라 할 수 있다.

최근에 '辯證論理'(劉明鍾, 1987) · '情感哲學'(蒙培元, 1988) · '直覺觀'(徐遠和, 1989) · '唯物論'(丁淳睦, 1989) · '人間學'(李東俊, 1978) · '心身觀'(丸山敏秋, 1986) 등의 새로운 영역에 대한 적용이 활발해지고 있는 것은 앞으로 퇴계학 연구의 좋은 징조를 보여 주는 것이라 하겠다. 또한 錢穆(1976) · 李完栽(1977) · 柳承國(1977) · 全炳梓(1978) 등에 의해 현대적 인식과 의의에 관한 규명이 꾸준히 지속되고 있다.

2) 새로운 쟁점의 요구와 장래의 전망

퇴계학-퇴계철학의 연구는 지금까지 짧은 기간 안에 놀라운 향상과 방대한 연구성과를 이루었지만, 이를 토대로 하여 앞으로 더욱 높은 수준의 단계로 발전하도록 요구받게 될 것은 당연하다. 어떤 의미에서는 '퇴계학의 회고와 전망'이라는 과제가 요구되고 있는 지금부터의 시기가 바로 앞으로의 연구방향의 탐색과 새로운 전환을 시도하여야 할 시점이라고 볼 수도 있다. 이처럼 앞으로 퇴계철학의 향상을 전망하면서 이를 위해 요구되는 조건을 세 가지로 나누어 본다.

첫째, 비판적 인식이 요구된다. 퇴계학의 모든 분야에서 마찬가지이겠지만, 특히 퇴계철학의 연구를 위해서는 비판적 인식이 병행되어야 한다는 것이다. 유교적 전통사상의 연구에서 흔히 빠지기 쉬운 문제점은 한 인물의 철학사상을 연구하는 과정에서도 先賢을 존숭한다는 테두리 안에서만 논의되어 개인숭배의 분위기에 사로잡히기 쉽다는 것이다.

만약 퇴계학의 연구에서 이러한 개인숭배에 사로잡히면, 결국 퇴계사상의 연구가 발전 · 확산되는 데 결정적인 한계에 부딪칠 수 있는 가능성이 높다. 비판이 열려 있는 사상가의 경우에만 더욱 확고한 진실성에 대한 입증도 가능할 것이다. 이런 의미에서 한국철학사 속에서 퇴계철학에 대한 비판이론도 활발한 연구의 대상으로 끌어들일 때에, 이 비판에 대한 퇴계철학의 대응논리에 대한 연구도 발전할 수 있게 된다.

나아가 현대의 서양철학이론에 의한 퇴계철학의 이론적 문제점과 한계에 대한 철저한 인식이 요구된다. 한계에 대한 명확한 인식이 있음으로써 그 한계의 극복논리를 창조할 수 있게 될 것이다. 퇴계철학의 이해에서 서양철학의 도입이 단순하게 유사성 · 일치성을 확인함으로써 퇴계철학의 탁월성을 입증하는 데 머물기보다, 마치 풀무간의 망치처럼 쇠를 더욱 단단하게 불리는 데 쓰여지게 할 필요가 있다.

퇴계철학은 16세기에 창조되어 응고된 철학이나 교조적 철학이 아니요, 조선시대에서도 더욱 세련된 논리로 새롭게 해석해 왔었다. 이처럼 우리 시대에서도 재해석되고 성장하는 철학으로 발견할 수 있을 때, 퇴계철학은 한국철학의 유산이면서 세계철학으로 확산될 수 있는 길이 열리게 될 것이다.

둘째, 퇴계철학은 현실과의 밀착이 요구된다. 원래의 퇴계철학은 조선시대의 역사적 현실 속에서 형성된 것이고, 따라서 현실과 괴리될 수 없는 철학적 자세를 지녔다. 그러나 역사적 변화에 자기변화를 소홀히 하고 전통형식의 고수에 집착하다 보면 어느 틈에 비현실적인 관념론적 뼈대만 남게 된다. 우리 시대에서 다시 관심을 불러일으킨 퇴계는 단지 과거의 영광에 대한 추억 때문이 아니라, 우리 시대에서 우리 자신의 삶과 직접 연결시켜지도록 요구된다.

이러한 현대적 관심에서 퇴계사상의 연구는 전통사상의 피안에 머물지 않고 우리 사회의 현실 속에 접착시킬 수 있기 위해서 새로운 문제의 도전을 받을 필요가 있다. 사회정의를 실현하기 위한 투쟁, 도덕성의 쇠퇴에 대한 우려, 물질적 욕망의 팽배, 노동자와 기업의 대립된 이해관계, 분단된 민족의 장래, 국제사회 속에서의 대처방법 등 우리 시대에 부딪치는 문제들에 대한 퇴계철학의 대답과 논리가 제시되고, 활발하게 토론될 필요가 있다.

셋째, 퇴계철학은 대중적 확산이 요구된다. 퇴계와 퇴계학파의 전통적 유산이 한문문헌으로 남아 있다는 현실은 우리의 철학적 요구에 심각한 제약을 낳고 있다. 퇴계의 시대는 한문이 당시의 통용문자이었으므로, 모든 지식인이 함께 토론할 수 있고, 그 토론 속에서 퇴계철학도 연마되었던 것이 사실이다. 그러나 오늘의 현실에는 소수의 한문해독자만이 일상언어와 아무 상관이 없는 특수한 전문한자용어를 되풀이하고 있음으로써, 우리의 언어생활과 언어감각으로부터 유리되고 있는 것이 또 하나의 넘기 어려운 난관이다.

교육받은 사람이면 누구나 읽을 수 있고, 자신의 전문분야에서 음미하며 토론할 수 있을 만큼 우리 언어화하는 작업이 이루어져야 한다. 이러한 우리 언어 속에서 우리의 현실문제에 연관시켜 토론함으로써 퇴계철학이 우리 시대에 다시 한국철학으로 살아날 수 있는 가능성이 있게 될 것이다.

그 동안 퇴계의 저술이 부분적으로 국역되었지만, 퇴계학회에서 추진하는 『퇴계전서』의 완역된 국역본이 금년부터 출간되기 시작하고 있는 사실은 퇴계학 연구의 새로운 시대를 열어 줄 수 있을 것으로 기대할 수 있을 것 같다. 퇴계학에 대한 높은 관심이 한국철학-동양철학의 전문학자가 밖으로 뻗어 나가, 서양철학뿐만 아니라 인문과학 및 사회과학의 모든 분야에로 확산되고, 일반 교양인의 독서와 사색자료가 될 때가 아마 퇴계학의 현대화요, 대중화요, 한국화에로 넘어가는 단계가 될 것으로 본다.

5. 퇴계학 연구의 오늘과 내일

20세기 들어와서 다시 시작된 퇴계학은 지난 백 년 사이에 놀랄 만큼 빠른 속도로 성장하고 있다. 물론 연구성과를 돌아보면서 연구자 자신도 의욕에 미치지 못하는 현실을 인식할 것이요, 학계 안팎에서 볼 때도 아직 미비한 분야가 산적해 있는 것은 사실이다. 이러한 제약들은 연구의 축적과 시간의 경과를 거쳐 넉넉히 극복될 수 있을 것으로 본다. 더구나 최근에 통계를 낸 퇴계학분야의 연구논문과 저술이 거의 7백 편에 육박한다는 사실은 거의 폭발적 양적 팽창과 축적이 이루어지고 있는 현실을 말해 준다. 이러한 관심이 앞으로 상당 기간 지속적으로 성장할 것이라 예측한다면, 이런 의미에서 퇴계학의 장래는 매우 밝은 빛이 비치고 있는 것으로 보인다.

다른 한편으로 지금까지 방대한 연구성과의 축적에도 불구하고 기존연구의 반성적 검토가 너무 결핍되어 있다는 사실은 퇴계학 연구가 장래에 새로운 수준으로 비약하는 데 결정적 제약이 되고 있다. 조선시대의 성리학사에서 퇴계의 성리학적 입장은 이론적 쟁점의 핵심에 놓여 있었고, 그 논쟁들을 통하여 퇴계학이 성장 발전하여 왔다는 사실에 대한 각성이 필요하다. 앞으로 퇴계철학 연구의 전개에서 퇴계의 이해를 위한 관점과 그 이론에 대한 새로운 쟁점이 나타나는 것이 퇴계철학 연구에 활력이 될 것으로 기대해 본다.

퇴계는 四端七情說의 논쟁을 통하여 철학적으로 매우 창조적인 업적을 이루었고, 퇴계학파 안에서도 논쟁의 쟁점을 찾았을 때 새로운 수준의 세계를 열어 줄 수 있었다. 우리 시대는 많은 모순과 문제들을 안고 있는 만큼 특히 우리의 현실에서 발견된 쟁점을 통하여 퇴계철학이 우리 시대에 다시 불붙을 수 있기를 기대한다.

1990년대에 들어와 퇴계학연구원은 『퇴계전서』의 국역사업을 완성하고, 『퇴계학보』를 통한 기존 연구업적의 재정리사업을 수행함으로써, 퇴계학 연구의 기틀은 다른 어느 유학자의 경우보다 탄탄한 연구기반이 확보되었다고 할 수 있다. 이러한 번역 및 편집 작업은 지금까지의 연구성과를 종합적으로 정리하는 작업이면서 장래의 새로운 발전을 위한 준비라는 의미를 지닌 것이라 할 수 있다. 언제나 기존 연구성과는 장래의 새로운 연구방향을 열어 가는 디딤돌이 되고 있다.

앞으로의 퇴계학이 지닌 기본 성격은 시간적으로 공간적으로 열린 철학이라야 할 것이다. 역사의 과거에 사로잡혀 있는 것이 아니라 과거와 현재와 미래를 소통시켜 주는 철학이라야 한다. 중국철학의 모방도 아니요, 한국철학의 유물도 아니요, 모든 철학과 숨이 통하고 공간의 제약을 벗어나 세계의 철학 속에 참여할 수 있어야 한다. 그렇지만 또한 퇴계철학은 한국의 철학적 멋과 향기를 지닌 철학으로서 그 뿌리와 젖줄을 간직하는 철학으로 성장할 것을 기대해 본다.

참고문헌

•漢 籍

李 滉, 『退溪全書』, 5책, 성균관대학교 대동문화연구원(影印), 1971.
______, 『退溪全書』, 22책, 퇴계학연구원(國譯), 1997.
權 近, 『入學圖說』.
奇大升, 『高峯全書』.
金誠一, 『鶴峯集』.
李 珥, 『栗谷全書』.
李 瀷, 『李子粹語』·『四七新編』.
丁若鏞, 『與猶堂全書』.
李象靖, 『退陶書節要』.
李震相, 『理學綜要』.
張立文, 『退溪書節要』, 北京: 中國人民人出版部, 1989.

•저 술

權五鳳, 『退溪의 燕居와 사상형성』, 포항공대, 1989.
______, 『退溪家年表』, 퇴계학연구원, 1989.
______편, 『退溪先生日記會成』, 創知社, 1994.
琴章泰, 『퇴계학파의 사상(1)』, 집문당, 1996.
劉明鍾, 『퇴계와 율곡의 철학』, 동아대출판부, 1987.
______, 『퇴계와 횡설 수설』, 동아대출판부, 1990.

柳正東, 『퇴계의 생애와 사상』, 박영사, 1974.
尹絲淳, 『퇴계철학의 연구』, 고려대출판부, 1980.
李家源, 『退溪學及其系譜的研究』, 퇴계학연구원, 1989.
李相殷, 『퇴계의 생애와 학문』, 瑞文堂, 1973.
全斗河, 『李退溪 철학 — 그 심층연구 및 이해』, 국민대출판부, 1987.
丁淳睦, 『退溪正傳』, 지식산업사, 1992.
______, 『退溪評傳』, 지식산업사, 1994.
______편, 『退溪先生의 편지』, 國際退溪學會, 慶尙北道支部, 1990.
한덕웅, 『퇴계심리학』, 성균관대출판부, 1994.
張立文, 『退溪哲學入門』, 李允熙 역, 퇴계학연구원, 1990.
高橋進, 『李退溪と敬の哲學』, 東京: 東洋書院, 1985.
友枝龍太郎, 『李退溪 — その生涯と思想』, 東京: 東洋書院, 1985.

• 박사학위논문

金基鉉, 『退溪哲學의 인간학적 이해』, 고려대 대학원, 1988.
金鍾錫, 『退溪心學연구』, 영남대 대학원, 1996.
徐用和, 『退溪의 인간관 연구』, 건국대 대학원, 1990.
李光浩, 『李退溪 학문론의 體用的 구조에 관한 연구』, 서울대 대학원, 1993.
張勝求, 『退溪의 向內的 철학과 茶山의 向外的 철학 비교』, 精文硏 대학원, 1994.
蔡茂松, 『退栗 性理學의 비교연구』, 성균관대 대학원, 1971.

• 논문집

『退溪學』, 安東大 退溪學研究所.
『退溪學論叢』, 퇴계학 부산연구원.
『退溪學報』, 퇴계학연구원.
『退溪學研究』, 慶尙北道.
『退溪學研究』, 단국대 퇴계학연구소.
『退溪學研究』, 퇴계선생4백주기기념사업회, 1972.
『退溪學研究論叢』, 10책, 경북대 퇴계연구소(宋彙七 편), 1997.
『韓國의 哲學』, 경북대 퇴계연구소.

찾아보기

《ㄴ》

《ㅂ》

《ㅅ》

《ㅈ》

《ㅊ》

《ㅋ》

《ㅌ》

《ㅍ》

《ㅎ》

금장태(琴章泰)
서울대학교 종교학과 졸업
성균관대학교 대학원 동양철학과(철학박사)
동덕여자대학교, 성균관대학교 교수 역임
현재: 서울대학교 인문대학 종교학과 명예교수
저서: 『동서교섭과 근대한국사상』, 『한국실학사상연구』, 『유교사상과 한국사회』, 『한국근대의 유교사상』, 『유교사상과 종교문화』, 『조선 전기의 유학사상』 외

—한국의 탐구—
퇴계의 삶과 철학

초판 1쇄 발행 1998년 4월 25일
초판 7쇄 발행 2022년 9월 30일

지은이 금장태

펴낸곳 서울대학교출판문화원
주소 08826 서울 관악구 관악로 1
도서주문 02-889-4424, 02-880-7995
홈페이지 www.snupress.com
페이스북 @snupress1947
인스타그램 @snupress
이메일 snubook@snu.ac.kr
출판등록 제15-3호

ISBN 978-89-521-1453-2 94150

한국의 탐구

1. 퇴계의 삶과 철학
   금장태
2. 한국의 석조미술
   정영호
3. 실학의 국가 개혁론
   김태영
4. 한국의 샤머니즘
   조흥윤
5. 한국유학의 탐구
   금장태
6. 한국의 목조건축
   주남철
7 북한의 언어 문화
   고영근
8. 조선시대 건축의 이해
   김동욱
9. 한국고대의 금속공예
   이난영
10. 韓國의 譯學
    강신항
11. 한국의 원형신화 원앙부인 본풀이
    조흥윤
12. 재외동포
    이광규
13. 이율곡, 그 삶의 모습
    황준연
14. 김소월, 그 삶과 문학
    오세영
15. 한국천문학사
    나일성
16. 한국의 선비와 선비정신
    금장태
17. 한국인의 죽음관
    이은봉
18. 서포 김만중의 생애와 문학
    김병국
19. 춘향전의 비밀
    설성경
20. 신라 화엄사상사 연구
    김두진